D1994071

Managementwissen für Studium und Praxis

Herausgegeben von

Professor Dr. Dietmar Dorn und
Professor Dr. Rainer Fischbach

Bisher erschienene Werke:

Behrens · Kirspel, Grundlagen der Volkswirtschaftslehre
Bichler · Dörr, Personalwirtschaft – Einführung mit Beispielen aus SAP® R/3® HR®
Bontrup, Volkswirtschaftslehre
Bradtke, Mathematische Grundlagen für Ökonomen
Bradtke, Statistische Grundlagen für Ökonomen
Busse, Betriebliche Finanzwirtschaft, 4. Auflage
Clausius, Betriebswirtschaftslehre I
Dorn · Fischbach, Volkswirtschaftslehre II, 3. Auflage
Fank, Informationsmanagement
Fank · Schildhauer · Klotz, Informationsmanagement: Umfeld – Fallbeispiele
Fiedler, Einführung in das Controlling
Fischbach, Volkswirtschaftslehre I, 10. Auflage
Frodl, Dienstleistungslogistik
Hardt, Kostenmanagement
Heine · Herr, Volkswirtschaftslehre
Hofmann, Globale Informationswirtschaft
Hoppen, Vertriebsmanagement
Koch, Marketing
Koch, Marktforschung, 2. Auflage
Koch, Gesundheitsökonomie: Kosten- und Leistungsrechnung
Krech, Grundriß der strategischen Unternehmensplanung
Kreis, Betriebswirtschaftslehre, Band I, 5. Auflage
Kreis, Betriebswirtschaftslehre, Band II, 5. Auflage
Kreis, Betriebswirtschaftslehre, Band III, 5. Auflage
Lebefromm, Controlling – Einführung mit Beispielen aus SAP®/R3®
Lebefromm, Produktionsmanagement, 4. Auflage
Martens, Statistische Datenanalyse mit SPSS für Windows
Mensch, Kosten-Controlling
Piontek, Controlling
Piontek, Beschaffungscontrolling, 2. Auflage
Piontek, Global Sourcing
Posluschny, Kostenrechnung für die Gastronomie
Posluschny · von Schorlemer, Erfolgreiche Existenzgründungen in der Praxis
Reiter · Matthäus, Marketing-Management mit EXCEL
Rudolph, Tourismus-Betriebswirtschaftslehre
Schaal, Geldtheorie und Geldpolitik, 4. Auflage
Scharnbacher Kiefer, Kundenzufriedenheit, 2. Auflage
Schuster, Kommunale Kosten- und Leistungsrechnung
Stahl, Internationaler Einsatz von Führungskräften
Steger, Kosten- und Leistungsrechnung, 2. Auflage
Weindl · Woyke, Europäische Union, 4. Auflage

Statistische Datenanalyse mit SPSS für Windows

Von

Dr. Jul Martens

R. Oldenbourg Verlag München Wien

Die Deutsche Bibliothek - CIP-Einheitsaufnahme

Martens, Jul:
Statistische Datenanalyse mit SPSS für Windows / Jul Martens. -
München : Oldenbourg, 1999
(Managementwissen für Studium und Praxis)
ISBN 3-486-25223-2

© 1999 Oldenbourg Wissenschaftsverlag GmbH
Rosenheimer Straße 145, D-81671 München
Telefon: (089) 45051-0, Internet: http://www.oldenbourg.de

Das Werk einschließlich aller Abbildungen ist urheberrechtlich geschützt. Jede Verwertung außerhalb der Grenzen des Urheberrechtsgesetzes ist ohne Zustimmung des Verlages unzulässig und strafbar. Das gilt insbesondere für Vervielfältigungen, Übersetzungen, Mikroverfilmungen und die Einspeicherung und Bearbeitung in elektronischen Systemen.

Gedruckt auf säure- und chlorfreiem Papier
Gesamtherstellung: Druckhaus „Thomas Müntzer“ GmbH, Bad Langensalza

ISBN 3-486-25223-2

Vorwort

Dieses Buch entstand im Zusammenhang mit der Lehrveranstaltung „Statistische Datenanalyse mit SPSS“ an der sozial- und wirtschaftswissenschaftlichen Fakultät der Karl-Franzens-Universität Graz. Es enthält die statistischen Verfahren zu den in der Übung am Computer behandelten Verfahren. Der hier zusammengefaßte Stoff enthält unter anderem auch die im 1. Studienabschnitt der sozial- und wirtschaftswissenschaftlichen Studienrichtungen im Rahmen der Lehrveranstaltungen Statistik 1, 2 und 3 vermittelten Grundlagen. Auf diese Skripten und die Literaturhinweise am Ende sei für Interessierte verwiesen. Erweiterungen gibt es im Bereich der Testverfahren, der Regressionsanalyse, der Zeitreihenanalyse und der Multivariaten Verfahren. Die statistischen Grundlagen sind nur in soweit zusammengefaßt, als sie einerseits bei der Anwendung bestimmter Verfahren und bei der Interpretation der Ergebnisse hilfreich sein sollen.

Nachdem am Anfang einer statistischen Auswertung die Datenerhebung steht, ist auch die Umsetzung eines Fragebogens in eine SPSS-Datendatei an einem Beispiel dargestellt. Auch wurden Exkurse zu Themen vorgenommen, die in früheren Lehrveranstaltungen Anlaß für Fragen gewesen sind.

Das Arbeiten mit einem Statistikpaket setzt heute weder die Beherrschung eines kommandogesteuerten Betriebsystems auf einer Großrechneranlage, noch die Aneignung einer umständlichen Befehlssyntax voraus. Vielmehr kann sich der Anwender nach einer kurzen Einarbeitungszeit ganz auf die zugrundeliegende statistische Aufgabenstellung konzentrieren. Dies hat sicherlich auch zu einer sehr weiten Verbreitung des Statistik-Programmpaketes SPSS in der Wissenschaft und Praxis geführt. Die Entwicklungen auf dem Gebiet der elektronischen Datenanalyse und die wachsenden Datenmengen zwingen auch Praktiker verstärkt dazu, sich mit den grundlegenden Techniken der statistischen Datenverarbeitung auf dem PC vertraut zu machen. Für diese Aufgabe stellt SPSS ein modernes und leistungsfähiges Werkzeug dar. Dennoch sollte eine übersichtliche Windows-Oberfläche nicht darüber hinwegtäuschen, daß ein sinnvoller Einsatz eines Statistikprogrammes Kenntnisse über die zugrundeliegende Theorie zwingend erforderlich macht. Dies gilt sowohl für die Datenanalyse, als auch für die Interpretation der Ergebnisse. Der Autor hofft, daß dieses Buch dazu dient, dem Leser einen erfolgreichen Zugang zu dem Statistik-Programmpaket SPSS für Windows zu finden.

Jul Martens

Inhaltsverzeichnis

1. Einführung

1.1 Die Geschichte von SPSS

Das Programmpaket SPSS dient der statistischen Datenanalyse. Es wurde im Jahre 1965 an der Standford University in San Francisco in der Programmiersprache FORTRAN auf einem IBM 7090 Rechner entwickelt. SPSS stellte damit einen enormen Fortschritt dar, denn bis zu diesem Zeitpunkt gab es Statistik-Programme nur in Form von Programmbibliotheken, die aus Sammlungen von Programmen für bestimmte statistische Verfahren bestanden. Bedient wurden diese Programme über Befehle der Großrechnerumgebung, was eine umfangreiche Einarbeitung erforderte.

Zunächst erschien die Großrechnerversion von SPSS, die später SPSS^{x} (*e<u>x</u>tended*) genannt wurde. Im Jahre 1981 wurde eine vereinfachte Version für den IBM-kompatiblen PC unter dem Namen SPSS/PC^{+} auf den Markt gebracht. Bei dieser Version für das Betriebssystem MS-DOS war jedoch der Umfang der statistischen Methoden gegenüber der Großrechnerversion aufgrund der damaligen Standards in der Hardware (8086-Prozessor, 10 MB Festplatte, 512 KB Arbeitsspeicher) stark reduziert. Seit 1992 ist SPSS auch für die Benutzeroberfläche Windows erhältlich. Mittlerweile ist die Leistungsfähigkeit der Rechner so stark angestiegen, daß in der Version SPSS für Windows 95, was den Umfang der statistischen Verfahren betrifft, die ursprüngliche Großrechnerversion weit übertroffen wird.

SPSS ist in mehrere Module aufgeteilt, wobei (mittlerweile) bereits die Grundausstattung (SPSS Base System) über ein sehr großes Spektrum an statistischen Verfahren verfügt. Zu den Zusatzmodulen gehören unter anderem weiterführende multivariate Verfahren (Professional Statistics, Advanced Statistics und Categories), Methoden zur Auswertung und Aufbereitung der Daten in präsentationsfähigen Pivot-Tabellen (Tables), Verfahren der Zeitreihenanalyse (Trends), weitere Testverfahren (Exact Tests) und Verfahren zur Generierung von neuronalen Netzen (Neuronale Netze). Laufend werden neue Module entwickelt, um das Programmpaket an den aktuellen Stand der Wissenschaft anzupassen.

Derzeit ist SPSS auf den folgenden Plattformen bzw. Betriebssystemen erhältlich:

- SPSS/PC^{+} für MS-DOS
- SPSS für Windows (95 und NT)
- SPSS für Apple Macintosh
- SPSS für Unix.

Die Mindestsystemanforderungen von SPSS für Windows in der aktuellen Version 8.0 sind:

- Windows 95 oder Windows NT (4.0)
- 80486er Prozessor
- 16 MB RAM Hauptspeicher
- Festplatte mit 55 MB freiem Speicherplatz
- Graphikadapter 640 * 480 (VGA) oder höher.

SPSS stand früher einmal für Statistical Package for the Social Sciences. Aus dieser Bezeichnung ergibt sich bereits, daß der Ursprung des Programmpakets in den Sozialwissenschaften liegt. SPSS hat sich im Laufe der Zeit auch in anderen Bereichen durchgesetzt. Es gilt unter anderem als das in der Marktforschung am häufigsten verwendete Statistikpaket.

SPSS ist ein Software-Paket der Statistik-Standardsoftware und bietet damit Lösungen für die meisten anfallenden Aufgaben der statistischen Datenanalyse. Weitere namhafte Statistik-Softwarepakete sind die ursprünglich für den Großrechner konzipierten und später für den PC konvertierten Programme SAS, P-STAT oder SYSTAT und die speziell für den PC entwickelten Statistikprogramme STATGRAPHICS, NCSS oder Statistica. Davon zu unterscheiden wären statistische Programmiersprachen wie GAUSS. Damit lassen sich individuelle statistische Probleme formulieren und lösen. Im Gegensatz zu einer Programmiersprache wie etwa Basic, Visual Basic oder Pascal sind aber bestimmte statistische Prozeduren als vorgefertigte Funktion verfügbar.

Parallel zu den Statistik-Programmpaketen hat sich in den letzten Jahren das Tabellenkalkulationsprogramm Microsoft Excel zu einem sehr leistungsfähigen Tool der Datenanalyse entwickelt, das ebenfalls zahlreiche statistische Verfahren in Form von Funktionen und *Add-Ins* implementiert hat. Im Gegensatz zu Excel kann SPSS aber wesentlich größere Datenmengen (nach eigenen Erfahrungen mehr als 5 Millionen Datensätze anstelle der maximal 65.536 Datensätze bei der aktuellen Version MS-Excel 8) verarbeiten und beinhaltet ein wesentlich umfangreicheres Spektrum an statistischen Verfahren. Außerdem läßt die Rechengeschwindigkeit bei MS-Excel mit zunehmender Datenmenge stark nach. Ebenfalls nicht zu vergleichen wäre SPSS mit dem weit verbreiteten Datenbankprogramm MS-Access.

Die Arbeitsumgebung hat sich optisch sehr stark an die von MS-Excel und anderen *Spreadsheet*-Programmen angeglichen. Waren für die PC-Version von SPSS noch umfangreiche Kenntnisse der aus der Großrechnerumgebung entlehnten typischen SPSS-Syntax erforderlich, so ist die Steuerung der Windows-Version wesentlich einfacher geworden, und orientiert sich an den weit verbreiteten Windows-Programmen. Natürlich können erfahrene Anwender ihre Kenntnisse der Syntax auch in der Windows-Version erfolgreich weiternutzen.

Der Programmaufruf von SPSS für Windows erfolgt durch Doppelklick auf das SPSS-Symbol

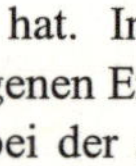

im *Desktop* von Windows 95 oder durch Aufruf des Starknopfs

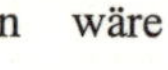

und anschließend die Menüpunkte *Programme* und *SPSS 8.0 für Windows*.

.

1.2 Der Daten-Editor

Der Bildschirm, der nach dem Starten von SPSS erscheint (hier in der deutschsprachigen Version 8.0 unter WINDOWS 95), ist der Daten-Editor. Dies ist ein leeres Tabellenblatt (*Spreadsheet*), wie es auch aus Excel bekannt ist.

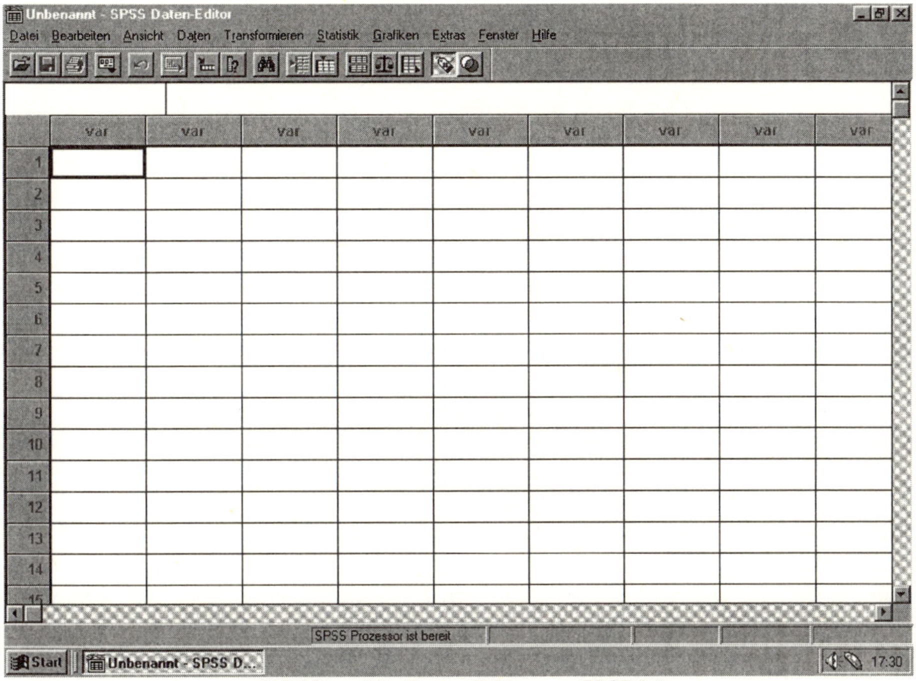

Abbildung 1.1: Daten-Editor von SPSS 8.0

Neben dem hier abgebildeten Daten-Editor gibt es weitere Fenster, die eine eigene Bildschirmumgebung aufweisen, d. h. über eine eigene Menüleiste verfügen, und einen eigenen Namen tragen:

Fenster	Bedeutung
Daten-Editor	Dateneingabe (Spreadsheet), Inhalt der Datei, Startbildschirm
Viewer	Ergebnisfenster für Tabellen, Diagramme und Texte
Pivot-Tabellen-Editor	Editor für die Ergebnistabellen
Diagramm-Editor	Editor für die Diagramme
Textausgaben-Editor	Editor für die Textausgaben
Syntax-Editor	Bildschirmumgebung für SPSS Syntaxsprache
Skript-Editor	Editor für die SPSS-Skript-Sprache, einer Makrosprache, die mit dem Visual-Basic in Excel vergleichbar ist

Diese Fenster sind durch das Anklicken der entsprechenden Felder auf der Task-Leiste oder über den Menüpunkt *Fenster* zu erreichen. Die Task-Leiste am unteren Bildschirmrand enthält neben dem aktiven Fenster und den weiteren Fenstern ggf. auch weitere aktive Anwendungsprogramme und den obligatorischen *Startknopf* für das Starten weiterer Windows-Anwendungsprogramme. Die obere **Menüleiste** im Daten-Editor ist thematisch stark an die der bekannten Windows-Anwendungsprogramme Winword oder Excel angelehnt:

Menü	Bedeutung
Datei	Öffnen, Speichern, Importieren und Exportieren von Dateien, Drucken von Dateien
Bearbeiten	Ausschneiden, Kopieren und Einfügen von Datenwerten, Suchen von Datenwerten und Änderung der Einstellungen (benutzerdefinierte Anpassung des Systems)
Ansicht	Anpassen der Symbolleisten, Ein- und Ausblenden der Statusleiste und der Gitternetzlinien, Anzeige der Wertelables anstelle der Werte
Daten	Definition von Variablen, Auswählen von Werten und Fällen, Zusammenfügen von Dateien
Transformieren	Änderung der Variablen, Berechnung von neuen Variablen aus vorhandenen Variablen, Auswählen, Filtern und Gewichten von Variablen und Fällen
Statistiken	Univariate-, bivariate- multivariate Statistiken, Zeitreihenverfahren, Tabellen
Graphiken	Ein-, zwei- und dreidimensionale Diagramme
Extras	Informationen über die Variablen, die Arbeitsdatei, Anpassen der Menüs, Ausführen von Skripts
Fenster	Wechsel zwischen den Fenstern
Hilfe	Online-Hilfe, kann auch über [F1] aufgerufen werden

Darunter befindet sich eine *Symbolleiste* (auch *Iconleiste* genannt), deren Bedeutung beim Heranfahren mit dem Mauszeiger simultan durch die Einblendung einer kleinen Erläuterung erklärt wird. Alle durch diese Icons zu aktivierenden Befehle stehen auch über die Menüs zur Verfügung. Einige dieser Funktionen lassen sich zusätzlich durch Tastaturkombinationen aufrufen.

Die weiße Leiste darunter ist eine *Editierleiste*. Hier wird der aktuelle Inhalt derjenigen Zelle angezeigt, in der der Cursor gerade steht. Zellinhalte lassen sich dadurch sehr leicht überarbeiten.

Um ein effizientes Arbeiten in dem Daten-Editor zu gewährleisten, sind die folgenden Tastaturbelegungen sehr hilfreich.

Taste	Funktion
↑ ↓ ← →	Cursor wandert eine Position nach oben, unten, links, rechts
⭾	Cursor wandert eine Position rechts
[Strg ↑]	Cursor springt an den Anfang der Spalte
[Strg ↓]	Cursor springt an das Ende der Spalte
[Strg ←]	Cursor springt an den Anfang der Zeile
[Strg →]	Cursor springt an das Ende der Zeile
↵	Cursor wandert eine Position nach unten

[Bild ↑]	Wechselt eine Bildschirmseite nach oben
[Bild ↓]	Wechselt eine Bildschirmseite nach unten
[Alt {*Buchstabe*}]	Aufrufen eines Menüpunktes über unterstrichenen Buchstaben
[Pos 1]	springt an den Anfang der aktuellen Zeile
[Ende]	springt an das Ende der aktuellen Zeile
[Strg Pos 1]	springt an den Anfang gesamten Datei
[Strg Ende]	springt an das Ende gesamten Datei
[Entf]	Entfernt den aktuellen Zellinhalt und ersetzt ihn durch einen fehlenden Wert, Entfernt die aktuelle Zeile oder Spalte, wenn diese durch das Anklicken mit der Maus auf den Zeilen- oder Spaltenkopf markiert ist
[Strg] [⇧]	Markiert die gesamte Zeile
[Strg] [␣]	Markiert die gesamte Spalte
[F1]	Aufruf der Hilfemenüs

Die in dem Daten-Editor enthaltenen Dateien sind wie eine *Datenmatrix* aufgebaut. Die Spalten enthalten die Variablen (Merkmale) und die Zeilen die Fälle (Merkmalsträger). Die Werte (Merkmalsausprägungen) stehen in den Zellen. Eine Zeile ist gleichzeitig ein *Datensatz*, während die Summe aller Datensätze die Datei bilden.

Eine neue Datei kann dadurch erstellt werden, indem die Werte direkt in den Daten-Editor eingetragen werden, und das Definieren der Variablen über den Menüpunkt

Daten
  Variable definieren

im Anschluß daran erfolgt. Dieses Menü kann auch durch einen Doppelklick auf den Spaltenkopf der Variablen aufgerufen werden.

Bei der **Eingabe von Texten** (Zeichen) in den leeren Daten-Editor muß die Variable **vorab** mittels dieser Menüpunkte als *String-Variable* definiert werden. Numerische Werte können sofort eingegeben werden.

Eine bereits vorhandene Datei wird über die Menüs

Datei
  Öffnen

oder durch das Anklicken des Symbols mit dem Ordner  aufgerufen. Es erscheinen im Dialogfenster die mit Endung **.SAV* versehenden SPSS-Windows-Datendateien. Die gewünschte Datei kann durch Mausklick aufgerufen werden oder in der dargestellten Verzeichnisstruktur *Suchen in:* gesucht werden.

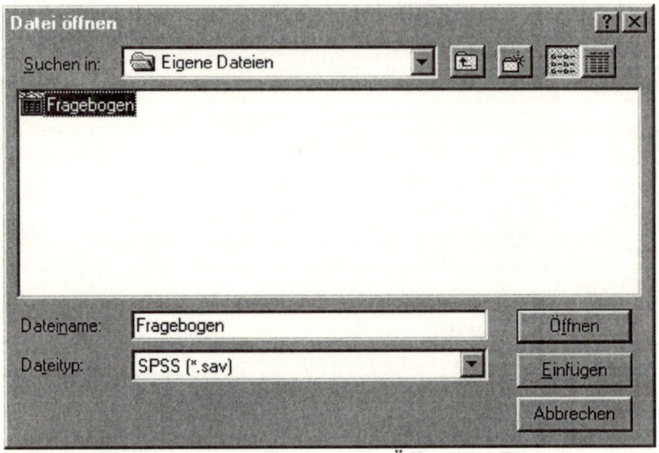

Abbildung 1.2: Dialogbox zum Öffnen von Dateien

Soll eine Datei aufgerufen werden, die nicht als SPSS Datendatei abgespeichert wurde, so muß unter dem Feld *Dateityp* der Dateityp mit der entsprechenden Dateiendung ausgewählt werden, bevor dieser Dateiname im oberen Feld erscheint.

Nach - bzw. sicherheitshalber regelmäßig während - der Dateneingabe kann die Datei als SPSS Systemdatei oder als ein, unter dem Menüpunkt *Dateityp*, aufgeführter Dateityp abgespeichert werden. Dies kann am einfachsten über ein Anklicken des Diskettensymbols in der Iconleiste geschehen. Andernfalls sind die Menüs

Datei

Speichern unter

aufzurufen.

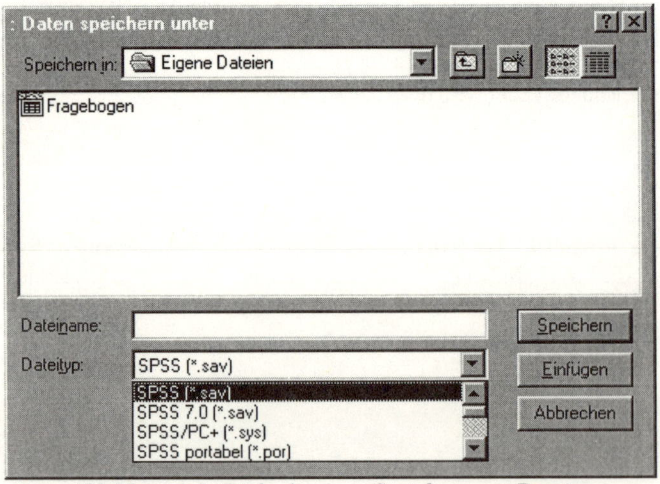

Abbildung 1.3: Dialogbox zum Speichern von Dateien

Unter dem Menüpunkt *Dateityp* sind die folgenden Dateitypen der entsprechenden Anwendungsprogramme enthalten, die sowohl importiert, als auch exportiert werden können.

Programm	Dateityp	Dateiendung
SPSS	SPSS für Windows Datendatei	SAV
SPSS/PC$^+$	SPSS/PC$^+$- Datendatei	SYS
SPSS-Portable	SPSS^x-Datendatei	POR
Excel	Tabellendatei für Excel 4 und niedriger	XLS
Lotus 1-2-3	Tabellendatei der Lotus Versionen 3.0, 2.0 oder 1A	WK1, WKS
Multiplan	Tabellendatei im Symbolik Link-Format (SYLK)	SLK
dBASE	Datendatei im Format dBase III, dBase III$^+$ und dBase IV	DBF
ASCII	Daten im ASCII-Format (Textformat)	TXT, DAT

Bei dem Einlesen von Dateien in Form von Tabellendateien (Excel, Lotus) erfolgt eine Abfrage, ob in der ersten Zeile der Datei die Variablennamen enthalten sind:

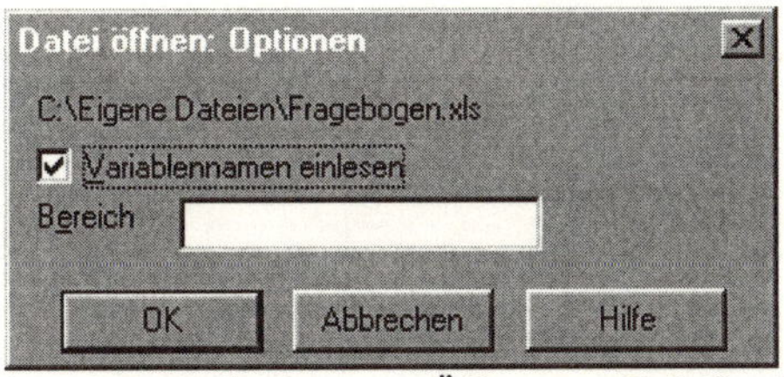

Abbildung 1.4: Dialogbox zum Öffnen von Tabellendateien

In vielen Fällen wird es so sein, daß in EXCEL der erste Datensatz die Überschriften für die Variablen enthält. In SPSS steht jedoch in der ersten Zeile grundsätzlich der erste Datensatz mit den Merkmalsausprägungen.

Geschlecht	Alter	Fach
1	25	BWL
0	30	VWL
1	28	BWL
1	22	BWL

	geschlec	alter	fach
1	1,00	20,00	BWL
2	,00	30,00	VWL
3	1,00	28,00	BWL
4	1,00	22,00	BWL

Abbildung 1.5: Übertragen einer Tabellendatei in eine SPSS-Datei

Probleme kann das Exportieren von Daten bereiten, die anstelle einer Nachkommastelle einen Dezimalpunkt aufweisen. Hier kann es dann in Excel zu Fehlinterpretationen kommen. In hartnäckigen Fällen muß dann vor dem Einlesen in Excel das Zahlen Format in Windows 95 über das Fenster *Systemsteuerung* kurzfristig umgestellt werden.

Ab der Version Excel 5 verwaltet Excel seine Tabellen mehrdimensional in Form von mehreren, übereinander gelegten Tabellenblättern. Da SPSS in seinem Daten-Editor immer nur ein Datenblatt enthalten kann, können Excel-Arbeitsblätter nur mit Hilfe eines *ODBC*-Treibers (ODBC = Open Database Connectivity) in Form eines einzelnen, aus den Arbeitsblättern ausgewählten, Tabellenblattes eingelesen werden. Dies geschieht über das

Menü *Daten* und *Datenbankzugriff*. Als Alternative zu dieser Operation steht das Exportieren dieser Dateien in Excel in ein älteres Excel als Möglichkeit zur Verfügung.

Bei dem Einlesen von Daten im ASCII-Format über die Menüs *Daten* und *ASCII-Daten einlesen* muß dem Programm exakt mitgeteilt werden, an welcher Stelle welches Merkmal (Variable) steht und um was für eine Art von Merkmal (Variablen) es sich handelt (z. B. numerisch oder alphanumerisch) und ggf. auch wieviel Nachkommastellen die Variable hat.

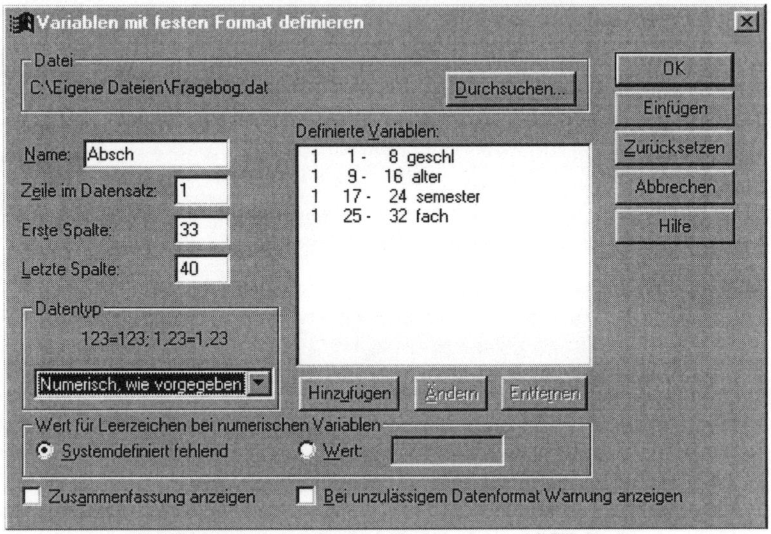

Abbildung 1.6: Dialogbox Einlesen von ASCII-Daten

Werden ASCII-Daten regelmäßig in der gleichen Struktur eingelesen, empfiehlt es sich, die Einleseprozedur mit Hilfe der SPSS-Syntax zu automatisieren.

Die Datenanalyse in SPSS kann grob durch die folgenden fünf Schritte systematisiert werden.

(1) Auswählen der Prozedur
(2) Auswählen der Variablen
(3) Auswählen der Optionen (Statistiken, Graphiken)
(4) Ausführen der Prozedur
(5) Betrachten und interpretieren der Ergebnisse im Viewer.

Die mit der Maus auszuführenden Befehle für eine statistische Auswertung von einfachen Häufigkeiten lauten beispielsweise:

Statistiken

    Zusammenfassen

        Häufigkeiten .

Diese Menüs können durch Anklicken mit der Maus aus der Menüleiste ausgewählt werden.

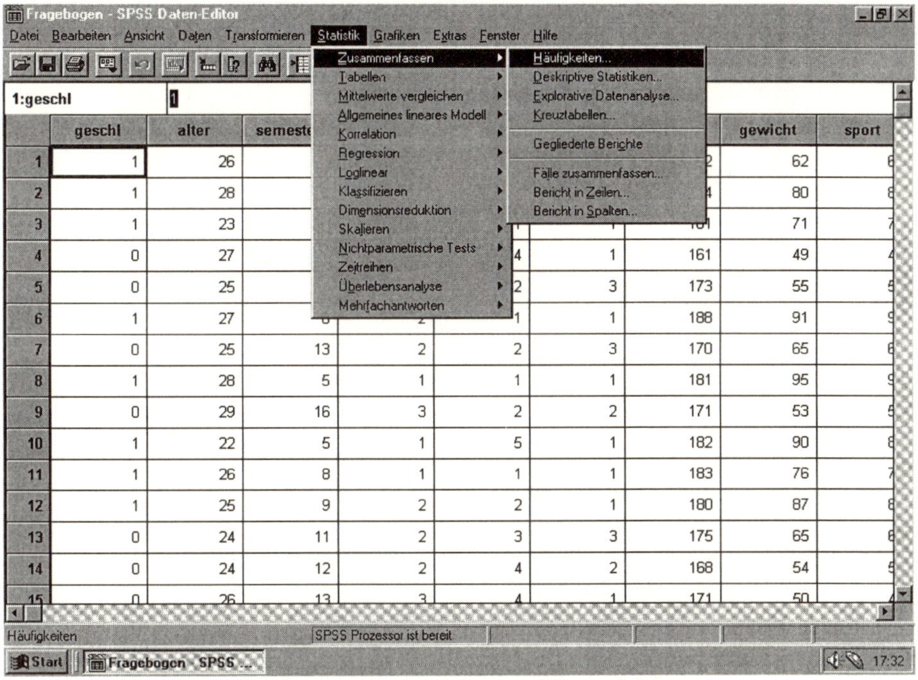

Abbildung 1.7: Daten-Editor und Statistik-Menüs

Nachdem die statistische Prozedur aufgerufen wurde, erscheint eine Dialogbox. Zunächst gilt es, die zu untersuchenden Variablen aus der Liste der verfügbaren Variablen auszuwählen. Diese sind auf der linken Seite in einer Liste alphabetisch aufgeführt, wobei Textvariablen gesondert gekennzeichnet sind. Dieser Bereich enthält die *Quellvariablen*. Die Bezeichnung der Variablen orientiert sich am Variablenlabel. Dahinter folgt der Variablenname in eckigen Klammern. Numerisch Variable sind durch ein Kreuzsymbol „#" gekennzeichnet. Das Auswählen geschieht in der Form, daß eine oder mehrere Variable durch Anklicken mit der Maus markiert werden. Anschließend können diese markierten Variablen durch Anklicken des Pfeilsymbols in den rechten Bereich übertragen werden, der die *Zielvariablen* enthält. Es können auch gleichzeitig mehrere Variable mit der Maus markiert werden und auf diese Weise übertragen werden. Mehrere, im Quellbereich nicht direkt untereinander stehende Variablen, können mit Hilfe der Maus und zusätzlich der [Strg]-Taste einzeln markiert und anschließend als Ganzes in den rechten Bereich der Zielvariablen übertragen werden. Auch lassen sich die Variablen aus dem Bereich der *Zielvariablen* wieder in den Bereich der *Quellvariablen* zurückkopieren.

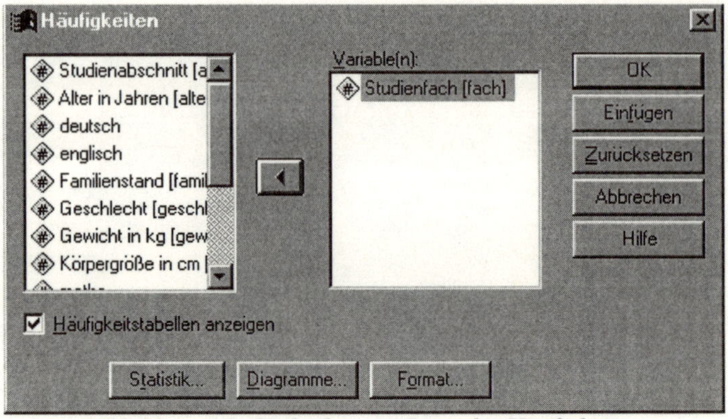

Abbildung 1.8: Dialogbox zur Prozedur Häufigkeiten

Die in der oben abgebildeten Dialogbox gezeigten Schaltflächen (*Steuerelemente*) sollen kurz erläutert werden, da diese in jeder Dialogbox von SPSS erscheinen.

Befehlsschaltfläche	Bedeutung
OK	Bestätigen aller getätigten Eingaben
Einfügen	Befehlssyntax wird in den Syntax-Editor eingefügt
Zurücksetzen	Alle Optionen werden auf den Ausgangszustand versetzt
Abbrechen	Abbruch der Eingabe und Schließen der Dialogbox
Hilfe	Hilfemenü wird geöffnet
Statistik, Diagramme, Format	Unterdialog-Flächen (Untermenüs), die je nach Prozedur unterschiedliche Optionen haben

Nach dem Bestätigen dieser Dialogbox mit der Schaltfläche *OK* erscheint oftmals eine weitere Dialogbox, die den Umfang der Auswertung festgelegt. [1]

Alle diese Eingaben bleiben in den Dialogboxen erhalten, solange mit der gleichen Datei gearbeitet wird. Auf diese Weise müssen nicht ständig die gleichen Menüpunkte mit der Maus erneut angeklickt werden. Aus der Umgebung des Daten-Editors heraus können bis zu 12 zuletzt verwendete Dialogboxen wieder aufgerufen werden.

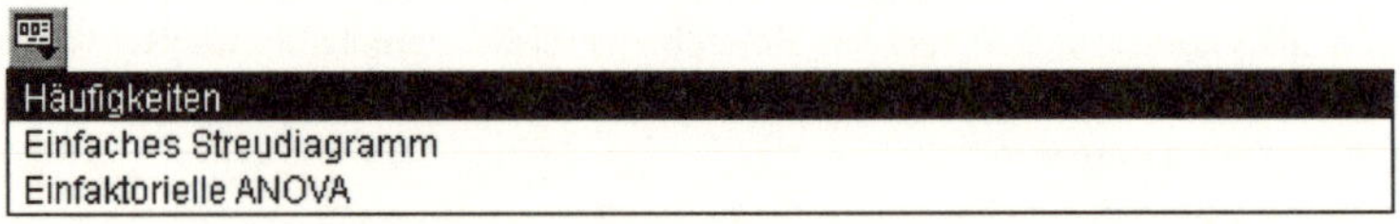

Abbildung 1.9: Zuletzt verwendete Dialogfelder

In der vorliegenden Prozedur bestimmt die nächste Dialogbox *Häufigkeiten* die Art der statistischen Kennzahlen. Diese Optionen müssen in Unterdialog-Flächen an den gekennzeichneten Kästchen mit der Maus durch Anklicken aktiviert oder deaktiviert werden.

[1] Die Schaltfläche *OK* heißt in einigen Dialogboxen auch mit *Weiter*.

Bei der Auswahl der zu berechnenden Kennziffern und den Graphiken muß das den Daten zugrunde liegende Merkmalsniveau berücksichtigt werden. War noch in der Zeit der Großrechner der Befehl *Statitics All* eine weit verbreitete Methode, sämtliche Statistiken berechnen zu lassen, da die Durchführung einer derartigen Berechnung sich über eine ganze Nacht hinziehen konnte, ermöglicht SPSS für Windows die Beschränkung der Ausgabe auf die wirklich sinnvollen Kennzahlen.

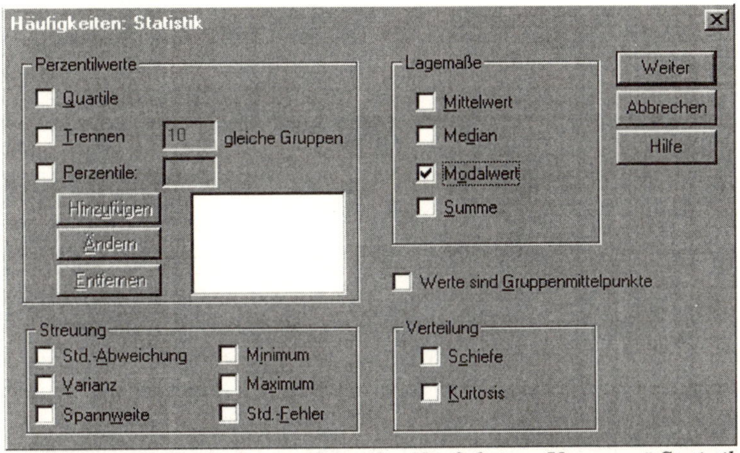

Abbildung 1.10: Dialogbox zur Prozedur Häufigkeiten, Untermenü Statistik

Wenn die Felder durch Anklicken ausgefüllt worden sind, wird durch das Bestätigen der Schaltfläche *Weiter* in die vorausgehende Dialogbox gewechselt. Die Schaltfläche *Abbrechen* führt zu einem Abbruch der Prozedur und *Hilfe* aktiviert das Hilfesystem. Alle die in dieser Dialogbox durch das Ankreuzen mit der Maus getätigten Eingaben werden vom Programm während des Arbeitens mit der aktuellen Datei beibehalten. Aus Gründen der Vorsicht sollte daher bei jeder Auswertung kurz die Gültigkeit der angeklickten Optionsfelder auf die auszuwertenden Variablen überprüft werden.

Weitere, hier nicht explizit gezeigte Dialogboxen im Zusammenhang mit der Prozedur *Häufigkeiten* beziehen sich auf die Art der möglicherweise gewünschten Graphik (*Diagramme*) und auf das Format der Anordnung der Häufigkeiten in der Tabelle (*Format*).

Schließlich wird die Prozedur durch das Anklicken der Schaltfläche *OK* zur Auswertung ausgeführt und SPSS zeigt in der Statuszeile die Anzahl der gerade bearbeiteten Fälle.

1.3 Der Viewer

Nach jeder Prozedur wechselt SPSS automatisch in das Ausgabefenster, den sogenannten *Viewer*. In der Version 7.5 von SPSS für Windows wurde dafür die Bezeichnung *Output-Navigator* verwendet. Geändert hat sich dabei jedoch nur der Name.

Zwischen den einzelnen Fenstern des Daten-Editors oder eines anderen Editors kann entweder über die *Task-Leiste* von Windows 95 

oder über das Menü *Fenster* hin- und hergewechselt werden.

Im Viewer erscheinen neben den Ergebnissen in Form von Tabellen oder Graphiken auch mögliche Fehlermeldungen. Die Tabellen und Graphiken können wiederum durch einen Doppelklick mit der Maus editiert werden, d. h. es werden dann neue Fenster geöffnet, in denen auch wieder neue Menüs zur Verfügung stehen.

Über den Menüpunkt *Datei* können die Ergebnisse des Viewers abgespeichert werden. Diese Dateien tragen dann die Endung *.SPO. Die Ergebnisdateien können auch über den Menübefehl *Datei* und den Unterbefehl *Seite einrichten* für die Ausgabe auf einem Drucker formatiert werden. Ähnlich wie in Excel können aber nur Seitenzahlen, begrenzte Kopf- und Fußnoten und die Größe der Graphiken bestimmt werden. Keinesfalls lassen sich damit aber präsentationsfähige Berichte erstellen - diese müssen weiterhin in Kooperation mit Winword und einem Einfügen der Tabellen und Graphiken über die Zwischenablage gestaltet werden.

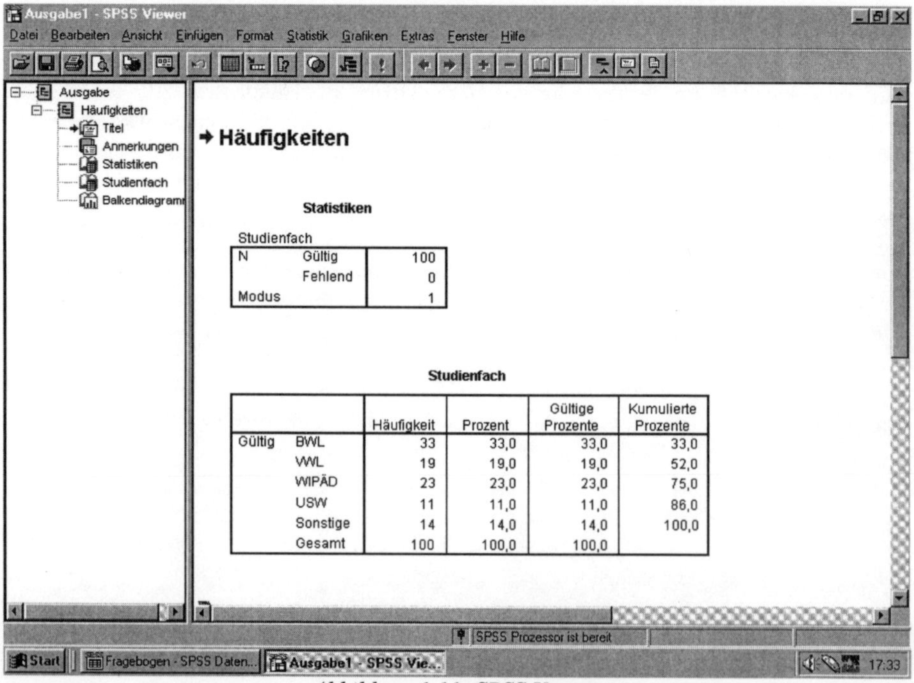

Abbildung 1.11: SPSS Viewer

Der Viewer ist in zwei Bildschirmbereiche aufgeteilt. Im linken Bereich sehen wir eine Art *Verzeichnisstruktur* mit den Themen der produzierten Ergebnisse, die im rechten Bildschirmbereich dargestellt sind. Dieser Baum im linken Bereich ähnelt demjenigen des *Explorers* in Windows 95. Die linke Gliederungsansicht ist in verschiedene Gliederungsstufen unterteilt, die sich durch ein *drill-up* bzw. *drill-down* erweitern oder reduzieren lassen.

Der Viewer unterschiedet bei den Ergebnissen zwischen Texten, Pivot-Tabellen und Graphiken, was auch durch Symbole dargestellt wird. Durch ein Anklicken dieser Symbole in der Baumstruktur kann sehr schnell zu dem gewünschten Ergebnis im rechten Bereich gewechselt werden. Jedes Ausgabethema stellt ein *Objekt* dar, das durch Anklicken auch kopiert, editiert oder gelöscht werden kann. Diese objektorientierte Arbeitsweise unterscheidet sich deutlich von früheren SPSS für Windows-Versionen.

Die Menüleiste in Viewer unterscheidet sich in einigen Punkten von der im Daten-Editor. Aus diesem Grund sollen hier nur die abweichenden Menüpunkte stichwortartig genannt werden.

Menü	**Bedeutung**
Datei	Öffnen und Speichern von Ausgabedateien, Ausgabeseiten einrichten und Formatieren
Bearbeiten	Ausschneiden, Kopieren und Einfügen von Ausgaben, Ändern der Gliederungsstufe und der Einstellungen
Ansicht	Anpassen der Symbolleisten, Ein- und Ausblenden der Statusleiste, Reduzierung und Erweiterung der Gliederungsansicht
Einfügen	Einfügen von Seitenumbrüchen, Titeln, Diagrammen, Texten und Objekten
Format	Ausrichtung des Ausgabeobjekts

Viele der über die Menüs auszuwählenden Befehle können auch über die Symbole direkt aufgerufen werden, deren Bedeutung in der folgenden Tabelle kurz erklärt wird.

Das Übertragen von Ergebnissen aus dem Viewer in eine andere Windows 95 Anwendung geschieht sehr einfach, da diese einfach nur angeklickt und über die Befehle *Bearbeiten* und *Kopieren* in die Zwischenablage von Windows 95 übernommen werden. In Winword oder auch in Excel können diese Ergebnisse - seien es nun Tabellen oder Graphiken - über die Befehle *Bearbeiten* und *Einfügen* direkt als Texte oder Zahlen eingefügt werden. Über die Befehle *Bearbeiten* und *Inhalte Einfügen* kann auch das Format, in dem die Ergebnisse eingefügt werden sollen, verändert werden. So lassen sich Ergebnisse in SPSS berechnen, und in Excel-Tabellen weiterverarbeiten.

Wie bereits erwähnt, können die einzelnen Ergebnisse im rechten Bereich des Viewers durch Doppelklick mit der Maus editiert werden. Dazu erscheint, je nachdem, ob es sich um eine Graphik oder um eine Tabelle handelt, automatisch eine neue Menüleiste, mit der sich Schriftart, Schriftstil, Zellenbreite, Linienart und vieles mehr verändern läßt.

1.4 Der Pivot-Tabellen-Editor

Nach dem Doppelklick auf eine Ausgabetabelle erscheint die Tabelle eingerahmt und am oberen Bildschirmrand wird eine Menüleiste eingeblendet, die wiederum einige vom Daten-Editor abweichende Menüpunkte enthält.

Menü	Bedeutung
Datei	Öffnen und Speichern von Ausgabedateien
Bearbeiten	Ausschneiden, Kopieren und Einfügen von Datenwerten, Zurücknehmen und Wiederholungen von Operationen
Ansicht	Anpassen der Symbolleisten, Ein- und Ausblenden der Statusleiste, Gitternetzlinien und Wertelabels in den Pivot-Tabellen
Einfügen	Einfügen von Erklärungen und Fußnoten
Pivot	Pivot-Befehle wie Vertauschen von Zeilen und Spalten, Ein- und Ausblenden von Pivot-Leisten und Pivot-Schichten
Format	Ausrichtung des Ausgabeobjekts, Änderung der Spaltenbreite und anderer Tabelleneigenschaften

Im hier gezeigten Beispiel werden über den Menüpunkt *Pivot* bei einer Ausgabetabelle die Zeilen und Spalten vertauscht, um eine andere Darstellungsart zu erreichen. Dies ist auch immer dann sinnvoll, wenn SPSS eine Tabelle erzeugt, die weit über den rechten Bildschirmrand hinausreicht.

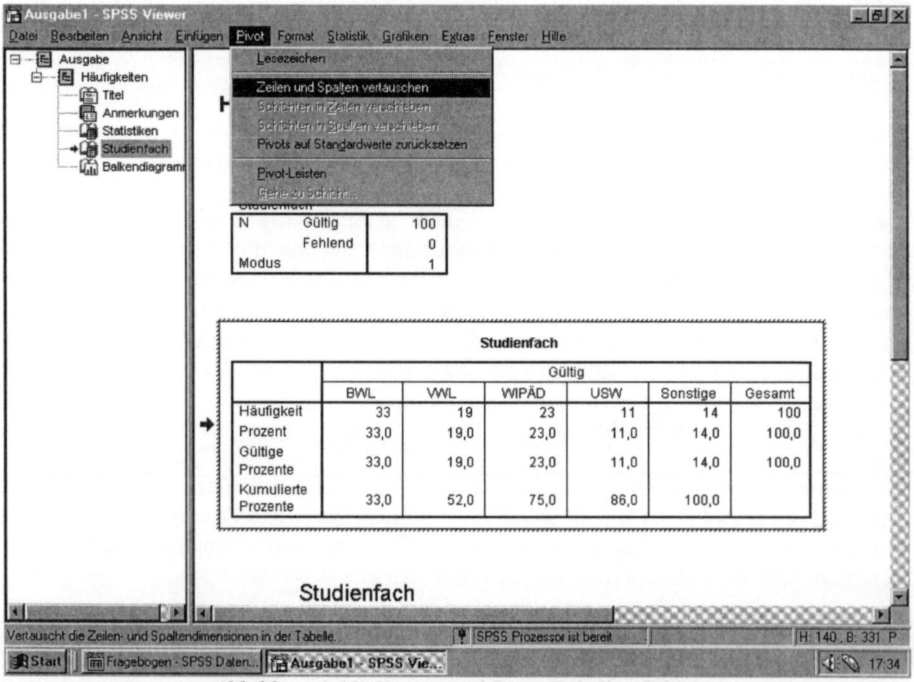

Abbildung 1.12: Viewer und Pivot-Tabellen-Editor

In dem Pivot-Tabellen-Editor lassen sich auch weitere Formatierungen vornehmen. So können auch die Spaltenbreiten verändert werden, in dem mit der Maus die rechte Begrenzungslinie einer inneren oder äußeren Tabellenspalte markiert wird, und dann nach rechts verschoben wird. Über den Menübefehl *Pivot* und *Leisten* erscheint wieder ein neues kleines Menüfenster, mit dem sich in der Tabelle Zeilen, Spalten und auch Schichten beliebig vertauschen lassen. *Schichten* bedeutet in diesem Zusammenhang, daß eine Pivot-Tabelle im Prinzip auch, etwa vergleichbar mit mehreren hintereinander liegenden Excel-Tabellenblätter, mehrdimensional aufgebaut sein kann. Für den Betrachter erscheint dann immer nur ein Tabellenblatt sichtbar, während die anderen in hinteren Schichten verborgen sind. Dies ist vor allem bei komplexen Pivot-Tabellen sehr hilfreich.

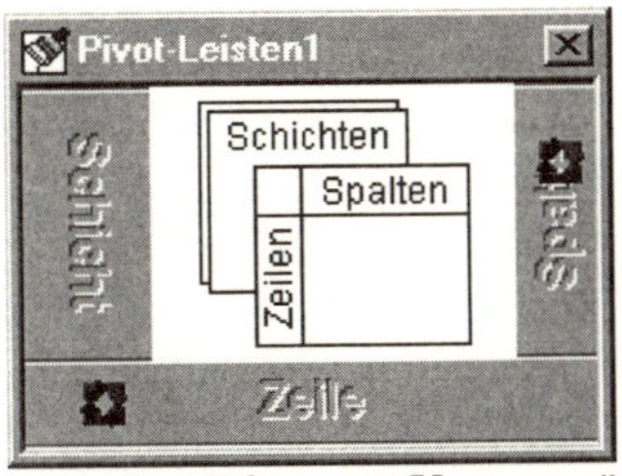

Abbildung 1.13: Pivot-Tabellen-Editor mit Untermenü zu weiteren Schichten

Das Vertauschen der Dimensionen geschieht mit Hilfe des kleinen Pfeilquadrats, das mit der Maus einfach verschoben werden muß.

Zusätzlich steht in diesem Modus auch eine Formatierungsleiste zur Verfügung, mit der sich die markierten Bereiche der Tabelle (Zeilen, Spalten oder Schichten) individuell gestalten lassen.

Abbildung 1.14: Pivot-Tabellen-Editor mit zusätzlicher Befehlsleiste

Einzelne Spalten und Spaltenbereiche können auch mit der Maus markiert werden, und mit Hilfe der Menübefehle *Bearbeiten* und *Kopieren* in die Zwischenablage übertragen werden. Anschließend können dann diese Teilergebnisse in beliebige andere Windows-Anwendungen wie z.B. Winword oder Excel übernommen werden.

Es können auch Formatierungen von Schriftart und Schriftgröße sowie eine Veränderung des Tabellenlayouts vorgenommen werden. Hier steht unter dem Menübefehl *Format* und *Tabellenansichten* zahlreiche bereits fertige Tabellenlayouts internationalen Standards zur Auswahl, die sich einfach durch Anklicken auf den vorliegenden Output übertragen lassen. Als Beispiel sei hier der in den USA für wissenschaftliche Veröffentlichungen teilweise als Voraussetzung verlangte sogenannte *Chicago Dissertation Style* genannt. Wem diese vorgefertigten Tabellenlayouts nicht genügen, kann unter dem Menüpunkt *Format* und *Tabelleneigenschaften* die Tabellenlayouts verändern. Die Möglichkeiten dazu sind außergewöhnlich vielfältig und können hier nicht weiter beschrieben werden.

1.5 Der Diagramm-Editor

Hat SPSS eine Graphik erstellt, so erscheint diese ebenfalls als Objekt im Viewer. Nach dem Anklicken dieser Graphik wechselt SPSS automatisch in einen *Editiermodus*, der die individuelle Bearbeitung der Graphik ermöglicht.

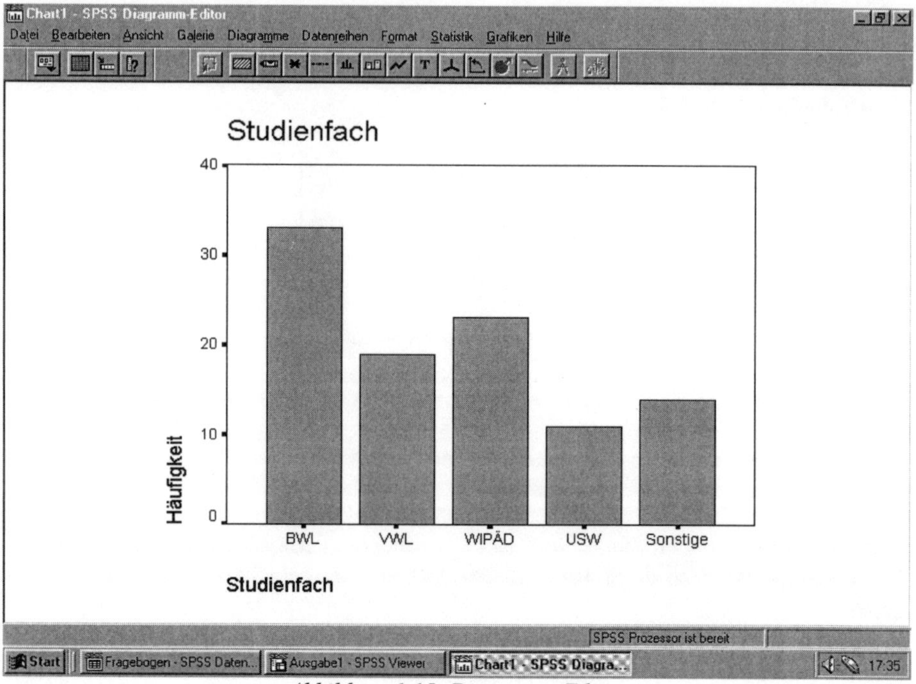

Abbildung 1.15: Diagramm-Editor

In diesem Editor wird eine neue Befehlsleiste und eine neue Symbolleiste eingeblendet. Damit lassen sich alle möglichen graphischen Gestaltungsmöglichkeiten durch Mausklick auf das entsprechende Graphikmerkmal wie z. B. den Titel, die Ordinate, die Abszisse oder die Datenpunkte aktivieren, um aus einer Standardgraphik eine individuelle Graphik zu erstellen.

Menü	Bedeutung
Datei	Öffnen und Speichern von Diagrammen und Diagrammvorlagen
Bearbeiten	Ausschneiden, Kopieren und Einfügen von Diagrammen
Ansicht	Anpassen der Symbolleisten, Ein- und Ausblenden der Statusleiste
Galerie	Auswahl eines anderen Diagrammtyps
Diagramme	Änderung des Layouts und der Beschriftung, Skalierung, Titel und Label, Veränderung der Skalierungen
Datenreihen	Auswahl einer Datenreihe oder Kategorie, Transponieren von Daten
Format	Veränderung der Diagrammerkmale wie Farben Füllmuster, Linienstil, Balkenart, Schriftart und Schriftgrad, Achsen, Segmente und 3D-Ansicht

Viele dieser Befehle stehen auch in Form der Symbole in der Symbolleiste zur Verfügung, und können dadurch leichter aufgerufen werden. Die Bedeutung der Symbole wird beim Heranfahren mit dem Mauszeiger automatisch erklärt.

Wenn die Graphik verändert wurde, kann über die Befehle *Datei* und *Schließen* wieder in den Viewer gewechselt werden. Dort werden die Änderungen der Graphik automatisch beibehalten. Wird die Graphik im Viewer nur kurz mit der Maus markiert, kann sie über die Befehle *Bearbeiten* und *Kopieren* in eine andere Windows-Anwendung übertragen werden.

1.6 Der Syntax-Editor

Alle SPSS Prozeduren können über die Menüs mit der Maus aufgerufen werden. Erfahrene SPSS-Benutzer werden aber oftmals die SPSS-Syntax bevorzugen, die weitgehend mit derjenigen für die ursprüngliche Großrechnerversion SPSS^x bzw. für die PC-Version SPSS/PC$^+$ ident ist. Mit dieser Syntax lassen sich alle Prozeduren wie mit einer Programmiersprache als Befehlsketten zusammenstellen und immer wieder aufrufen. Es können dadurch viele wiederkehrende Prozeduren automatisiert werden. Diese Arbeitsweise entspricht einer Art *Batch-Betrieb*. Üblicherweise tragen diese Listing-Dateien die Endung „SPS", und sind unformatierte Textdateien im ASCII-Format. Das bedeutet, daß diese Syntax-Dateien auch mit anderen Texteditoren bearbeitet werden können. Die Syntax wird in das Syntaxfenster geschrieben, das sich auch über das Menü *Datei* und *SPSS Syntax* öffnen läßt:

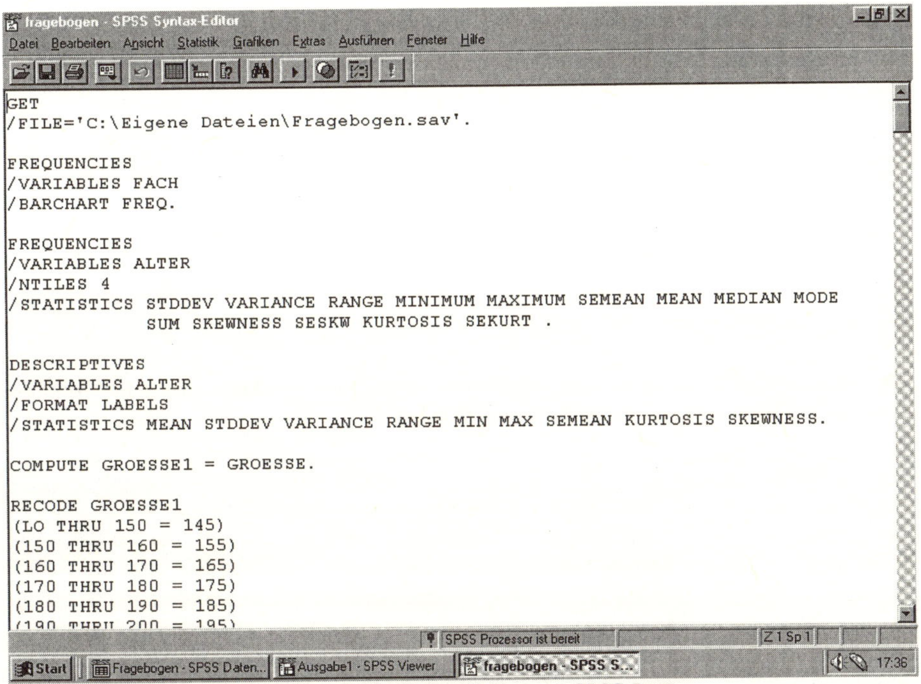

Abbildung 1.16: Syntax-Editor mit SPSS-Listing

Jeder SPSS-Befehl, der über Maus und Fenster zusammengestellt wird, kann auch in Form seiner ursprünglichen Syntax über die Schaltfläche *Einfügen* 

, die in jeder Dialogbox zu einer Prozedur enthalten ist, in Form der Programmsprache dargestellt werden. Dann wird auch das Syntaxfenster, sofern es nicht schon geöffnet ist, automatisch geöffnet. Ist das Syntaxfenster geöffnet, erscheint in der Task-Leiste ein weiterer Schaltknopf: 

Eine Aktivierung dieses *Programmlistings* erfolgt durch Markierung mit der Maus (rechte Maustaste gedrückt halten und Markierung über die Syntax-Datei ziehen) und anschließendes Anklicken des nach rechts zeigenden Pfeils in der Symbolleiste oder durch Aufrufen des Menüpunktes *Ausführen*.

Eine Prozedur besteht wiederum aus einer Kette von Befehlen, die in der obigen Abbildung nur aus Gründen der Übersichtlichkeit untereinander aufgeführt sind. Für die Zusammenstellung der Befehle zu Prozeduren gibt es jedoch bestimmte, historisch gewachsene Regeln, die für den weniger erfahrenen Anwender nicht logisch erscheinen mögen. Jeder Befehl muß auf einer neuen Zeile beginnen und mit einem Punkt enden. Inder ersten Zeile einer Befehlskette steht immer der Name der Prozedur. Die folgenden Unterbefehle werden durch Schrägstriche „/" jeweils voneinander getrennt. Variablennamen müssen vollständig ausgeschrieben werden. Zeilen mit Befehlssyntax dürfen nicht länger als 80 Zeichen sein. Unabhängig von den Ländereinstellungen in Windows muß als Dezimaltrennzeichen der Punkt verwendet werden. Bei der SPSS-Befehlssyntax wird nicht zwischen Groß- und Kleinschreibung unterschieden. So ist es beispielsweise möglich, zu schreiben

```
FREQUENCIES
/VARIABLES ALTER
/STATISTICS MEAN.
```

oder aber auch

```
frequencies variables alter /statistics mean.
```

Doch dafür steht ein Verzeichnis mit allen Schlüsselwörtern über die Hilfefunktion in Form eines sogenanntes *Glossars* zur Verfügung.

Die im Syntax-Editor enthaltene Menüleiste zeigt wieder einige, vom Daten-Editor abweichende Menüpunkte, die hier kurz aufgeführt werden.

Menü	**Bedeutung**
Datei	Öffnen, Speichern und Drucken von Syntax-Dateien
Bearbeiten	Ausschneiden, Kopieren und Einfügen, Suchen und Ersetzen von Texten, Änderung der Einstellungen
Ansicht	Anpassen der Symbolleisten und Statusleiste, Ändern der Schriftart im Editor
Ausführen	Syntaxdatei wird gesamt oder teilweise ausgeführt
Hilfe	SPSS-Syntaxhilfe steht zur Verfügung

1.7 Interaktive Graphiken

Eine wesentliche Neuheit der Version SPSS 8.0 ist der *interaktive Graphikeditor*, der hier nur kurz vorgestellt werden soll. Die darin enthaltenen Möglichkeiten der Gestaltung von Graphiken sind außergewöhnlich vielfältig und durch eine sehr einfache Handhabung beinahe selbsterklärend.

Aufgerufen wird dieser Editor über das Untermenü *Interaktiv*, das unter dem Menüpunkt *Graphiken* enthalten ist. Die dort aufgeführten Graphiktypen stellen nur eine Art „grobe Einteilung" dar, denn unter der Bezeichnung *Balkendiagramm* sind zahlreiche Varianten enthalten.

Die Bezeichnung *Interaktiv* verdient diesen Namen wirklich, denn die Art, wie der Anwender schrittweise zur Fertigstellung seiner Graphik geführt wird, ist sehr komfortabel. Anstelle eines Mauszeigers erscheint hier auch oft eine graphische *Hand*, mit der die einzelnen Variablen den Achsen zugeordnet werden .

Die Arbeitsweise dieses Graphikeditors soll anhand eines Balkendiagrammes kurz vorgestellt werden.

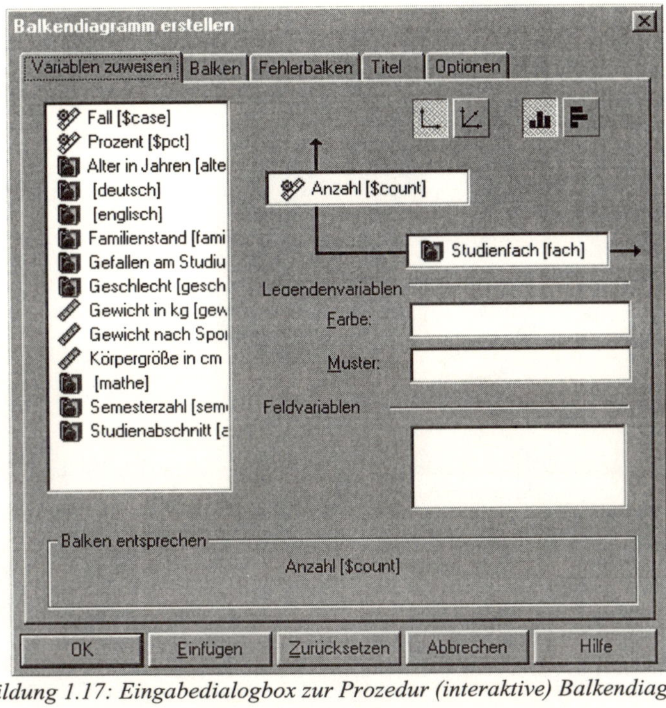

Abbildung 1.17: Eingabedialogbox zur Prozedur (interaktive) Balkendiagramm

Der Philosophie von SPSS entsprechend werden zunächst die darzustellenden Variablen aus einem Bereich mit *Quellvariablen* ausgewählt. Je nach dem, ob hier zwei- oder drei

Dimensionen vergeben werden sollen, müssen die Variablen an den schemenhaft dargestellten Achsen eingetragen werden. Die Übertragung dieser Variablen erfolgt übrigens mit Hilfe einer kleinen Hand. Die weiteren, bereits an dieser Stelle festzulegenden Graphikmerkmale wie *Balken*, *Fehlerbalken*, *Titel* und *Optionen* können auch aus der fertigen Graphik heraus verändert werden.

Nach dem Bestätigen dieser Eingaben mit dem Schaltknopf *OK* erscheint im *Viewer* eine Graphik. Durch das doppelte Anklicken dieser Graphik mit der Maus wechselt SPSS automatisch in einen Editor, der sich von dem „gewöhnlichen" *Diagramm-Editor* unterscheidet.

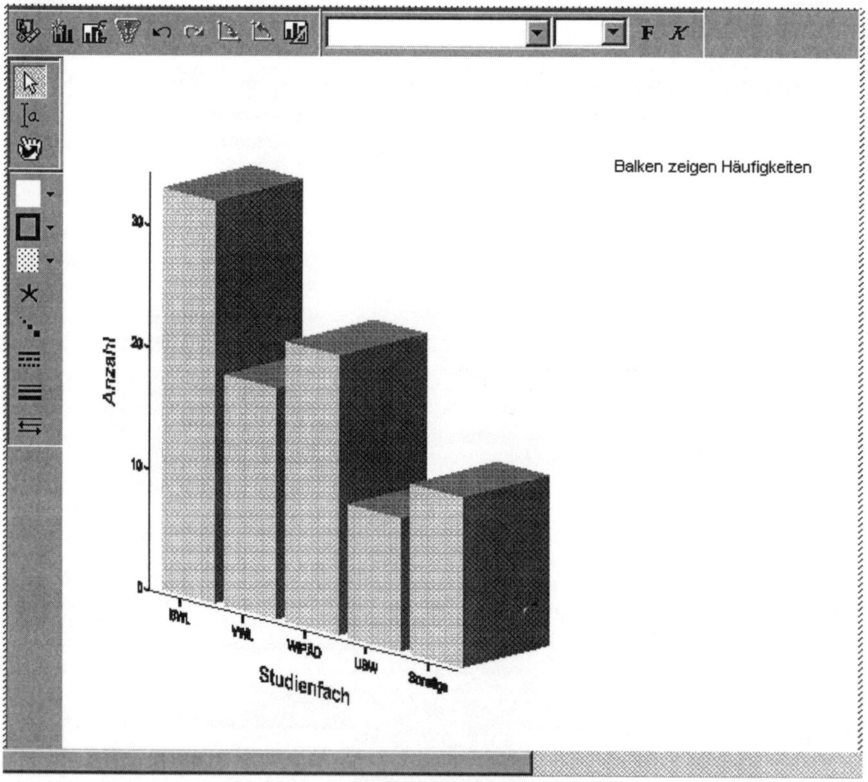

Abbildung 1.18: Interaktiver Graphik-Editor

Zur Veränderung der Graphik können alle Befehle, die über die Menüleiste aufzurufen wären, auch durch einen Doppelklick auf das entsprechende Merkmal aktiviert werden. Die einzelnen Graphikmerkmale können allgemein in die Gruppen *Zeichnungsfläche* (Datenbereich, Kategorieachse, Skalenachse) und *Elemente* (Balken) unterteilt werden, wie es auch der Diagramm-Manager in Form einer hierarchischen Struktur zeigt.

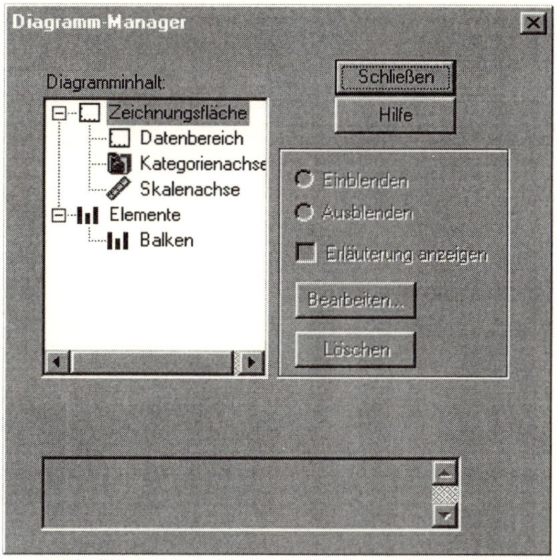

Abbildung 1.19: Diagramm-Manager im interaktiven Graphik-Editor

Sehr einfach zu bedienen ist die horizontale und vertikale Rotation der Graphik. Hierzu braucht lediglich in der Unterdialogfläche zur Rotation einer der beiden „Regler" mit der Maus bedient zu werden. Zusätzlich kann auch der Einfallswinkel des Lichts verändert werden, was Auswirkung auf die schattierten Flächen in der Graphik hat.

Nach allen Änderungen gelangt man wieder zurück in den Viewer, in dem mit der Maus auf einen Punkt außerhalb des interaktiven Graphikeditors geklickt wird. Die Änderungen bleiben dann erhalten.

1.8 SPSS beenden

Über die Menüs *Datei* und den Menüpunkt *SPSS beenden* wird die SPSS-Sitzung beendet. Die kann auch über die Tastaturkombination [Alt F4] erfolgen. Es erfolgen Abfragen, ob die Änderungen im Daten-Editor, die Ergebnisse im Viewer und ggf. im Syntax-Editor abgespeichert werden sollen.

2. Datenerfassung und Datenmodifikation

2.1 Fragebogen zur Datenerhebung

Die folgende Abbildung zeigt einen einfachen Fragebogen zur Erhebung von Daten, die im folgenden auch mit SPSS ausgewertet werden.

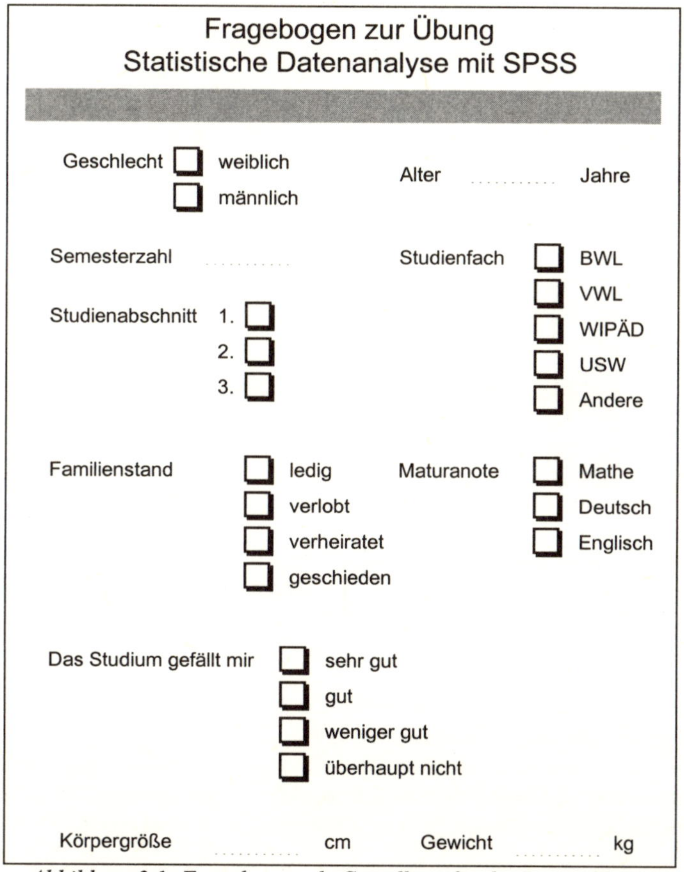
Fragebogen zur Übung
Statistische Datenanalyse mit SPSS

Geschlecht ☐ weiblich ☐ männlich

Alter .... Jahre

Semesterzahl ....

Studienfach ☐ BWL ☐ VWL ☐ WIPÄD ☐ USW ☐ Andere

Studienabschnitt 1. ☐ 2. ☐ 3. ☐

Familienstand ☐ ledig ☐ verlobt ☐ verheiratet ☐ geschieden

Maturanote ☐ Mathe ☐ Deutsch ☐ Englisch

Das Studium gefällt mir ☐ sehr gut ☐ gut ☐ weniger gut ☐ überhaupt nicht

Körpergröße .... cm

Gewicht .... kg

Abbildung 2.1: Fragebogen als Grundlage für die Beispieldaten

Die oben vorgegebenen Fragen sind bereits so gestaltet, daß eine einfache Übertragung in SPSS gewährleistet ist. Dazu zählen Fragen mit einem vorgegebenen Anwortmuster, das die Anzahl der möglichen Antworten bereits im voraus einschränkt, oder die Verwendung offener oder geschlossener Fragen.[2]

---

[2] Es sei an dieser Stelle angemerkt, daß es sich bei den im Buch verwendeten Daten ausschließlich um simulierte Zufallszahlen handelt, die mit Hilfe geeigneter Transformationen in plausible Bereiche überführt wurden. Ähnlichkeiten mit lebenden Studenten sind zufällig und unbeabsichtigt.

2.2 Grundbegriffe

Die einzelnen Merkmalsausprägungen, resultieren sie aus einer Befragung oder einer Messung, haben verschiedene Merkmalsniveaus, die Auswirkung auf die Möglichkeiten der statistischen Auswertung haben. Bei der Beschäftigung mit statistischen Daten sind zunächst einige Begriffe zu erklären, die häufig verwendet werden.

Begriff	**Bedeutung**	**Beispiel**
Merkmal	Variable, Größe	Geschlecht, Körpergröße
Merkmalsträger	Objekt, Fall, Untersuchungseinheit	bestimmte Person
Merkmalsausprägung	Daten, Merkmalswert, Ausprägung	männlich, weiblich, 180 cm

Mit der Bezeichnung Merkmal wird in SPSS die Variable bezeichnet, die wiederum gleichbedeutend mit der Spalte einer Datei ist.

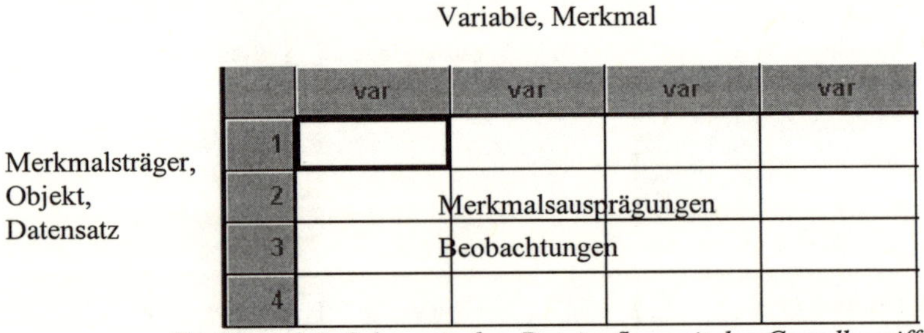

Abbildung 2.2: Schematischer Dateiaufbau mit den Grundbegriffen

Merkmalsträger ist gleichbedeutend mit einem Fall (das kann konkret eine Person sein) , der in der Arbeitsdatei auch mit Datensatz bezeichnet wird. Die einzelnen Werte bzw. Beobachtungen (Messungen) sind dann die Merkmalsausprägungen. Das entspricht jeder einzelnen Zelle in dem SPSS-Arbeitsblatt.

Eine oft getroffene Unterscheidung der Merkmale geschieht in der Art des Auftretens bzw. der Meßbarkeit der statistisch erfaßten Merkmale:

- diskret (abzählbar viele Merkmalsausprägungen können nur bestimmte Werte annehmen)
- stetig (innerhalb bestimmter Intervalle sind unendlich viele Werte möglich).

In der Statistik werden aber die Merkmale auch nach ihrer Merkmalsart und dem Niveau der Messung (Skalenniveau) unterschieden. Das ist vor allem für die Auswahl der statistischen Verfahren notwendig. Nicht alle statistischen Verfahren können auf die einzelnen Merkmale angewendet werden. Es liegt nahe, daß der Mittelwert aus drei verschiedenen Farben, die durch zahlen kodiert sind, einfach zu berechnen, jedoch unsinnig ist. Es muß das jeweilige Skalenniveau berücksichtigt werden. Mit Zunahme des Skalenniveaus nimmt auch der Informationsgehalt durch die *Feinheit der Messung* zu. Mit dem Skalenniveau ist somit immer ein bestimmtes Informationsniveau verbunden, das bei der Auswahl der statistischen Verfahren berücksichtigt werden muß.

Skalenniveau	Eigenschaft	Beispiel
Nominalskala	Keine natürliche Rangfolge, Unterscheidung nur nach gleich oder ungleich möglich	Geschlecht, Farben, Berufe, Studienfach, Namen
Ordinalskala	Natürliche Rangfolge vorhanden, „größer als"- oder „kleiner als"-Beziehungen sind möglich, Abstände sind nicht quantifizierter	Schulnoten, Tabellenplatz in der Fußballiga, Güteklassen bei Hotels, Dienstgrade beim Bundesheer, Erdbebenskala nach RICHTER
Intervallskala	Abstände zwischen den Merkmalsausprägungen sind metrisch und meßbar, Nullpunkt kann beliebig festgelegt werden, keine Quotientenbildung möglich	Temperatur °*C*, Temperatur °*F*, Kalenderzeitrechnung, Kontostand
Verhältnisskala	Abstände zwischen den Merkmalsausprägungen sind metrisch und meßbar, Nullpunkt absolut gegeben, Quotientenbildung ist möglich	Körpergröße, Alter, Gewicht, Einkommen
Absolutskala	Merkmale sind verhältnisskaliert, werden aber nur in natürlichen Einheiten gemessen	Personen, Gegenstände

Die letzten drei Saklenniveaus Intervallskala, Verhältnisskala und Absolutskala werden auch als *metrisch skaliert* bezeichnet.

2.3 Transformationen

Oft lassen sich Beobachtungen nicht direkt statistisch auswerten. Sie müssen zuerst *transformiert*, d. h. in eine andere Darstellungsart übersetzt werden. Die Art der möglichen Transformationen hängt wiederum vom vorliegenden Merkmalsniveau ab, denn die Transformation muß unbedingt informationserhaltend sein.

Skalenniveau	Transformation	Beziehung	Beispiel
Nominalskala	Symmetrische Transformationen	$x^* = x$	Mann = 0, Frau = 1 Graz = 8010, ...
Ordinalskala, Rangskala	Monotone Transformationen	$x_1 < x_2 \Rightarrow x_1^* < x_2^*$	sehr gut = 1 gut = 2, ...
Intervallskala	Lineare Transformationen	$x^* = a \cdot x + b$ mit $b > 0$	$°F = 1{,}8°\,C + 32$
Verhältnisskala, Absolutskala	Ähnlichkeitstransformationen	$x^* = a \cdot x$	$KW = PS/1{,}3625$

Im Hinblick auf die Hierarchie der Merkmalsniveaus muß angemerkt werden, daß auch metrische Merkmale sehr leicht in nominal- oder ordinalskalierte Merkmale transformiert werden können, etwa bei den Temperaturen durch die grobe Einordnung „warm" und „kalt".

Die Transformationen werden oft auch als *Kodierung* bezeichnet. Das bedeutet, daß die durch eine Befragung erhobenen Merkmalsausprägungen für die technische Auswertung mit dem Computer in eine für ein Computerprogramm - konkret in SPSS - interpretierbare Form übersetzt werden müssen. Dazu gehört beispielsweise, daß Ausprägungen wie „männlich" oder „weiblich" nicht in Textform, etwa durch die Abkürzungen „m" und „w", sondern durch Zahlen verschlüsselt in SPSS eingegeben werden müssen, um in späteren Auswertungen eine Auswahl bestimmter Ausprägungen durch das Programm vornehmen zu lassen. Diese Vorarbeiten sind unbedingt notwendig, wenn Daten mit einem Statistikprogramm ausgewertet werden sollen. Die einzelnen Ziffern und deren Bedeutung für die Merkmalsausprägungen der Variablen werden auch als *Codeplan* bezeichnet. Wie noch zu zeigen sein wird, können die ursprünglichen Bedeutungen der einzelnen Ziffern trotz allem noch in SPSS in Form von sogenannten *Labels* mitgespeichert werden. Es zeigt sich, daß bei metrischen Variablen die Werte direkt übernommen werden können, während bei nominal- und ordinalskalierten Variablen die ursprünglichen Merkmalsausprägungen durch Zahlen kodiert werden müssen.

Transformationen am Beispiel des Fragebogens

Merkmal	Merkmalsart	Ausprägung	Transformation
Geschlecht	nominalskaliert	männlich weiblich	0 1
Alter	verhältnisskaliert, stetig	Meßwerte	nicht erforderlich
Semesterzahl	verhältnisskaliert, diskret	Einzelwerte	nicht erforderlich
Studienfach	nominalskaliert	BWL VWL WIPÄD USW Andere	1 2 3 4 5
Studienabschnit t	verhältnisskaliert, diskret	Einzelwerte	nicht erforderlich
Familienstand	nominalskaliert	ledig verheiratet geschieden verwitwet	1 2 3 4
Maturanoten	ordinalskaliert	sehr gut gut befriedigend genügend (nicht genügend)	1 2 3 4 (5)
Gefallen am Studienfach	ordinalskaliert	sehr gut gut weniger gut überhaupt nicht	1 2 3 4
Körpergröße	verhältnisskaliert, stetig	Meßwerte	nicht erforderlich
Gewicht	verhältnisskaliert, stetig	Meßwerte	nicht erforderlich

2.4 Variablen definieren

Der erste Schritt vor- oder bei numerischen Daten - nach der Dateneingabe ist das Definieren der Variablen. **Bei der Eingabe von Texten muß dies grundsätzlich vor der Eingabe der Daten erfolgen**. Numerische Werte können zwar direkt in das Datenblatt eingetragen werden, jedoch wird man auch geneigt sein, die Variable in ihrer Darstellungsart nachträglich zu verändern. Unter dem Menü *Daten* und dem Untermenü *Variablen definieren* werden die einzelnen Variablen, also die Merkmalsträger, definiert.

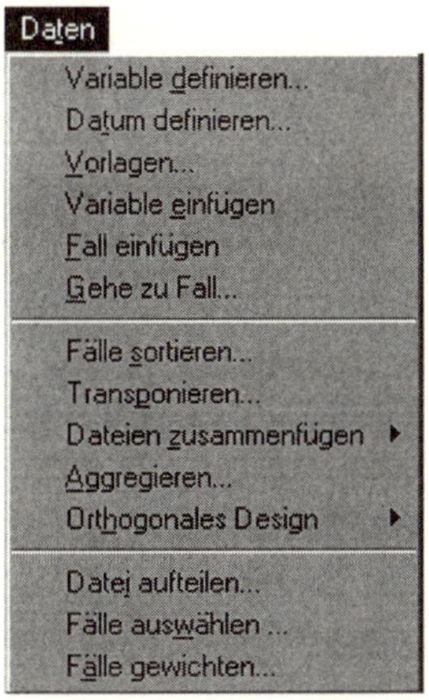

Abbildung 2.3: Untermenüs zum Menüpunkt Daten

Durch ein Doppelklicken auf das Tabellenfeld mit dem Variablennamen im Spaltenkopf wird dieses Menü auch automatisch geöffnet.

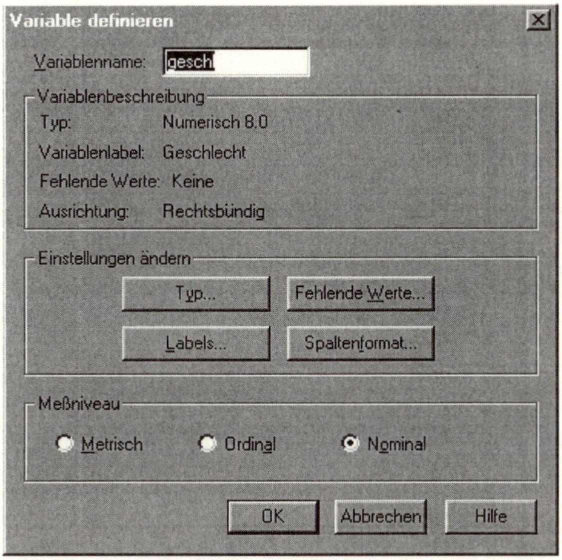

Abbildung 2.4: Dialogbox zum Definieren von Variablen

Zunächst erscheint in einem Dialogfeld der *Variablenname*. Der Variablenname wird in SPSS - unabhängig von der Eingabe des Benutzers - grundsätzlich in Kleinschreibweise dargestellt und **darf nur aus maximal 8 Zeichen bestehen**. Aus diesem Grund ist auch in dem Beispiel das Geschlecht mit „geschl" abgekürzt worden, auch wenn das Eingabefeld *Variablenname* hier wesentlich breiter dargestellt ist. Es können auch nicht alle Zeichen der Tastatur verwendet werden.

Für die Benennung der Variablen gelten die folgenden Beschränkungen:

- der Variablenname muß mit einem Buchstaben beginnen
- der Variablenname darf maximal acht Zeichen lang sein
- Groß- und Kleinschreibung ist nicht relevant
- bestimmte Sonderzeichen, wie das Underscore „_" sind erlaubt.

Diese Beschränkungen unterstützten auf diese Weise ältere Anwendungen, die nicht die Möglichkeiten von Windows 95 nutzen können.

Beispiele für zulässige Variablennamen sind:

- geschl anstelle von „Geschlecht"
- frage_1 anstelle von „Frage Nr. 1"
- gehalt98 anstelle von „Gehalt 1998".

Weiterführende Bezeichnungen können aber - wie noch gezeigt wird - als Variablenlabel ergänzt werden.

Unter der Rubrik *Einstellungen ändern* in der oben gezeigten Dialogbox gehören

- Variablentypen
- Variablen- und Wertelabels
- Definition fehlender Werte und das
- Spaltenformat.

Bevor diese Dialogboxen einzeln erläutert werden, betrachten wir die darunter befindlichen drei Auswahlfelder, die dazu dienen, das *Meßniveau* der Variablen zu definieren.

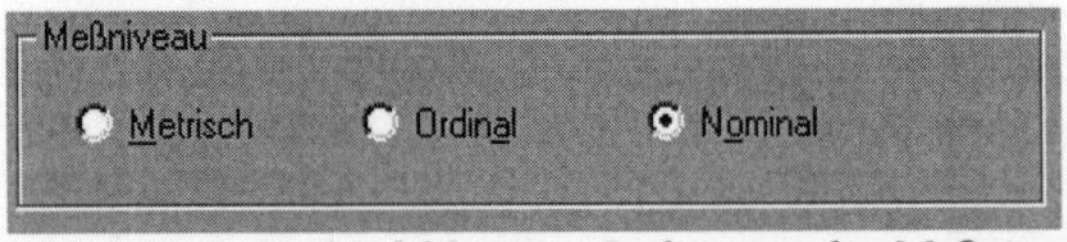

Abbildung 2.5: Dialogfelder zum Definieren des Meßnievaus

Die hier gezeigten Meßniveaus sind die drei Skalen *Metrisch*, *Ordinal* und *Nominal*. Intervallskala, Verhältnisskala und Absolutskala sind hier zu der Skala *Metrisch* zusammengefaßt.

2.4.1 Variablentypen

Unter dem Menüpunkt *Typ* wird die Art der Merkmalsausprägungen festgelegt. Dazu bietet SPSS bestimmte Variablentypen an, die nur in den entsprechenden runden Feldern angeklickt werden müssen.

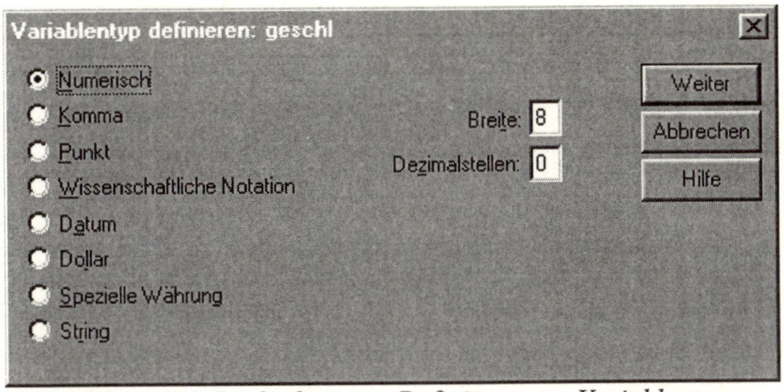

Abbildung 2.6: Dialogbox zum Definieren von Variablentypen

Bevor die einzelnen Variablentypen betrachtet werden, sollen die beiden Felder *Breite* und *Dezimalstellen* erläutert werden. Die *Breite* steht hier für die Breite der Variablen und hat dadurch Auswirkung auf die Darstellungsweise im SPSS-Dateneditor. Das heißt jedoch, daß die Werte der Variablen nur „optisch" gekürzt werden, unabhängig wie breit die Spalte ist. Das gleiche gilt auch für die Anzahl der *Dezimalstellen*.

Die angezeigten *Variablentypen* bedeuten im einzelnen:

Variablentyp	**Merkmal**	**Beispiel**
numerisch	Ziffern mit oder ohne Nachkommastellen	1000000,50
Komma	Ziffern mit oder ohne Nachkommastellen, einem Komma als Tausender-Trennzeichen und einem Punkt als Dezimaltrennzeichen	1,000,000.50
Punkt	Ziffern mit oder ohne Nachkommastellen, einem Punkt als Tausender-Trennzeichen und einem Komma als Dezimaltrennzeichen	1.000.000,50
Wissenschaftliche Notation	abgekürzte wissenschaftliche Schreibweise für große Zahlen	1.000.000 = 1,00E+06
Datum	Datums- und Zeitangaben	24.12.1998
Dollar	Währungsvariable Dollar mit einem Komma als Tausendertrennzeichen und einem Punkt als Dezimaltrennzeichen	300 US$
Spezielle Währung	Benutzerdefinierte Währungsvariable	300 ATS
String	Buchstaben, Text, Zeichenkettenvariable	Ortsnamen

2.4.2 Variablenlabels

Variablenlabels (*Label = Etikett)* sind neben dem aus maximal acht Buchstaben bestehenden Variablennamen weitergehende Bezeichnungen und/oder Erläuterungen der Variablen. Sie können aus mehr als acht Buchstaben bestehen und erscheinen später im Auswertungsergebnis. Dadurch lassen sich die Variablen unter Umgehung der in SPSS vorgegebenen *Acht-Buchstaben-Barriere* sinnvoller bezeichnen und es kann bereits im Vorfeld die Beschriftung des Outputs gestaltet werden. Das Variablenlabel wird beim Heranfahren mit der Maus an den Spaltenkopf automatisch angezeigt.

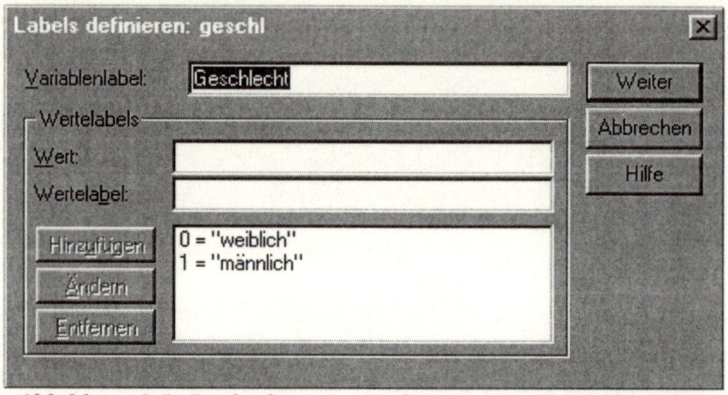

Abbildung 2.7: Dialogbox zum Definieren von Variablenlabels

2.4.3 Wertelabels

Wertelabels sind Erläuterungen der einzelnen Ausprägungen. Da die Dateneingabe grundsätzlich unabhängig von dem Merkmalsniveau in Form von Zahlen erfolgen sollte, ist es oft sehr hilfreich, die Bedeutung der Ziffern zu hinterlegen. Vor allem bei nominalskalierten Merkmalen können die Ziffern (z. B. männlich oder weiblich in 0 oder 1) dann so mit Wertelabels versehen werden, daß in der Auswertung jeweils diese Beschreibung zu sehen ist.

Diese zunächst umständlich erscheinende Vorgangsweise ergibt sich aus der Tatsache heraus, daß SPSS ein Programm zur Analyse von Daten ist. Wenn beispielsweise Gruppen zu bilden sind, dann benötigt SPSS Ziffern, um diese Gruppen eindeutig zu erkennen. Dies ist vor allem für Testverfahren oftmals notwendig, die als Angabe für die Unterscheidung von Gruppen zwingend eine numerische Variable fordern. Worte, also Zeichenkettenvariablen würde SPSS jedoch nicht als solche Trennvariablen akzeptieren. Um aber die ursprüngliche Bedeutung dieser Zahlen zu erhalten, kann diese in Form der Labels ergänzt werden. In allen SPSS-Outputs erscheinen dann immer die Wertelabels mit den auf diese Weise festgelegten Bezeichnungen. Eine nachträgliche Veränderung von Wertelabeln ist in der oben gezeigten Dialogbox unter den Menüpunkten *Ändern* jederzeit möglich.

Auch nach einer erfolgten Einteilung von Häufigkeiten in Klassen (Umkodieren) können diese Klassen durch Wertelabels bezeichnet werden: z.B.: 1 = „0 bis 1.000“, 2 = „über 1.000 bis 2.000“. Werte Lables zeigen immer die Bedeutung einzelner Ausprägungen, und dienen auch dazu, die Ergebnisausgabe präsentationsfähig aufzubereiten.

In der Ansicht der Daten im Arbeitsblatt kann unter dem gleichnamigen Menüpunkt *Ansicht* später zwischen der Ansicht der Zahlen oder der sich dahinter verborgenen Wertelabels durch ein Anklicken auf das Symbol mit dem *Anhänger* gewechselt werden.

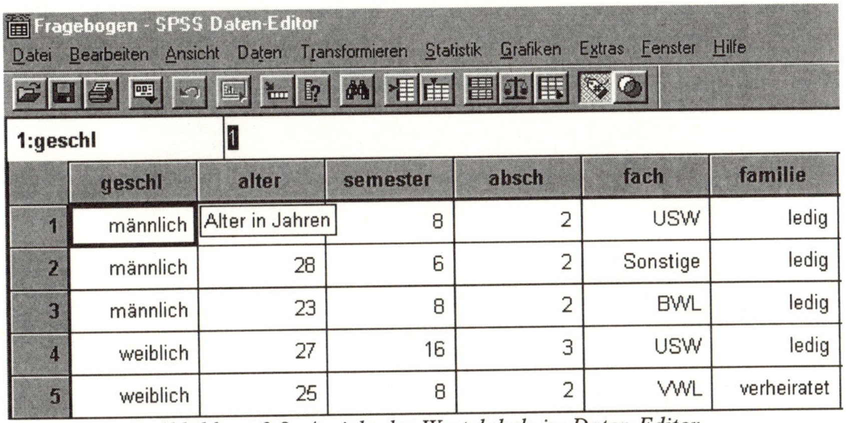

Abbildung 2.8: Ansicht der Wertelabels im Daten-Editor

2.4.4 Fehlende Werte

Fehlende Werte (missing values) können explizit als solche in der gleichlautenden Dialogbox definiert werden. Das Nichtvorhandensein von Werten kann durch ein Leerzeichen (*blank*) gekennzeichnet werden, was in SPSS dann durch ein Komma ausgedrückt wird. Es kann aber auch eine Null oder eine andere Ziffer, z. B. 99999 oder als fehlender Wert definiert werden. Die Definition fehlender Werte ist vor allem deshalb wichtig, da SPSS andernfalls eine Null als Zahl interpretiert, falls ein Fehlender Wert durch eine Null ausgedrückt würde. Sind fehlende Werte durch ein *Komma* definiert, kann es bei der spaltenweisen Addierung zu Problemen kommen, da SPSS dann den gesamten Datensatz unberücksichtigt läßt. Für diesen Fall wäre wiederum ein fehlender Wert in Form einer Null wünschenswert.

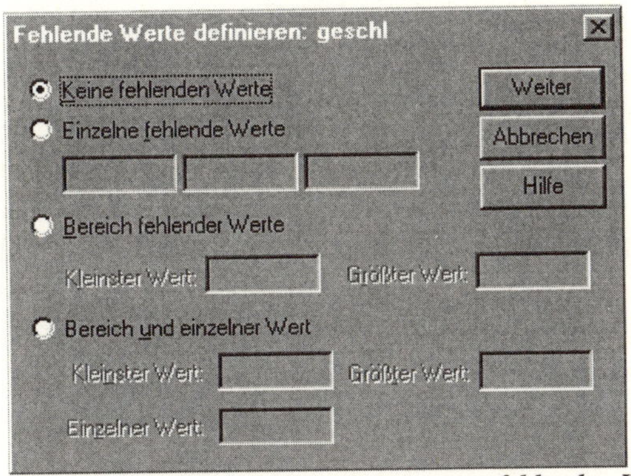

Abbildung 2.9: Dialogbox zum Definieren von fehlenden Werten

Das Menü **Spaltenformat** legt die Ausrichtung der Texte (und Zahlen) fest. Dies hat jedoch nur Auswirkung auf die Darstellung am Bildschirm. Das bedeutet, daß im vorliegenden Beispiel bei einer 15-stelligen Zahl nur die ersten acht Stellen angezeigt werden.

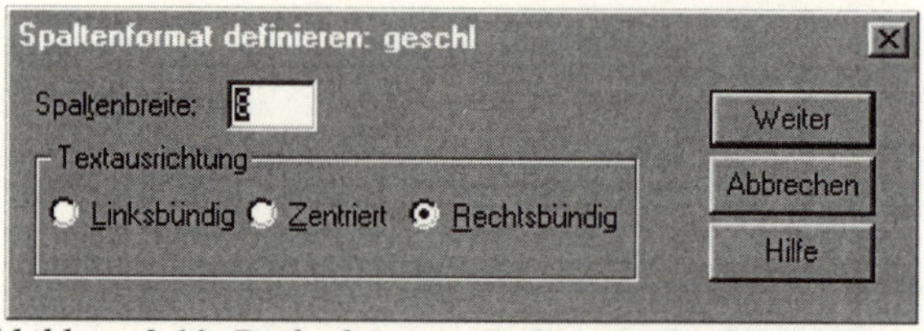

Abbildung 2.10: Dialogbox zum Definieren des Spaltenformats

Nach all diesen Änderungen kann auch eine exakte Beschreibung jeder einzelnen Variablen der Datei über das Menü *Extras* und dem Menüpunkt *Variablen* abgerufen werden.

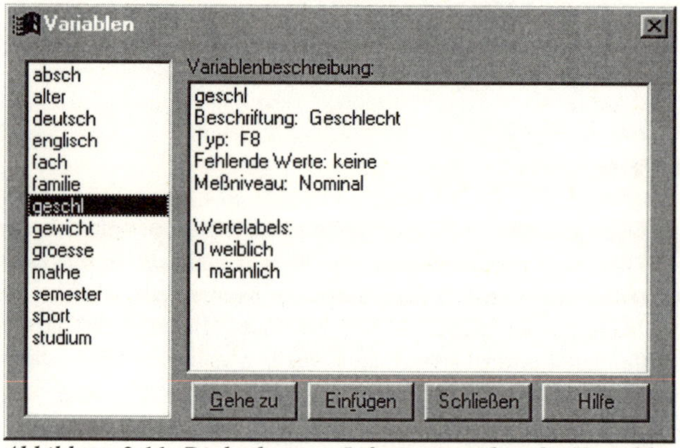

Abbildung 2.11: Dialogbox zur Information über die Variablen

Es werden für jede im linken *Quellbereich* aufgeführten Variablen im linken *Zielbereich* der Variablenname, das Variablenlabel, der Variablentyp, fehlende Werte und die Wertelabels gezeigt.

Eine weitere Möglichkeit, kurze Informationen über die aktuelle Variable zu erhalten, besteht darin, eine beliebige Variable vor der Auswahl zu einer Prozedur anzuklicken, und die **rechte Maustaste** zu drücken. Es erscheint eine Auswahl, die auch *Informationen zu der Variablen* bereitstellt. Diese Informationen werden dann direkt neben der Variablen im Daten_editor eingeblendet.

2.5 Daten auswählen

Oft möchte der Anwender eine statistische Auswertung nicht für alle Merkmalsträger (hier die einzelnen Studenten) vornehmen, sondern nur eine bestimmte Gruppe auswählen, beispielsweise nur die Gruppe der männlichen Studenten.

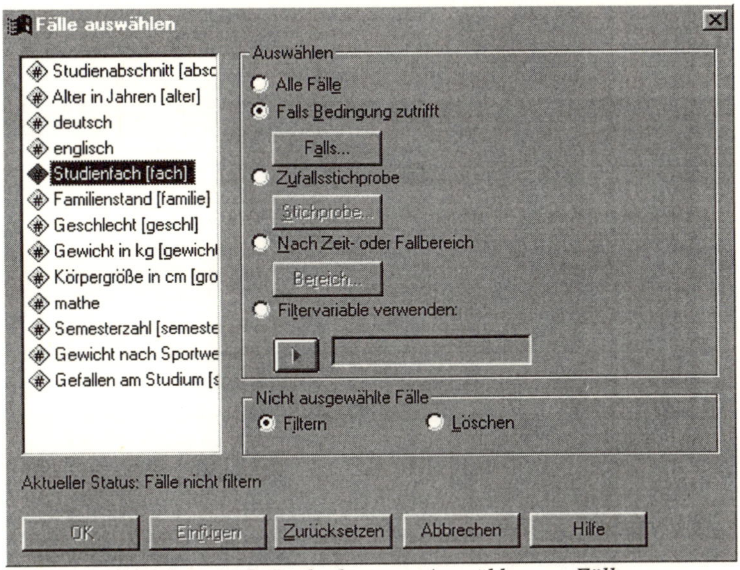

Abbildung 2.12: Dialogbox zum Auswählen von Fällen

Diese Auswahl kann dauerhaft (*Löschen*), d. h. bis zum erneuten Laden der Datendatei, oder nur temporär (*Filtern*), d. h. nur solange ein Filter aktiviert ist, sein. Solange ein Filter aktiviert ist, wird dies durch die Meldung „*Filter an*" in der Statuszeile angezeigt.

Bei dem *Löschen* von Gruppen ist **Vorsicht** geboten, denn bei einem unbeabsichtigten Speichern der Datendatei wird die ursprüngliche Datei überschrieben. Der Filter wird wieder ausgeschaltet, wenn das Feld *Alle Fälle* angeklickt wird - natürlich nur, wenn die Fälle vorher nicht gelöscht wurden.

Wichtig bei dem Auswählen von Fällen ist die exakte Bezeichnung der Merkmalsausprägung. Vor allem bei Textvariablen werden oft Leerzeichen vergessen, und SPSS sucht dann vergeblich nach den entsprechenden Ausprägungen. Bei numerischen Variablen ist die Länge der Variablen unerheblich. Hier sucht SPSS nur nach dem entsprechenden Wert.

Das Filtern kann durch selbstdefinierte Schlüsselvariablen oder Merkmalsausprägungen erfolgen, oder auch in Form einer Zufallsstichprobe vom Programm übernommen werden.

So lassen sich über den Menüpunkt *Zufallsstichprobe* auch Zufallsstichproben beliebigen Umfanges aus der Datei ziehen.

Beispiele:

(1) Es sollen nur die BWL-Studenten ausgewählt werden.

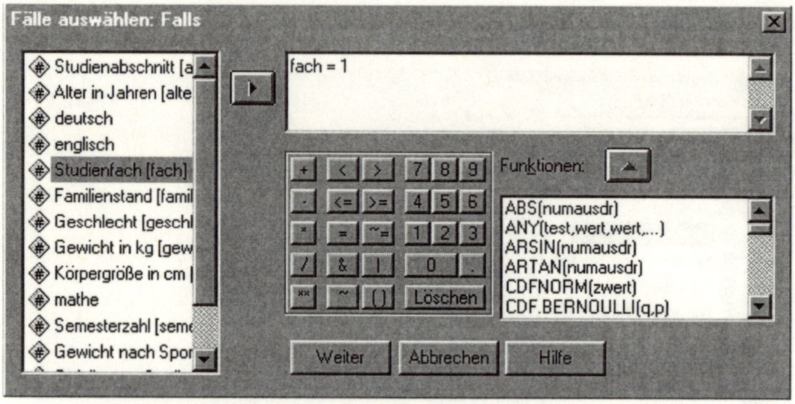

Abbildung 2.13: Dialogbox zum bedingten Auswählen von Fällen

Für die Auswahl von Teilmengen der Datei stehen im rechten Fenster *Funktionen* zur Verfügung, mit denen sich verschiedene Untergruppen bilden lassen.

<table>
<tr><th colspan="2">Arithmetische Operationen</th><th colspan="2">Relationale Operationen</th><th colspan="2">Logische Operationen</th></tr>
<tr><th>Symbol</th><th>Bedeutung</th><th>Symbol</th><th>Bedeutung</th><th>Symbol</th><th>Bedeutung</th></tr>
<tr><td>+</td><td>Addition</td><td>< (LT)</td><td>kleiner als</td><td>& (AND)</td><td>und</td></tr>
<tr><td>–</td><td>Subtraktion</td><td>> (GT)</td><td>größer als</td><td>| (NOT)</td><td>nicht</td></tr>
<tr><td>*</td><td>Multiplikation</td><td><= (LE)</td><td>kleiner gleich</td><td>~ (OR)</td><td>oder</td></tr>
<tr><td>/</td><td>Division</td><td>>= (GE)</td><td>größer als</td><td></td><td></td></tr>
<tr><td>**</td><td>Potenzierung</td><td>= (EQ)</td><td>gleich</td><td></td><td></td></tr>
<tr><td>()</td><td>Klammern</td><td><> (NE)</td><td>ungleich</td><td></td><td></td></tr>
</table>

(2) Es sollen nur die weiblichen BWL-Studentinnen ausgewählt werden (hier in der Syntaxsprache):

SELECT IF (Geschl = 0 AND Fach = 1).

Im vorliegenden Fall sind die Ausprägungen bereits durch Zahlen kodiert.

Bei der Auswahl von String-Variablen ist unbedingt die Breite der Variablen, auch wenn es sich nur um Leerzeichen handelt, zu berücksichtigen (*case sensitive*). Entscheidend ist die Länge der Variablen, d. h. die Anzahl an Zeichen pro Feld. Wichtig ist auch, daß die Ausprägungen von String-Variablen unter Anführungszeichen geführt werden müssen.

(3) Es sollen nur die BWL-Studenten ausgewählt werden, die weniger als 60 kg oder mehr als 120 kg wiegen.

SELECT IF (Gewicht < 60 OR Gewicht > 120).

2.6 Datei aufteilen

Anstelle des Auswählens bestimmter Fälle für bestimmte Prozeduren kann es hilfreich sein, die Auswertung für alle Fälle nach Gruppen getrennt durchzuführen. Mit der Prozedur *Datei aufteilen* kann dies entweder in gemeinsamen Tabellen und/oder Graphiken oder in getrennten Tabellen und/oder Graphiken erfolgen.

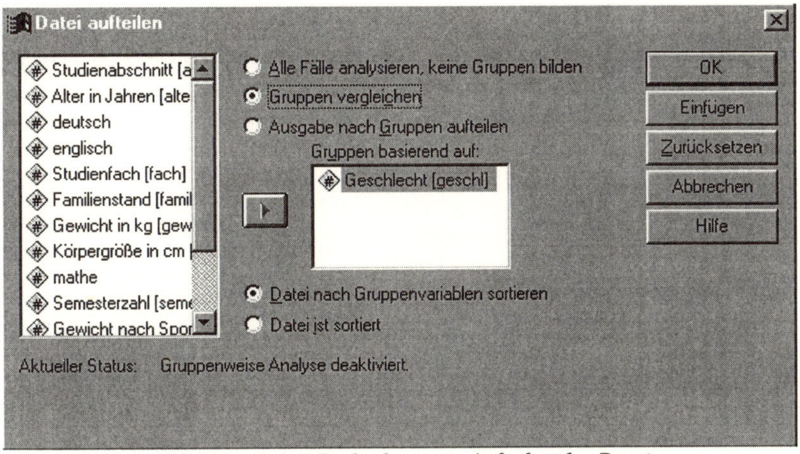

Abbildung 2.14: Dialogbox zum Aufteilen der Datei

Dazu ein Beispiel: Es soll aus dem Fragebogen das Gewicht für alle $n = 100$ Studenten untersucht werden. Zunächst werden die statistischen Kennziffern für die gesamte Stichprobe berechnet:

1. Fall: ⊙ Alle Fälle analysieren, keine Gruppen bilden

Statistiken

	N		Mittelwert	Median	Minimum	Maximum
	Gültig	Fehlend				
Gewicht in kg	100	0	76,19	75,00	47	120

Abbildung 2.15: Ergebnisausgabe ohne Aufteilung der Datei

Es erscheint jedoch im vorliegenden Fall sinnvoll, das Gewicht nach dem Geschlecht getrennt zu untersuchen, da zu vermuten ist, daß sich die beiden Gruppen stark voneinander unterscheiden.

2. Fall: ⊙ Gruppen vergleichen

Statistiken

Geschlecht		N Gültig	N Fehlend	Mittelwert	Median	Minimum	Maximum
weiblich	Gewicht in kg	46	0	61,72	59,50	47	86
männlich	Gewicht in kg	54	0	88,52	90,00	57	120

Abbildung 2.16: Ergebnisausgabe mit Aufteilung der Datei und Gruppenvergleich

Sollen die Gruppen direkt miteinander verglichen werden, wird das Ergebnis in einer gemeinsamen Tabelle untereinander dargestellt. Es zeigt sich, daß sich die Mittelwerte sehr stark voneinander unterscheiden.

3. Fall: ⊙ Ausgabe nach Gruppen aufteilen

Statistiken[a]

	N Gültig	N Fehlend	Mittelwert	Median	Minimum	Maximum
Gewicht in kg	46	0	61,72	59,50	47	86

a. Geschlecht = weiblich

Statistiken[a]

	N Gültig	N Fehlend	Mittelwert	Median	Minimum	Maximum
Gewicht in kg	54	0	88,52	90,00	57	120

a. Geschlecht = männlich

Abbildung 2.17: Ergebnisausgabe mit Aufteilung der Datei und Gruppenaufteilung

Soll die Auswertung nach Gruppen unterschieden werden, dann stellt SPSS das Ergebnis in zwei getrennten Tabellen dar. Wichtig bei dem Aufteilen der Datei ist, diesen Modus wieder explizit zu deaktivieren, wenn diese Aufteilung nicht mehr erwünscht wird.

2.7 Daten sortieren

Daten können in aufsteigender (*A*) und absteigender (*D*) Reihenfolge nach einer oder mehreren Variablen sortiert werden.

Abbildung 2.18: Dialogbox zum Sortieren der Fälle

Im vorliegenden Beispiel werden die Daten nach dem Studienfach in aufsteigender Reihenfolge (1. Abschnitt, 2. Abschnitt und 3. Abschnitt) sortiert. Natürlich können auch weitere Variablen als zusätzlicher Sortierschlüssel vergeben werden.

2.8 Daten gewichten

Liegen die Daten bereits in Form von Häufigkeiten vor, oder sollen Häufigkeiten gebildet werden so kann dies mit Hilfe des Befehls *Fälle gewichten* erfolgen. Zur Demonstration seien hier drei Beispiele für die Generierung von Häufigkeitsverteilungen genannt, die auch zeigen sollen, wie bereits tabellierte Daten mit SPSS weiter ausgewertet werden können.

Beispiel:

Es soll das 100-malige Werfen einer Münze simuliert werden. Dazu werden zunächst in das Arbeitsblatt als erste Variable mit dem Namen „Münze" die Zahlen Null und Eins für das Auftreten der möglichen Ereignisse „Wappen" und „Zahl" eingegeben. Numerische Werte können direkt in den Daten-Editor eingetippt werden. Die Bezeichnung „Wappen" und „Zahl" wird anschließend als *Variablen-Label* vergeben. Die zweite Variable „Anzahl" enthält die beobachtete Häufigkeit (48 Mal Wappen und 52 Mal Zahl) der beiden Ereignisse.

	münze	anzahl
1	0	52
2	1	48

Abbildung 2.19: Daten-Editor mit zwei Variablen

In dieser Form würde für SPSS jedoch die Ausprägung Null (Wappen) nur einmal erscheinen, und die Ausprägung Eins (Zahl) ebenfalls nur einmal. Um die beiden Ausprägungen mit der beobachteten Häufigkeit zu versehen, wird über die Menüs *Daten* und *Fälle gewichten* die Variable *Anzahl* als Gewichtungsvariable vorgegeben.

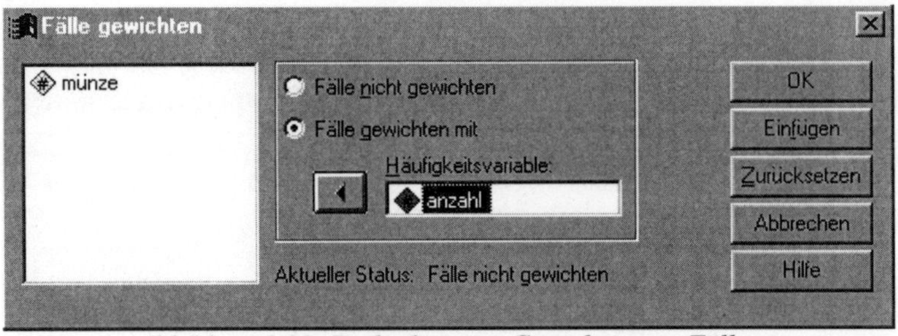

Abbildung 2.20: Dialogbox zum Gewichten von Fällen

Nach dem Bestätigen dieser Dialogbox wird die Ausprägung Eins 52 Mal und die Ausprägung Null 48 Mal erscheinen.

Jetzt soll das 100-malige Würfeln simuliert werden. Dazu werden zunächst in das Arbeitsblatt als erste Variable die Zahlen 1, 2, 3, 4, 5 und 6 eingegeben. Diese Variable erhält den Namen *Auge* und steht für die Augenzahl eines Würfels. Anschließend werden als zweite Variable die beobachteten Häufigkeiten 18, 17, 16, 14, 18, 17 eingegeben. Diese zweite Variable bekommt den Namen *Anzahl*. Zunächst kommt jede Augenzahl für SPSS nur 1 Mal vor.

	auge	anzahl
1	1	18
2	2	17
3	3	16
4	4	14
5	5	18
6	6	17

Abbildung 2.21: Daten-Editor mit zwei Variablen

Mit dem Befehl *Gewichten* werden die Augenzahlen (*Auge*) mit der Häufigkeit ihres Auftretens (*Anzahl*) gewichtet. Für die folgenden Auswertungen kommt die Augenzahl Eins genau 18 Mal vor, die Augenzahl Zwei 17 Mal u.s.w..

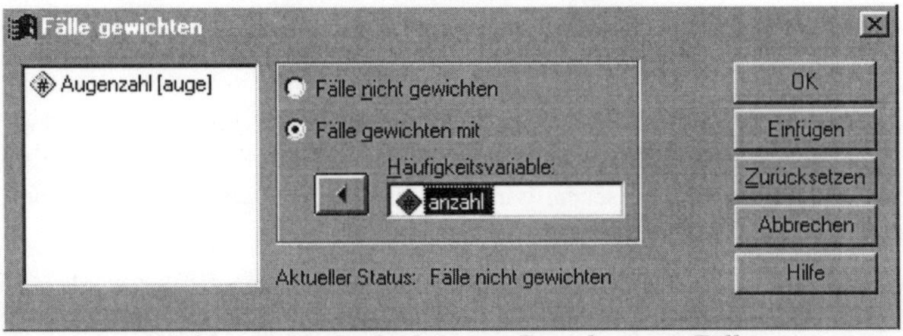

Abbildung 2.22: Dialogbox zum Gewichten von Fällen

Ein weiteres Beispiel soll zeigen, daß auch größere Tabellen auf diese Weise in SPSS weiterverarbeitet werden können. Gegeben sei die folgende Tabelle, die den Führungsstil eines Unternehmens und die Rechtsform der Unternehmung zeigt:

	Gesellschaftsform		
Führungsstil	GesmbH	AG	KG
autoritär	48	28	41
kooperativ	32	32	19

In SPSS müssen diese Daten in Form der drei Variablen *Stil* (Führungsstil), *Form* (Rechtsform der Unternehmung) und *Anzahl* (Häufigkeit des Auftretens) so eingegeben werden, daß alle möglichen Kombinationen der Merkmalsausprägungen berücksichtigt sind.

	stil	form	anzahl
1	1	1	48
2	2	1	32
3	1	2	28
4	2	2	32
5	1	3	41
6	2	3	19

Abbildung 2.23: Daten-Editor mit drei Variablen

Schließlich werden beide Größen mit der Variablen *Anzahl* (hier als Variablenname von SPSS in Kleinschreibweise dargestellt) gewichtet, indem sie in das Feld *Häufigkeitsvariable* übertragen werden.

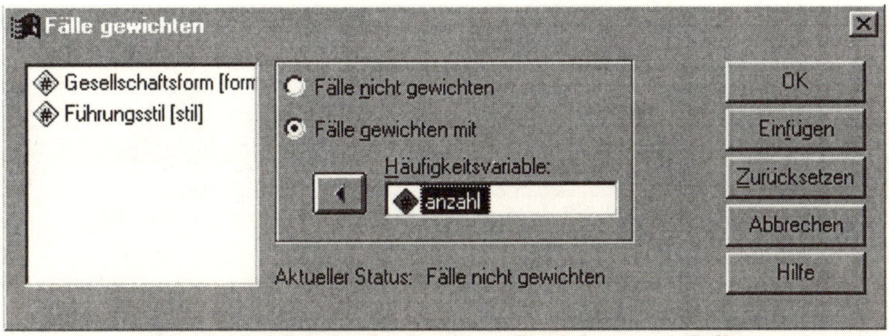

Abbildung 2.24: Dialogbox zum Gewichten von Fällen

Wichtig ist bei der Gewichtung von Daten, stets die Statuszeile zu überprüfen, ob die Gewichtung aktiviert ist. Dann erscheint die Meldung „*Gewichtung an*". Bei weiterführenden Auswertungen, bei denen eine Gewichtung der Daten nicht gewünscht wird, muß diese dann wieder explizit über den Menüpunkt *Fälle nicht gewichten* ausgeschaltet werden. Auch hier sollte vorsichtshalber eine Überprüfung der Statuszeile erfolgen, ob die Gewichtung erfolgreich deaktiviert wurde.

2.9 Daten berechnen

Der Menüpunkt *Transformieren* stellt Untermenüs zur Verfügung, mit denen bestehende Daten verändert und ergänzt werden können.

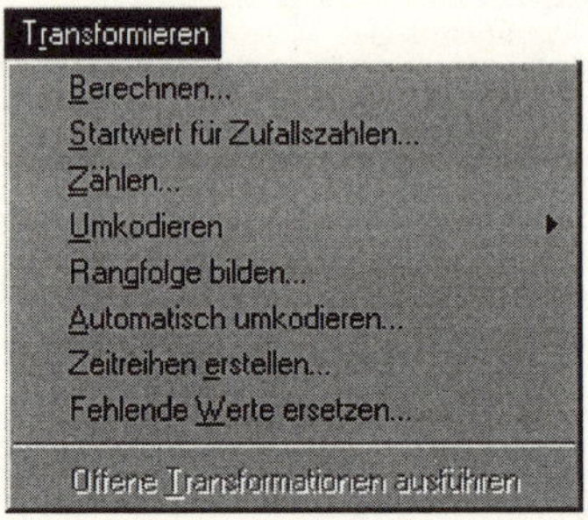

Abbildung 2.25: Untermenüs zum Menüpunkt Berechnen

Unter dem Menüpunkt *Daten berechnen* können aus bestehenden Variablen neue Variablen berechnet werden. Dies entspricht auch einer Art von Transformation.

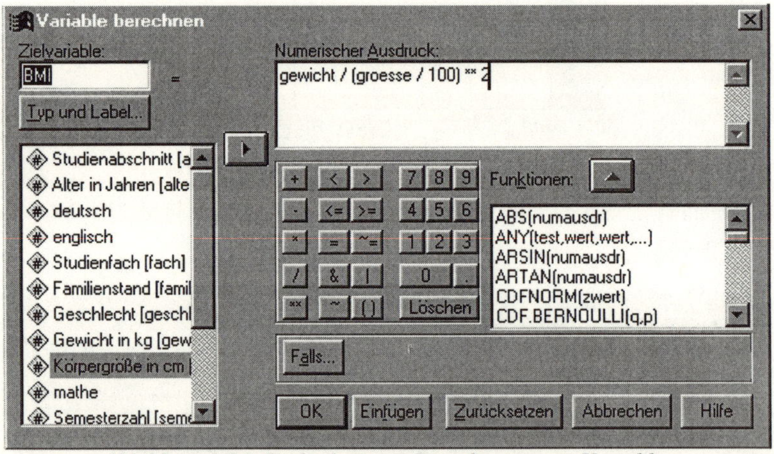

Abbildung 2.26: Dialogbox zum Berechnen neuer Variablen

Zunächst ist die neu zu erstellende Variable als *Zielvariable* vorzugeben. Dabei ist wieder die Acht-Buchstaben-Barriere zu berücksichtigen. Im rechten Dialogfenster *Numerischer Ausdruck* kann dann händisch oder über das untere Fenster mit den vorgefertigten Funktionen die gewünschte Transformation zusammengestellt werden.

Im vorliegenden Beispiel wird der sogenannte *Body Mass Index* (*BMI*) berechnet, der zur Klassifizierung von Körpergewicht in Normalgewicht, Über- oder Untergewicht dient.

$$BMI = \frac{Körpergewicht\ in\ kg}{Körperlänge\ in\ m^2} \ .$$

Der Normbereich für diesen Index liegt für Männer bei 20 bis 25 und für Frauen bei 19 bis 24.[3]

Unter dem Fenster *Funktionen* stehen zahlreiche vorgefertigte Funktionen zur Berechnung neuer Variablen oder zur Berechnung neuer Werte bestehender Variablen zur Auswahl. Als Beispiele dafür seien genannt:

Funktion	Bedeutung
ABS	Absolutbetrag der Zahl
NORMAL(?)	Theoretische Normalverteilung mit einem beliebigen Parameter für die Standardabweichung
RND	Auf- oder Abrunden zu nächsten ganzen Zahl
SUM	Summe der angegebenen Zahlen
TRUNC	Abschneiden der Nachkommastellen ohne Auf- oder Abrundung

Zusätzlich zu arithmetischen Operationen stehen unter dem Untermenü *Falls* logische Funktionen zur Verfügung, um im Sinne von Wenn-Dann-Bedingungen nur die Rechenoperationen nur auf ganz bestimmte Fälle zu beschränken. Als Beispiel seien hier noch die Werte einer Normalverteilung mit einer Standardabweichung von Eins generiert.

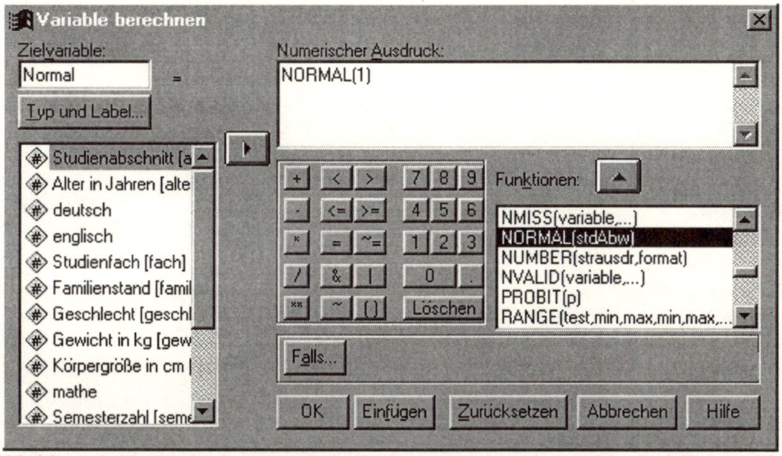

Abbildung 2.27: Dialogbox zum Berechnen einer normalverteilten Zufallsvariablen

Der Variablenname der Zielvariablen *Normal* wird im Zuge dieser Prozedur automatisch erstellt. Gefüllt wird diese Variable mit normalverteilten Zufallszahlen der gleichnamigen Funktion *NORMAL*, deren Parameter für die Standardabweichung Eins ist.

[3] Vgl. SIEGENTHALER, W., KAUFMANN, W., HORNBOSTEL, H., WALLER, H. D. (Hrsg.), Lehrbuch der inneren Medizin (3. Auflage), Stuttgart, New York 1992, S.1240.

2.10 Umkodieren

Die Bildung von klassifizierten Häufigkeiten ist eine der ersten Routineauswertungen in der beschreibenden Statistik. In SPSS geschieht das Einteilen von Daten in Klassen über die Prozedur *Umkodieren*. Dort müssen die Beobachtungen durch den Anwender *händisch* mit Hilfe der Dialogfelder in Klassen eingeteilt werden.

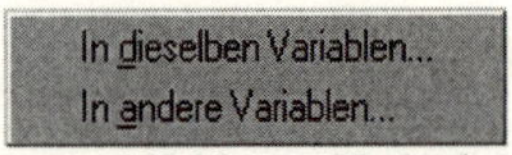

Abbildung 2.28: Auswahlfeld zum Umkodieren von Variablen

Bei der Prozedur Umkodieren besteht die Wahlmöglichkeit zwischen dem Umkodieren in *dieselbe Variable*, was ein gewisses Risiko birgt, denn damit werden die ursprünglichen Werte überschrieben. Wird die Datei anschließend abgespeichert, sind diese ursprünglichen Informationen verloren. Beim Umkodieren in andere Variablen wird der Datei eine neue Variable hinzugefügt.

Als Beispiel für das Umkodieren der Daten werden die Werte für die Körpergrößen in Häufigkeitsklassen zu je 10 cm eingeteilt. Die klassifizierten Werte sollen in einer neuen Variablen enthalten sein, die wir aus Gründen der Einfachheit Groesse1 nennen, die SPSS wieder in Kleinschreibweise notiert. Als Variablenlabel wird „Größenklasse" vergeben. Wichtig ist die Schaltfläche *Ändern*, die erst das Zuweisen der Werte der bestehenden Variablen zu der neuen Variablen auslöst.

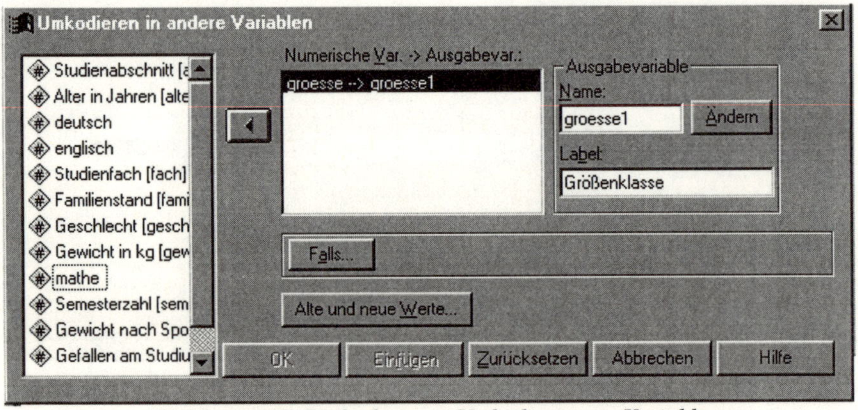

Abbildung 2.29: Dialogbox zum Umkodieren von Variablen

Als nächstes wird die Dialogbox *Alte und neue Werte* geöffnet, welche eine Zuordnung der Werte ermöglicht.

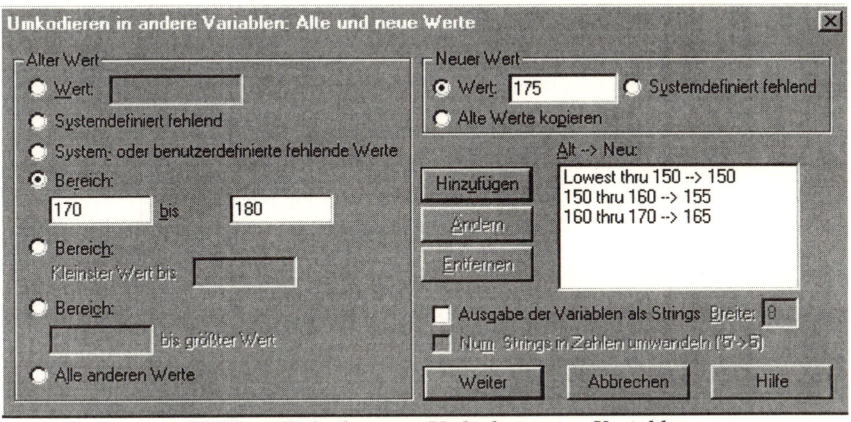

2.30: Unterdialogbox zum Umkodieren von Variablen

Die Einteilung der Einzelwerte in Klassen kann in den Feldern *Bereich* durch die Eingabe von Intervalluntergrenzen und Intervallobergrenzen geschehen. Die beiden offenen Klassen können durch die Eingabefelder *Kleinster Wert bis* und *bis größter Wert* nach unten bzw. oben geschlossen werden, ohne eine genaue Kenntnis vom Minimum oder Maximum der Verteilung zu besitzen. Bei der Zuordnung der Werte zu den vorgegebenen Klassen wird SPSS einen einmal zugeordneten Wert kein weiteres Mal zuordnen. Nach jedem Intervall muß das Feld *Hinzufügen* gedrückt werden. Über die hier nur als Hologramm dargestellte Schaltfläche *Ändern* können auch Änderungen an den vergebenen Zuordnungen vorgenommen werden.

Oft wird man mehrere Klasseneinteilungen vornehmen müssen, bevor eine sinnvolle Anzahl an Klassen gefunden ist, die die Verteilung gut repräsentiert. Das folgende Beispiel zeigt die Einteilung von den Körpergrößen in gleichbreite Klassen zu je 10 cm.

Klasse	Intervallbreite	Zuordnung	neue Klasse
LO(WEST) THRU 150	Minimum bis genau 150	<–∞, 150]	150
150 THRU 160	über 150 bis genau 160	<150, 160]	155
160 THRU 170	über 160 bis genau 170	<160, 170]	165
.	.	.	.
.	.	.	.
200 THRU HI(GHEST)	über 200 bis Maximum	<200, ∞>	210

Zunächst mag verwundern, weshalb der Wert 150 gleich zweimal vergeben wird. Dazu muß angemerkt werden, daß SPSS diesen Wert, sobald er gefunden wurde, kein zweites Mal mehr vergibt. Wird der Wert 150 einer Klasse zugeordnet, so wird er der nächst größeren Klasse nicht mehr zugeordnet. Es kommt also immer zu einer Bildung von disjunkten Gruppen.

Soll die Zuordnung der Werte umgekehrt erfolgen, so müssen die Klassen in absteigender Reihenfolge definiert werden:

Klasse	Intervallbreite	Zuordnung	neue Klasse
200 THRU HI(GHEST)	genau 200 bis Maximum	$[200, \infty>$	210
190 THRU 200	genau 190 bis unter 200	$[190, 200>$	195
.	.	.	.
.	.	.	.
.	.	.	.
150 THRU 160	genau 150 bis unter 160	$[150, 160>$	155
LO(WEST) THRU 150	Minimum bis unter 150	$<-\infty, 150>$	150

Die unten offenen Klassen und die oben offenen Klassen haben den Vorteil, daß der Anwender nicht extra überprüfen muß, welches der kleinste bzw. der größte Wert der Verteilung ist.

Eine sehr sinnvolle Art der Zuordnung zu bestimmten Klassen ist die Bezeichnung der neuen Klasse mit dem geschätzten Klassenmittelwert:

$$\hat{x}_i = \frac{x_i^o - x_i^u}{2}$$

mit

x_i^o = Klassenobergrenze und

x_i^u = Klassenuntergrenze.

Dann können diese Klassenmittelwerte später zur Berechnung von Lageparametern und Streuungsmaßen (geschätzte Werte) weiterverwendet werden. Das entsprechende Dialogfeld in der Prozedur *Häufigkeiten* heißt dann *Werte sind Klassenmittelwerte*.

Die folgende Abbildung zeigt graphisch, welche Auswirkung die Einteilung von Einzelwerten zu Häufigkeitsklassen hat.

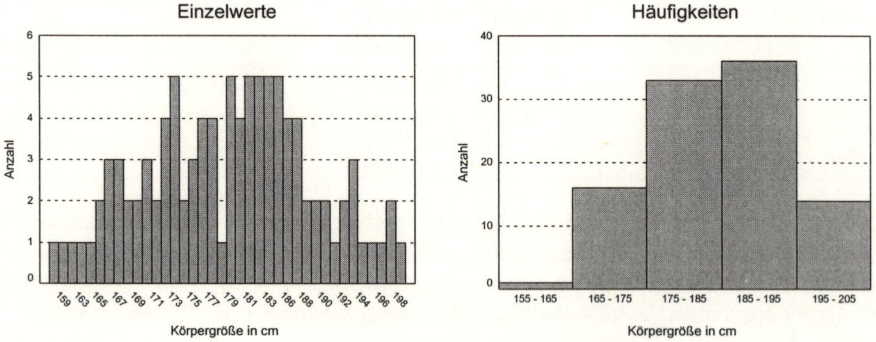

Abbildung 2.31: Einzelwerte und Häufigkeiten

Durch die klassifizierten Häufigkeiten wird die Art der Verteilung wesentlich deutlicher herausgearbeitet.

3. Häufigkeitsverteilungen und deskriptive Statistiken

3.1 Häufigkeitstabellen und empirische Verteilungen

Die Prozedur *Häufigkeiten* ermöglicht das Auszählen von verschiedenen Merkmalen, das Berechnen von prozentuellen Häufigkeiten und der empirischen Verteilungsfunktion. Es lassen sich dazu deskriptive statistische Kennzahlen wie Lageparameter und Streuungsmaße für Einzelwerte oder klassifizierte Häufigkeiten berechnen. Die Verteilung kann auch graphisch dargestellt werden. SPSS bietet dazu drei verschiedene Diagrammtypen an.

Diese Prozedur erlaubt auch das Auszählen nominalskalierter und ordinalskalierter Merkmale und stellt für diese Merkmale auch einige zulässige statistische Kennziffern zur Verfügung.

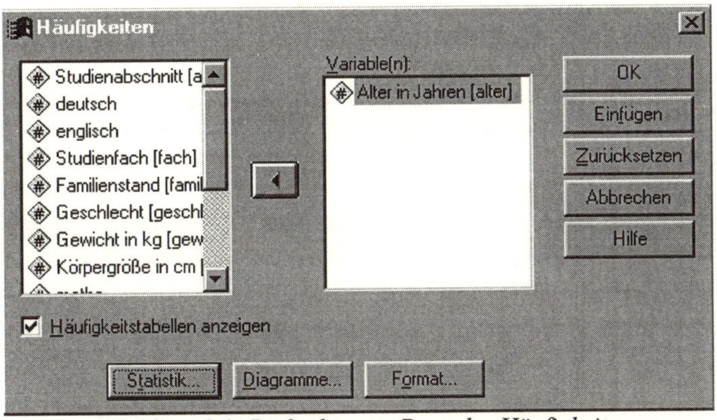

Abbildung 3.1: Dialogbox zur Prozedur Häufigkeiten

Zunächst sind eine einzelne Variable oder mehrere Variablen in das Variablenfeld mit der Maus zu übertragen. Der Menüpunkt *Statistik* steuert den Umfang der Auswertung.

Das Ergebnis dieser Prozedur ist, sofern nicht durch den Menüpunkt *Häufigkeitstabelle anzeigen* explizit deaktiviert, eine Häufigkeitstabelle die auszählt, wie oft jede Merkmalsausprägung vorkommt. Bevor eine Häufigkeitstabelle angezeigt werden soll, empfiehlt es sich, zu berücksichtigen, daß viele verschiedene Merkmalsausprägungen zu einer sehr großen und unübersichtlichen Häufigkeitstabelle führen. Die relative Häufigkeit liegt dann jeweils um 1%. In solchen Fällen ist ein Einteilen der Merkmale in Häufigkeitsklassen, wie es mit Hilfe der Prozedur *Umkodieren* gezeigt wurde, sinnvoll.

Im vorliegenden Beispiel wird das Alter der Studenten ausgezählt.

Alter in Jahren

		Häufigkeit	Prozent	Gültige Prozente	Kumulierte Prozente
Gültig	20	4	4,0	4,0	4,0
	21	9	9,0	9,0	13,0
	22	10	10,0	10,0	23,0
	23	11	11,0	11,0	34,0
	24	16	16,0	16,0	50,0
	25	13	13,0	13,0	63,0
	26	15	15,0	15,0	78,0
	27	7	7,0	7,0	85,0
	28	9	9,0	9,0	94,0
	29	5	5,0	5,0	99,0
	30	1	1,0	1,0	100,0
	Gesamt	100	100,0	100,0	

Abbildung 3.2: Häufigkeitstabelle der Prozedur Häufigkeiten

Die Spalte *Gültig* bezeichnet die beobachteten Werte. Ungültig wäre demnach ein fehlender Wert, der hier jedoch nicht auftritt. *Gesamt* ist Summe der n gültigen Beobachtungen. Das zweite *Gesamt* steht für die Anzahl aller Beobachtungen, **einschließlich der fehlenden Werte**. Es würde einen Unterschied machen, ob man die Prozentzahlen auf alle Werte einschließlich der fehlenden Werte bezieht, oder nur auf die Anzahl der gültigen Werte. *Häufigkeit* bezeichnet die absolute beobachtete Häufigkeit des Auftretens H_i . *Prozent* ist die relative Häufigkeit f_i mit

$$f_i = \frac{H_i}{n} \; .$$

Die Summe aller validen relativen Häufigkeiten für die k Klassen ergibt 100%:

$$\sum_{i=1}^{k} f_i = 100\% \; .$$

Nehmen wir den Fall an, daß bei den ersten n = 10 Studenten **keine** Angabe über das Studienfach vorhanden ist. Das Studienfach wird mit Hilfe der Prozedur *Häufigkeiten* ausgewertet.

Statistiken

Studienfach

N	Gültig	90
	Fehlend	10

Abbildung 3.3: Meldung über die Anzahl gültiger und fehlender Fälle

SPSS zeigt nun, daß nur 90 Fälle gültig sind, und zehn Fälle als fehlende Werte ausgewiesen sind.

Studienfach

		Häufigkeit	Prozent	Gültige Prozente	Kumulierte Prozente
Gültig	BWL	30	30,0	33,3	33,3
	VWL	16	16,0	17,8	51,1
	WIPÄD	23	23,0	25,6	76,7
	USW	9	9,0	10,0	86,7
	Sonstige	12	12,0	13,3	100,0
	Gesamt	90	90,0	100,0	
Fehlend	System	10	10,0		
Gesamt		100	100,0		

Abbildung 3.4: Häufigkeitstabelle der Prozedur Häufigkeiten mit fehlenden Fällen

Die Häufigkeitstabelle bezieht die *Prozent* aus den insgesamt 100 befragten Personen und die *gültigen Prozente* auf die 90 Personen, die eine valide Antwort gegeben haben. Daraus werden auch die in der letzten Spalte gezeigten kumulierten Prozentwerte berechnet. Die gültigen Prozentwerte sind dann diejenigen Prozentwerte, die sich nur auf die Anzahl der vorhandenen Werte beziehen. Die Spalte *Kumulierte Prozent* wird auch als empirische Verteilungsfunktion $F(x)$ bezeichnet:

$$F(x) = \begin{cases} 0 & \text{für} \quad x < x_i \\ F_i & \text{für} \quad x_i \leq x \leq x_{i+l} \\ 1 & \text{für} \quad x \geq x_k \end{cases} \quad \text{für } i = 1, 2, ..., k-1 \text{ Klassen.}$$

Diese kann graphisch entweder in Form eines Treppendiagramms (diskrete Verteilung) oder in Form eines Polygonzuges (stetige Verteilung) dargestellt werden. Bei dem Polygonzug wird davon ausgegangen, daß sich die Merkmalsausprägungen zwischen den Werten der Verteilungsfunktion gleich verteilen.

Die beiden Abbildungen zeigen links das Treppendiagramm und rechts die stetige Verteilungsfunktion für zwei beliebige Verteilungen.

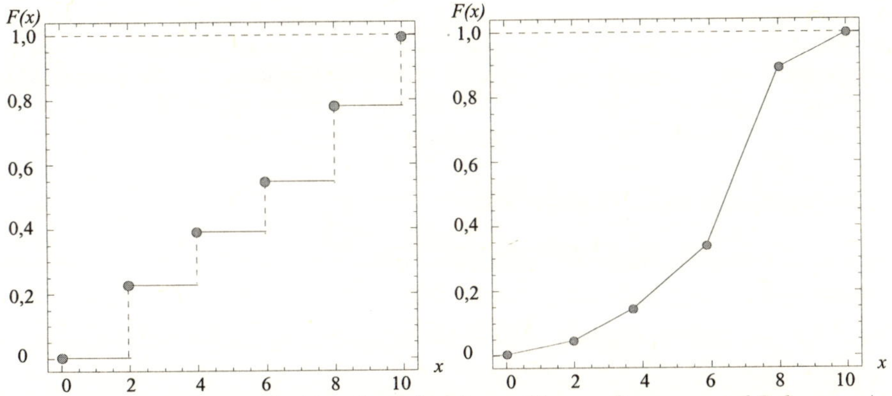

Abbildung 3.5: Empirische Verteilungsfunktionen (Treppendiagramm und Polygonzug)

Die unter dem Menüpunkt *Statistik* gezeigten statistischen Kennziffern werden im folgenden dargestellt.

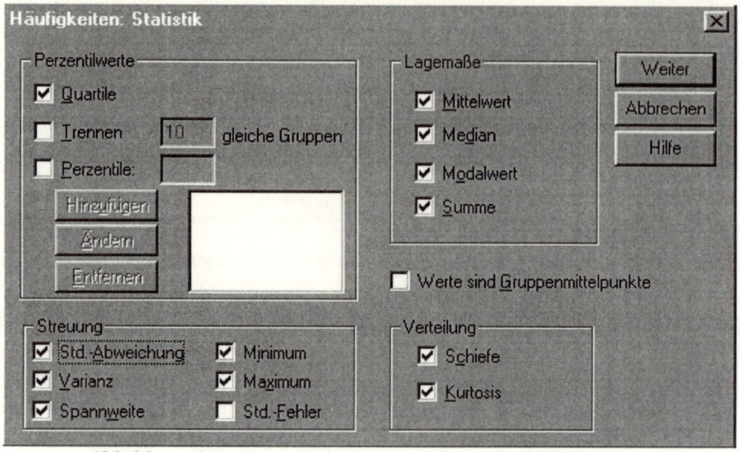

Abbildung 3.6: Unterdialogbox zur Prozedur Häufigkeiten

Wichtig beim Anklicken der gewünschten Kennziffern ist die Berücksichtigung des Merkmalsniveaus.

3.2 Lageparameter

Lageparameter dienen dazu, daß Zentrum der Verteilung zu kennzeichnen, um die Verteilung in knapper Form zu charakterisieren. Wie genau der Lageparameter ist, kann durch die Streuungsmaße in Form einer Variabilität und durch die Schiefe überprüft werden. Die Wahl des Lageparameters hängt von dem Merkmalsniveau ab.

3.2.1 Modalwert

Der einfachste *Mittelwert* ist der Modalwert, auch *Modus* genannt. Fragestellung dazu ist: „Was kommt am häufigsten vor?“ Beispielsweise das Auszählen der durchschnittlichen Autofarbe wäre ein Fall für den Modalwert, denn hier könnte nur aufgrund der Aussage, was am häufigsten beobachtet wurde, eine Entscheidung über den Schwerpunkt erfolgen.

$$x_{Mod} = \max\left\{n_1, n_2, \ldots, n_k\right\} = \text{häufigster Wert.}$$

Der Modalwert bei klassifizierten Häufigkeiten ergibt sich als Wert in der am dichtesten besetzten Klasse:

$$x_{Mod} = \max\left\{H_i\right\} .$$

3.2.2 Median

Der Median ist der *Zentralwert* der geordneten Reihe. Dabei werden die Einzelwerte zunächst in aufsteigender Reihenfolge sortiert. Anschließend wird das symmetrische Zentrum der Verteilung als *Repräsentant* der Verteilung betrachtet. Voraussetzung dafür ist, daß die Daten in aufsteigender Reihenfolge geordnet sind. Dies wird von SPSS automatisch vorgenommen.

$$x_{0,5} = \begin{cases} x_{\left(\frac{n+1}{2}\right)} & \text{falls } n \text{ ungerade} \\ \frac{1}{2}\left(x_{\left(\frac{n}{2}\right)} + x_{\left(\frac{n}{2}+1\right)}\right) & \text{falls } n \text{ gerade} \end{cases} .$$

Der Median bei Daten, die in Klassen eingeteilt sind, wird mit Hilfe der linearen Interpolation bestimmt:

$$x_{0,5} = x_i^u + \frac{0{,}5 - F(x_i^u)}{F(x_i^o) - F(x_i^u)} \cdot \left(x_i^o - x_i^u\right) ,$$

mit

$F(x_i^u)$ = Klassenuntergrenze derjenigen Klasse, in der die Verteilungsfunktion den Wert 0,5 überschreitet.

$F(x_i^o)$ = Klassenobergrenze derjenigen Klasse, in der die Verteilungsfunktion den Wert 0,5 überschreitet.

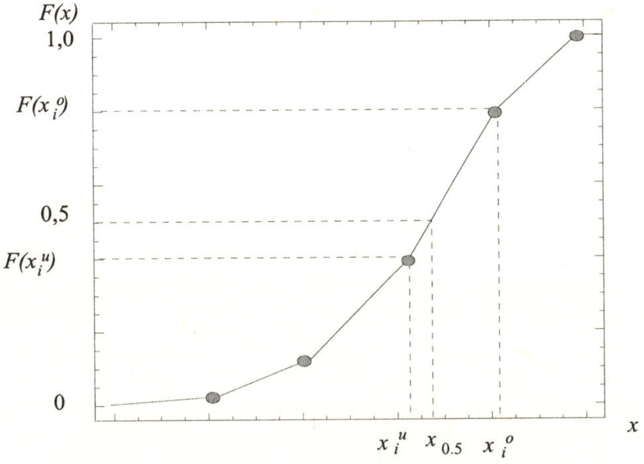

Abbildung 3.7: Die Feinberechnung des Medians

Diese Interpolation wird im Zusammenhang mit dem Median auch als *Feinberechnung des Medians* bezeichnet. Der Median liegt dann in derjenigen Klasse, in der die empirische Verteilungsfunktion (kumulierte relative Häufigkeitsfunktion) den Wert 0,5 überschreitet. Die Klassenobergrenze x_i^o der jeweils unteren Klasse ist gleich der Klassenuntergrenze x_i^u der jeweils oberen Klasse.

Für das obere bzw. das untere Quartil gilt dies analog, jedoch sind die Werte dann 0,75 und 0,25 anstelle der 0,5 beim Median.

$$x_{0,75} = x_i^u + \frac{0{,}75 - F(x_i^u)}{F(x_i^o) - F(x_i^u)} \cdot \left(x_i^o - x_i^u\right) \text{ für das obere Quartil bzw.}$$

$$x_{0,25} = x_i^u + \frac{0{,}25 - F(x_i^u)}{F(x_i^o) - F(x_i^u)} \cdot \left(x_i^o - x_i^u\right) \text{ für das untere Quartil.}$$

3.2.3 Perzentilwerte

Perzentile, auch *α-Quantile* genannt, geben Werte an ganz bestimmten Stellen der empirischen Verteilungsfunktion an. Am häufigsten verwendet sind die oben angegebenen *Quartile*, also die Werte an der Stelle 0,25 bzw. 0,75 der Verteilungsfunktion. So gesehen ist auch der Median ein Quartil.[4] Quantile geben aber auch andere Stellen der Verteilungsfunktion an wie etwa der Wert an der Stelle 0,1 bzw. 0,9.

$$x_\alpha = \begin{cases} x_{(\alpha \cdot n)} & \text{falls } \alpha \cdot n \text{ nicht gazzahlig} \\ \frac{1}{2}\left(x_{(\alpha \cdot n)} + x_{(\alpha \cdot n+1)}\right) & \text{falls } \alpha \cdot n \text{ ganzzahlig} \end{cases}, \text{ mit}$$

$$x_{0,25} = \text{unteres Quartil und } x_{0,75} = \text{oberes Quartil, u.s.w. .}$$

Für jedes beliebige α-Quantil aus klassifizierten Daten gilt die Feinberechnung wie beim Median.

$$x_\alpha = x_i^u + \frac{\alpha - F(x_i^u)}{F(x_i^o) - F(x_i^u)} \cdot \left(x_i^o - x_i^u\right) .$$

3.2.4. Arithmetisches Mittel

Das arithmetische Mittel ist der wohl am weitesten verbreitete Mittelwert. Es wird die Summe der Beobachtungen durch die Anzahl geteilt. Trotz der einfachen Berechnung gilt hier Vorsicht, denn bei einer schiefen oder bei einer mehrgipfligen Verteilung ist die Gefahr der Verschätzung sehr hoch. Das Mittel aus $-10°C$ und $+50°C$ erscheint recht angenehm, dürfte aber kaum das körperliche Empfinden bei einer der beiden Temperaturen widerspiegeln. Als weiteres Beispiel sei nur das durchschnittliche Einkommen aller Angestellten eines Betriebes genannt. Hier wird der Mittelwert durch die sicherlich hohen Gehälter der oberen Hierarchiestufen stark verzerrt. Dieser Mittelwert wird das Einkommen der meisten Angestellten nicht repräsentieren. Der Median dürfte hier den für die Mehrheit der Angestellten realistischeren Wert ausweisen. Daran wird deutlich, daß dieser Mittelwert nur bei normalverteilten Merkmalen den Schwerpunkt der Verteilung repräsentiert.
Das arithmetische Mittel aus Einzelwerten

[4] Darum sei vermerkt: Jedes Quartil ist auch ein Quantil, aber nicht jedes Quantil ist auch ein Quartil.

$\bar{x} = \frac{1}{n}\sum_{i=1}^{n} x_i$, mit $i = 1, 2, ..., n$ Einzelwerten,

bzw. aus Häufigkeiten gewichtet mit der Häufigkeit

$\bar{x} = \frac{1}{n}\sum_{i=1}^{k} x_i \cdot H_i$ $i = 1, 2, ..., k$ Häufigkeiten,

bzw. unter Verwendung der relativen Häufigkeiten

$\bar{x} = \sum_{i=1}^{k} x_i \cdot f_i$.

Liegen klassifizierte Daten vor, dann wird das arithmetische Mittel durch die Klassenmittelwerte geschätzt:

Klassenmittelwert $\hat{x}_i = \frac{x_i^o - x_i^u}{2}$,

mit
x_i^o = Klassenobergrenze und x_i^u = Klassenuntergrenze.

Demnach ist die Breite einer Klasse: $\Delta x_i = x_i^o - x_i^u$.

Das daraus berechnete Mittel ist das genäherte arithmetische Mittel:

$\bar{x} = \frac{1}{n}\sum_{i=1}^{k} \hat{x}_i \cdot H_i$, mit $i = 1, 2, ..., k$ Klassen.

Das genäherte arithmetische Mittel unter Verwendung relativer Häufigkeiten ergibt sich als:

$\bar{x} = \sum_{i=1}^{k} \hat{x}_i \cdot f_i$.

Überblick: Zulässigkeit der Mittelwerte auf dem Skalenniveau

Merkmalsart	**Modalwert**	**Median**	**Perzentile**	**arithmetisches Mittel**
nominalskaliert	√			
ordinalskaliert	√	√	√	
intervallskaliert	√	√	√	√
verhältnisskaliert	√	√	√	√

3.3 Streuungsmaße

Zur Beurteilung der Güte des arithmetischen Mittels stehen die Streuung, und daraus als Wurzel, die Standardabweichung sowie weitere Streuungsmaße (Dispersionsmaße) zur Verfügung. Die Streuung mißt die aufsummierten quadratischen Abweichungen um das arithmetische Mittel. Es liegt nahe, daß ein Mittelwert um so exakter ist, je kleiner die Abweichungen sind. Während durch die Lageparameter des Zentrum der Verteilung gekennzeichnet wird, zeigen die Streuungsmaße, wie stark die Werte um dieses Zentrum streuen. Zur leichteren Interpretation steht die Standardabweichung zur Verfügung. Dies ist dann die *durchschnittliche Streuung um den Mittelwert*.

3.3.1 Spannweite

Die Spannweite (*Range*) ist der Abstand zwischen dem größten und dem kleinsten Wert bzw. der Abstand zwischen der oberen Klassengrenze der obersten Klasse und der unteren Klassengrenze der untersten Klasse. Auch dieser Wert kann als eine Art Streuungsmaß interpretiert werden.

$$R = x_{Max} - x_{Min} .$$

3.3.2 Interquartilsabstand

Der Interquartilsabstand ist die Spannweite zwischen dem oberen Quartil (0.75-Quantil) und dem unteren Quartil (0.25- Quantil).

$$R_I = x_{0,75} - x_{0,25} .$$

3.3.3 Varianz

Die Varianz ist die quadrierte Streuung um den Mittelwert. Je größer dieser Wert ist, desto größer ist die Streuung, was auch ein Hinweis darauf sein kann, daß der Mittelwert ein schlechter Repräsentant der Verteilung ist. Hier muß jedoch die Dimension der Daten berücksichtigt werden, denn diese hat große Auswirkung auf die Varianz. Man unterscheidet dabei zwischen der *Varianz der Grundgesamtheit* und der *Varianz der Stichprobe*, wobei SPSS die Varianz der Stichprobe berechnet. Diese wird aus Gründen der Erwartungstreue durch $n - 1$ geteilt.

$$s^2 = \frac{1}{n-1}\sum_{i=1}^{n}\left(x_i - \bar{x}\right)^2 \text{ bzw.}$$

$$s^2 = \sum_{i=1}^{k}\left(x_i - \bar{x}\right)^2 \cdot f_i \text{ unter Verwendung von relativen Häufigkeiten.}$$

Aus klassifizierten Häufigkeiten wird die Streuung wieder mit Hilfe der geschätzten Klassenmittelwerte $\hat{x}_i$ berechnet:

$$s^2 = \frac{1}{n-1}\sum_{i=1}^{k}\left(\hat{x}_i - \bar{x}\right)^2 \cdot H_i \text{ möglich .}$$

3.3.4 Standardabweichung

Die Standardabweichung wird auch als *durchschnittliche Streuung um den Mittelwert* bezeichnet. Sie ist die Wurzel aus der Varianz, und ist daher auch sinnvoll zu interpretieren. Auch wird ein Teil der durch die Dimension bedingten Verzerrung durch die Wurzelbildung bereinigt.

$$s = \sqrt{s^2} \ .$$

3.3.5 Variationskoeffizient

Der Variationskoeffizient dient dem Vergleich mehrerer Standardabweichungen miteinander. Er ist eine dimensionslose Zahl und nur dann sinnvoll zu berechnen, wenn ausschließlich positive Werte vorliegen.

$$v = \frac{s}{\bar{x}} \ .$$

3.3.6 Standardfehler des Mittelwertes

Der Standardfehler des Mittelwertes (*SE*) sollte zwischen –2 und +2 liegen, damit der Mittelwert wenigstens näherungsweise eine normalverteilte Stichprobe repräsentiert.

$$SE_{Mean} = \frac{s}{\sqrt{n}} \ .$$

3.3.7 Schiefe

Zum Vergleich einer vorliegenden Verteilung mit derjenigen einer Normalverteilung werden Schiefe g_1 und Wölbung g_2 herangezogen. Die Schiefe gibt an, zu welcher Richtung eine (sinnvollerweise eingipflige) Verteilung *schief* ist. Zur Interpretation ist es hilfreich zu wissen, daß die *Steilheit* stets auf der gegenüberliegenden Seite der *Schiefe* ist. Demnach ist die Schiefe die flach auslaufende Seite der Verteilung. Die Schiefe wird im folgenden mit g_1 bezeichnet.

$$g_1 = \frac{\frac{1}{n}\sum_{i=1}^{n}(x_i - \bar{x})^3}{\sqrt{\left(\frac{1}{n}\sum_{i=1}^{n}(x_i - \bar{x})^2\right)^3}}$$ aus Einzelwerten bzw.

$$g_1 = \frac{\sum_{i=1}^{n}(x_i - \bar{x})^3 \cdot f_i}{\sqrt{\left(\sum_{i=1}^{n}(x_i - \bar{x})^2 \cdot f_i\right)^3}}$$ aus relativen Häufigkeiten bzw.

$$g_1 = \frac{\frac{1}{n}\sum_{i=1}^{k}(\hat{x}_i - \bar{x})^3 \cdot H_i}{\sqrt{\left(\frac{1}{n}\sum_{i=1}^{k}(\hat{x}_i - \bar{x})^2 \cdot H_i\right)^3}}$$ aus klassifizierten Häufigkeiten.

Allgemein kann die Schiefe auch über die *Momente* der Verteilung ausgedrückt werden:

$$g_1 = \frac{\mu_3}{\sigma^3} .$$

Interpretation der Schiefe

Wert	Bedeutung	Mittelwerte
$g_1 > 0$	rechtsschief	$\bar{x} > x_{0,5} > x_{Mod}$
$g_1 = 0$	symmetrisch	$\bar{x} = x_{0,5} = x_{Mod}$
$g_1 < 0$	linksschief	$\bar{x} < x_{0,5} < x_{Mod}$

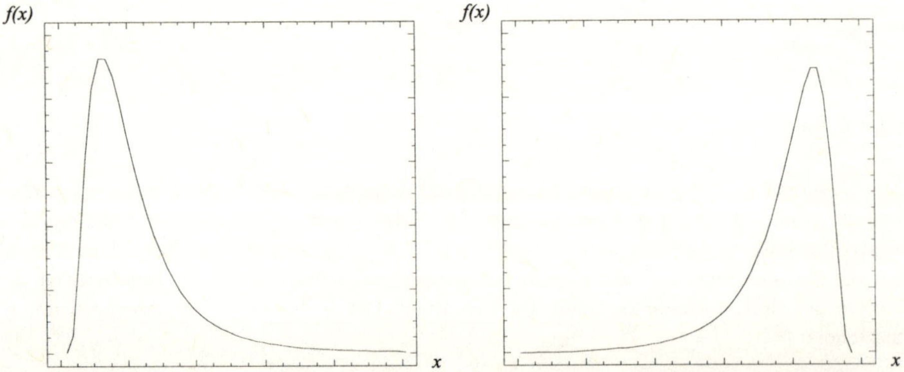

Abbildung 3.8: Dichtefunktion einer rechtsschiefen bzw. linksschiefen Verteilung

3.3.8 Kurtosis

Ein weitere Maßzahl für eingipflige Verteilungen ist die Wölbung, auch *Kurtosis* oder *Exzeß* genannt. Mit Hilfe dieser Maßzahl kann man untersuchen, ob die betrachtete Verteilung stärker oder schwächer gewölbt ist, als die hier gezeigte Normalverteilung mit den Parametern μ = Null und σ = Eins.

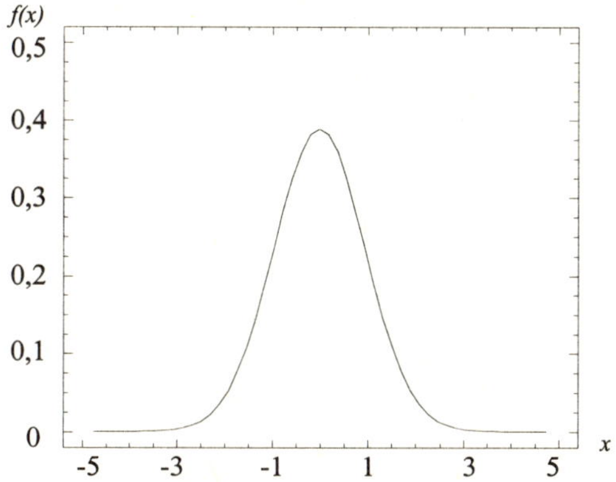

Abbildung 3.9: Dichtefunktion einer symmetrischen und normal gewölbten Verteilung

Die Kurtosis wird auch als g_2 bezeichnet.

$$g_2 = \frac{\frac{1}{n}\sum_{i=1}^{n}(x_i - \bar{x})^4}{\sqrt{\left(\frac{1}{n}\sum_{i=1}^{n}(x_i - \bar{x})^2\right)^2}}$$ aus Einzelwerten bzw.

$$g_2 = \frac{\sum_{i=1}^{n}(x_i - \bar{x})^4 \cdot f_i}{\sqrt{\left(\sum_{i=1}^{n}(x_i - \bar{x})^2 \cdot f_i\right)^2}}$$ aus relativen Häufigkeiten bzw.

$$g_2 = \frac{\frac{1}{n}\sum_{i=1}^{k}(\hat{x}_i - \bar{x})^4 \cdot H_i}{\sqrt{\left(\frac{1}{n}\sum_{i=1}^{k}(\hat{x}_i - \bar{x})^2 \cdot H_i\right)^2}}$$ aus klassifizierten Häufigkeiten.

Allgemein kann auch die Kurtosis über die *Momente* der Verteilung bestimmt werden:

$$g_2 = \frac{\mu_4}{\sigma^4} \; .$$

Interpretation der Kurtosis

Die Kurtosis für die Normalverteilung ist drei. Daraus kann der Exzeß bestimmt werden:

$Exze\ß = Kurtosis - 3$.

Demnach ist der Exzeß einer Normalverteilung Null. Ist der Wert für den Exzeß kleiner als Null, erscheint die Verteilung breiter und flacher als die Normalverteilung. Ist der Wert größer als Null, so ist die Verteilung schmaler und spitzer als die Normalverteilung.

Aber: Bei SPSS wird die Kurtosis als Exzeß dargestellt, somit muß also bei der Interpretation darauf geachtet werden, ob der Wert größer als Null, gleich Null oder kleiner als Null ist.

Wölbung	Exzeß (SPSS)	Bedeutung
$g_2 < 3$	$g_2 < 0$	Wölbung flach
$g_2 = 3$	$g_2 = 0$	Wölbung entspricht der Normalverteilung
$g_2 > 3$	$g_2 > 0$	Wölbung spitz

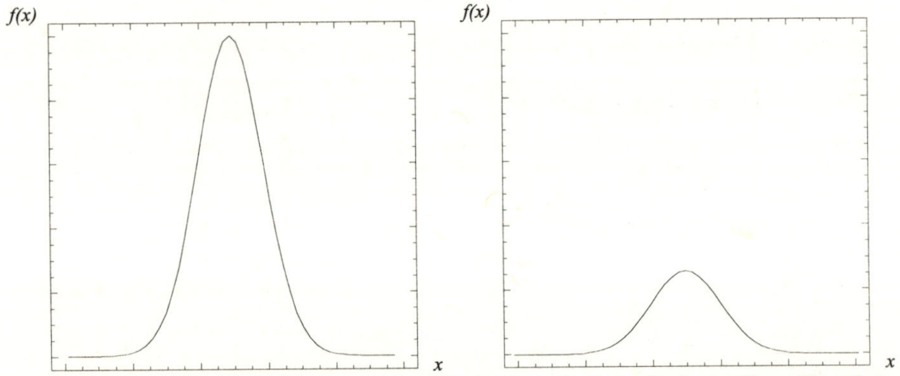

Abbildung 3.10: Dichtefunktion einer stark (links) bzw. flach (rechts) gewölbten Verteilung

Überblick: Zulässigkeit der Dispersionsmaße auf dem Skalenniveau

Merkmal	Spannweite	Varianz	Schiefe	Wölbung	Variations-koeffizient
nominalskaliert					
ordinalskaliert	√				
intervallskaliert	√	√	√	√	
verhältnisskaliert	√	√	√	√	√

3.4 Beispiele

Als erstes wird die Variable Alter mit der Prozedur Häufigkeiten ausgewertet. Es werden alle zulässigen Statistiken berechnet.

Statistiken

Alter in Jahren

N	Gültig	100
	Fehlend	0
Mittelwert		24,57
Median		24,50
Modus		24
Standardabweichung		2,47
Varianz		6,11
Schiefe		,066
Standardfehler der Schiefe		,241
Kurtosis		-,773
Standardfehler der Kurtosis		,478
Spannweite		10
Minimum		20
Maximum		30
Perzentile	25	23,00
	50	24,50
	75	26,00

Abbildung 3.11: Deskriptive Statistiken der Prozedur Häufigkeiten

Das Durchschnittsalter (*Mittelwert*) ist nach dieser Statistik 24,57 Jahre. Die Verteilung ist, wenn auch nur sehr schwach, rechtsschief. Der Wert für die Schiefe ist nur wenig größer als Null. Die Wölbung ist flacher gewölbt, als die Normalverteilung, denn dieser Wert ist negativ. Median und Mittelwert unterscheiden sich nicht sehr stark.

Was die Interpretation der Standardabweichung betrifft, so könnte man sagen, daß die durchschnittliche Streuung um den Mittelwert absolut betrachtet 2,47 Jahre beträgt.

Neu dürften die Größen *Standardfehler* bei der *Schiefe* und der *Kurtosis* sein, die wie der *Standardfehler* des Mittelwertes eine um den Stichprobenumfang korrigierte Größe darstellen. Hier gilt, daß die Werte im Intervall von –2 und +2 liegen sollten, damit eine Normalverteilung wahrscheinlich ist. Nicht sinnvoll ist hier die automatisch erfolgte Berechnung der Summe der Merkmalsausprägungen.

Bei den Perzentilen finden wir unter dem Wert *50,00* den Median wieder.

Bei dem nächsten Beispiel werden die Körpergrößen mit der Prozedur *Umkodieren* in Klassen eingeteilt. Nur der Vollständigkeit halber ist die erste, nach unten offene Klasse, hier aufgeführt. Als Maximum wird hier 210 vorgegeben, was etwas zu hoch geschätzt ist, da das tatsächliche Maximum bei 201 cm liegt.

```
RECODE GROESSE1
(LO THRU 150 = 145)
(150 THRU 160 = 155)
(160 THRU 170 = 165)
(170 THRU 180 = 175)
(180 THRU 190 = 185)
(190 THRU 200 = 195)
(200 THRU HI = 205).
```

Abbildung 3.12: Listing zum Umkodieren von Werten

Die Zuordnung zu den frei geschätzten Klassenmittelwerten ermöglicht die Berechnung von geschätzten Mittelwerten aus klassifizierten Häufigkeiten. Um eine nachträgliche Zuordnung für den Beobachter zu erleichtern, werden auch Variablen-Lables vergeben:

```
VALUE LABLES GROESSE1
145 'bis 150 cm'
155 '150 bis 160 cm'
165 '160 bis 170 cm'
175 '170 bis 180 cm'
185 '180 bis 190 cm'
195 '190 bis 200 cm'
205 'über 200 cm'.
```

Abbildung 3.13: Listing zur Definition von Wertelabels

In der Prozedur Häufigkeiten muß in der Dialogbox für das Feld *Werte sind Gruppenmittelpunkte* angeklickt werden.

Abbildung 3.14: Dialogfeld für klassifizierte Häufigkeiten

Zunächst erhalten wir mit der Prozedur *Häufigkeiten* die Tabelle mit der Verteilung:

GROESSE1

		Häufigkeit	Prozent	Gültige Prozente	Kumulierte Prozente
Gültig	150 bis 160 cm	1	1,0	1,0	1,0
	160 bis 170 cm	16	16,0	16,0	17,0
	170 bis 180 cm	33	33,0	33,0	50,0
	180 bis 190 cm	36	36,0	36,0	86,0
	190 bis 200 cm	14	14,0	14,0	100,0
	Gesamt	100	100,0	100,0	

Abbildung 3.15: Häufigkeitstabelle der Prozedur Häufigkeiten

Hier zeigt sich die Vorteilhaftigkeit der Lables, die eine Beschriftung der Tabelle möglich machen. Als nächstes sehen wir uns die Tabelle mit den statistischen Kennzahlen an. Hierbei handelt es sich also um die mit dem geschätzten Klassenmittelwert $\hat{x}_i$ gewichteten Werte.

Statistiken

GROESSE1

N	Gültig	100
	Fehlend	0
Mittelwert		179,6000
Standardfehler des Mittelwertes		,9579
Median		180,0000
Modus		185,00
Standardabweichung		9,5790
Varianz		91,7576
Schiefe		-,130
Standardfehler der Schiefe		,241
Kurtosis		-,638
Standardfehler der Kurtosis		,478
Spannweite		40,00
Minimum		155,00
Maximum		195,00
Perzentile	25	175,0000
	50	180,0000
	75	185,0000

Abbildung 3.16: Deskriptive Statistiken der Prozedur Häufigkeiten

Zum Vergleich dazu sind noch einmal die Statistiken aus den unklassifizierten Einzelwerten berechnet. Es zeigt sich, wie gering die Unterschiede zu den Statistiken aus den Häufigkeiten sind.

Statistiken

Körpergröße in cm

N	Gültig	100
	Fehlend	0
Mittelwert		180,06
Standardfehler des Mittelwertes		,93
Median		180,50
Modus		174[a]
Standardabweichung		9,27
Varianz		86,02
Schiefe		-,009
Standardfehler der Schiefe		,241
Kurtosis		-,621
Standardfehler der Kurtosis		,478
Spannweite		41
Minimum		159
Maximum		200
Perzentile	25	173,00
	50	180,50
	75	187,00

a. Mehrere Modi vorhanden. Der kleinste Wert wird angezeigt.

Abbildung 3.17: Deskriptive Statistiken der Prozedur Häufigkeiten

Bei der Abfrage nach dem Gefallen am gewählten Studienfach handelt es sich um ein **ordinalskaliertes** Merkmal. Hier sind nur der Median und der Modalwert zulässige Mittelwerte. Weitere Kennziffern der Verteilung stellen die Perzentile, Minimum und Maximum dar. Die Häufigkeitstabelle zeigt die Lageparameter. Der Median ist hier derjenige Wert, bei dem die kumulierten Prozentwerte 50% erreichen. Das ist bereits bei der Note 1 für sehr gut der Fall.

Gefallen am Studium

		Häufigkeit	Prozent	Gültige Prozente	Kumulierte Prozente
Gültig	sehr gut	52	52,0	52,0	52,0
	gut	31	31,0	31,0	83,0
	weniger gut	15	15,0	15,0	98,0
	überhaupt nicht	2	2,0	2,0	100,0
	Gesamt	100	100,0	100,0	

Abbildung 3.18: Häufigkeitstabelle der Prozedur Häufigkeiten

Auch die Maturanoten als Beispiel für ordinalskalierte Merkmale sollen hier kurz in Form der Statistiken gezeigt werden. Man erkennt auch die Information über die fehlenden Werte.

Statistiken

		DEUTSCH	MATHE	ENGLISCH
N	Gültig	99	95	98
	Fehlend	1	5	2
Median		3,00	2,00	2,00
Modus		3	2	1

Abbildung 3.19: Häufigkeitstabelle der Prozedur Häufigkeiten

Beim Studienfach handelt es sich um ein **nominalskaliertes** Merkmal. Hier ergibt lediglich der Modalwert Sinn. Dieser kann hier direkt aus der Häufigkeitstabelle abgelesen werden.

Studienfach

		Häufigkeit	Prozent	Gültige Prozente	Kumulierte Prozente
Gültig	BWL	33	33,0	33,0	33,0
	VWL	19	19,0	19,0	52,0
	WIPÄD	23	23,0	23,0	75,0
	USW	11	11,0	11,0	86,0
	Sonstige	14	14,0	14,0	100,0
	Gesamt	100	100,0	100,0	

Abbildung 3.20: Häufigkeitstabelle der Prozedur Häufigkeiten

Die dazugehörige Statistik ist im konkreten Fall weniger informativ, denn hier wird natürlich nur die Merkmalsausprägung, nicht aber das Wertelabel gezeigt.

3.5 Graphisch Darstellung von Häufigkeiten

Neben den oben gezeigten Häufigkeitstabellen und Statistiken können im Rahmen der Prozedur *Häufigkeiten* auch Graphiken erzeugt werden. Für die graphische Darstellung von Häufigkeiten bietet SPSS in dieser Prozedur die folgenden Diagrammtypen an, die auch wieder vom vorliegenden Merkmalsniveau abhängen. Bei der Verwendung dieser Diagrammtypen sollten folgende Dinge bedacht werden.

Diagrammtyp	**sinnvolle Verwendung**
Balkendiagramm	diskrete Ausprägungen, nominalskalierte Merkmale
Kreisdiagramm	diskrete Ausprägungen, Prozentzahlen, Anteile, nominalskalierte Merkmale
Histogramm	klassifizierte Häufigkeiten, metrisch skalierte Merkmale, stetige Verteilungen
Histogramm mit Normalverteilung	klassifizierte Häufigkeiten mit mehreren Klassen, die graphisch mit der Normalverteilung verglichen werden sollen, metrisch skalierte Merkmale, stetige Verteilungen

Die folgenden Beispiele zeigen diese Diagrammtypen für verschiedene Variablen der Datei.

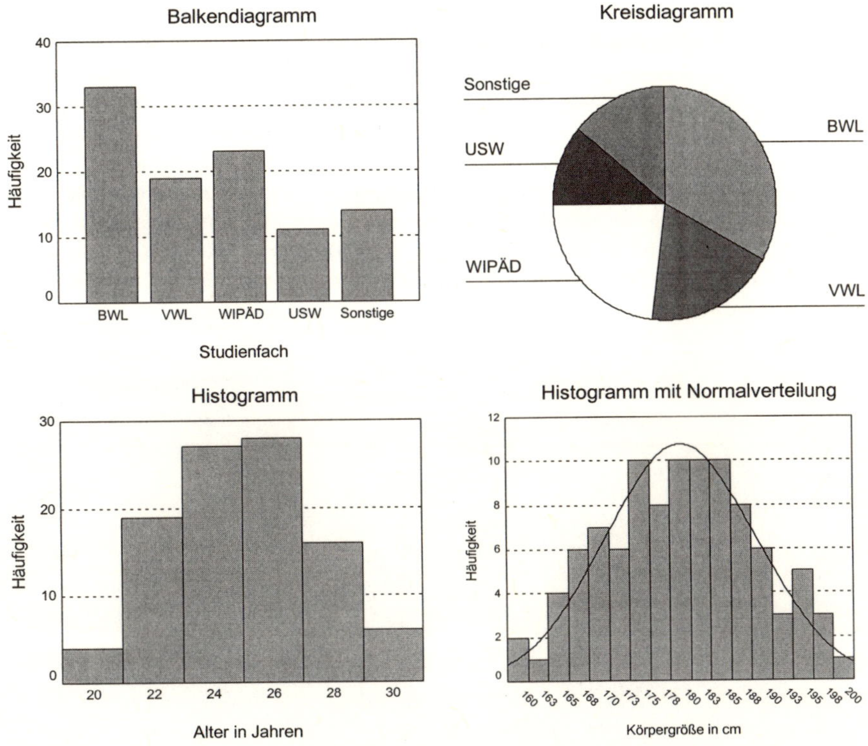

Abbildung 3.21: Graphiktypen der Prozedur Häufigkeiten

Eine Möglichkeit der graphischen Darstellung empirischer Verteilungsfunktionen bietet die Prozedur *Liniendiagramm*, die unter dem Menü *Graphiken* enthalten ist.

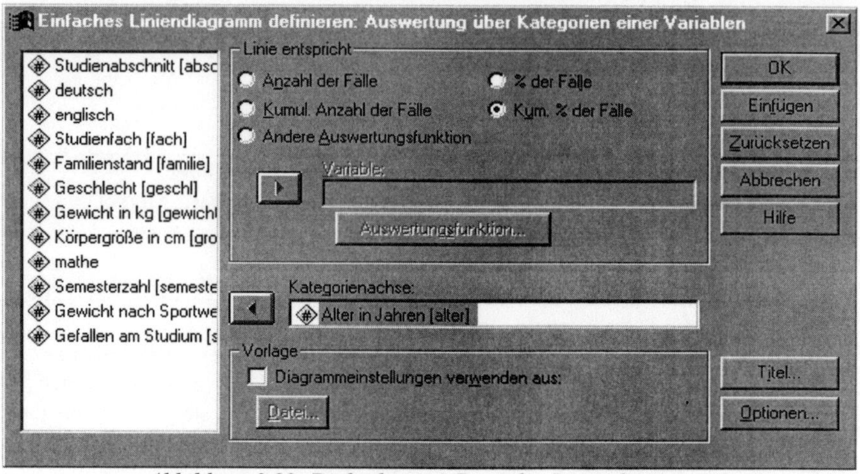

Abbildung 3.22: Dialogbox zur Prozedur ***Liniendiagramm***

In der hier gezeigten Dialogbox wird ein Liniendiagramm für eine Variable (*Alter*) erzeugt, wobei nicht jedes Alter einzeln abgebildet wird, sondern die Häufigkeit des Auftretens der Merkmalsausprägung in Form der kumulierten relativen Häufigkeitsfunktion gezeichnet wird. Im Editiermodus des Diagrammes kann in der dort erscheinenden Symbolleiste auf das Symbol mit der Linie geklickt werden. Es öffnet sich ein weiteres Fenster, das die Darstellung als *Treppendiagramm* ermöglicht. Dies ist für die Darstellung diskreter Verteilungen sinnvoll, während stetige Verteilungen als *Ploygonzug* dargestellt werden können. Die folgenden zwei Abbildungen zeigen eine empirische Verteilungsfunktion für die (vorab in Häufigkeitsklassen eingeteilte) stetige Variable *Alter* (links) und eine empirische Verteilungsfunktion für die (vorab in Häufigkeitsklassen eingeteilte) diskrete Variable *Semesteranzahl* (rechts).

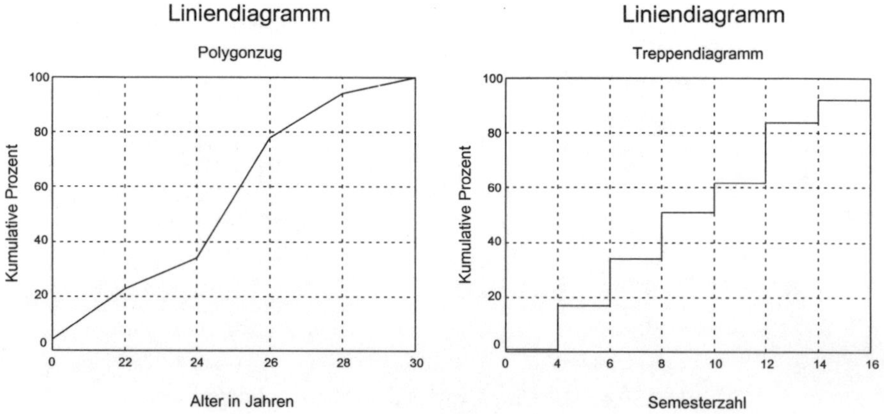

Abbildung 3.23: Zwei Liniendiagramme

3.6 Mehrgipflige und U-förmige Verteilungen

Die hier gezeigten Lageparameter sind jedoch nur für annähernd normalverteilte, eingipflige Verteilungen sinnvolle Repräsentanten der Verteilung. Ist die Verteilung mehrgipflig oder U-förmig, dann entsprechen die Mittelwerte gerade jenen Werten, die sich nicht im Schwerpunkt der Verteilung befinden.

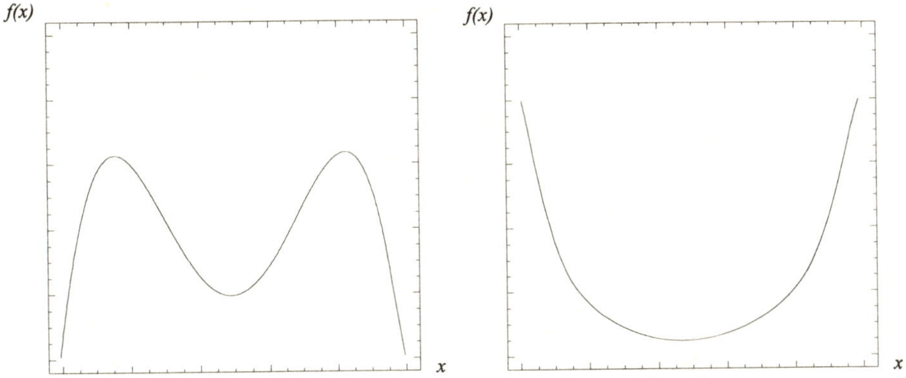

Abbildung 3.24: Mehrgipflige und U-förmige Verteilung

Es soll das Gewicht aller $n = 100$ Studenten mit Hilfe der Prozedur ***Berechnen*** und *Umkodieren* in gleichbreite Intervalle von je 10 *kg* eingeteilt werden. Die folgende Abbildung zeigt die notwendigen Umkodierungen in Form eines SPSS-Listings, wie es auch durch das Eintragen in die Dialogfelder erstellt wird.

```
RECODE GEWICHT1
(LO THRU 40 = 35)
(40 THRU 50 = 45)
(50 THRU 60 = 55)
(60 THRU 70 = 65)
(70 THRU 80 = 75)
(80 THRU 90 = 85)
(90 THRU 100 = 95)
(100 THRU HI = 105).
```

Abbildung 3.25: Listing zum Umkodieren von Werten

Die neuen Klassenbezeichnungen entsprechen wieder den frei geschätzten Klassenmittelwerten, wobei die genaue Zuordnung mit Hilfe von Wertelablels erfolgt.

```
VALUE LABLES GEWICHT1
35 'bis 40 kg'
45 '40 bis 50 kg'
55 '50 bis 60 kg'
65 '60 bis 70 kg'
75 '70 bis 80 kg'
85 '80 bis 90 kg'
95 '90 bis 100 kg'
105 'über 100 kg'.
```

Abbildung 3.26: Listing zur Definition von Wertelabels

Diese Wertelables erscheinen später auch in der Tabelle als Beschriftung. Die für beide Geschlechter gemeinsam erstellten Statistiken mit der Prozedur Häufigkeiten weisen ein durchschnittliches Gewicht von 75,7 *kg* auf.

Statistiken

Gewicht in kg

N	Gültig	100
	Fehlend	0
Mittelwert		76,19
Standardfehler des Mittelwertes		1,76
Median		75,00
Modus		86
Standardabweichung		17,60
Varianz		309,61
Schiefe		,175
Standardfehler der Schiefe		,241
Kurtosis		-,993
Standardfehler der Kurtosis		,478
Spannweite		73
Minimum		47
Maximum		120
Perzentile	25	60,50
	50	75,00
	75	91,00

Abbildung 3.27: Deskriptive Statistiken der Prozedur Häufigkeiten

Bereits die Standardabweichung signalisiert eine große Streuung bei den Gewichtswerten, was auch durch die Häufigkeitstabelle deutlich wird, denn dort erkennt man eine Häufung im Intervall von 50 bis 60 *kg* und im Intervall von 80 bis 90 *kg* bzw. im Intervall von 90 bis 100 *kg*.

GEWICHT1

		Häufigkeit	Prozent	Gültige Prozente	Kumulierte Prozente
Gültig	40 bis 50 kg	4	4,0	4,0	4,0
	50 bis 60 kg	21	21,0	21,0	25,0
	60 bis 70 kg	17	17,0	17,0	42,0
	70 bis 80 kg	14	14,0	14,0	56,0
	80 bis 90 kg	18	18,0	18,0	74,0
	90 bis 100 kg	18	18,0	18,0	92,0
	über 100 kg	8	8,0	8,0	100,0
	Gesamt	100	100,0	100,0	

Abbildung 3.28: Häufigkeitstabelle der Prozedur Häufigkeiten

Das Histogramm zeigt eine zweigipflige Verteilung mit einer deutlichen Abweichung von der Normalverteilung.

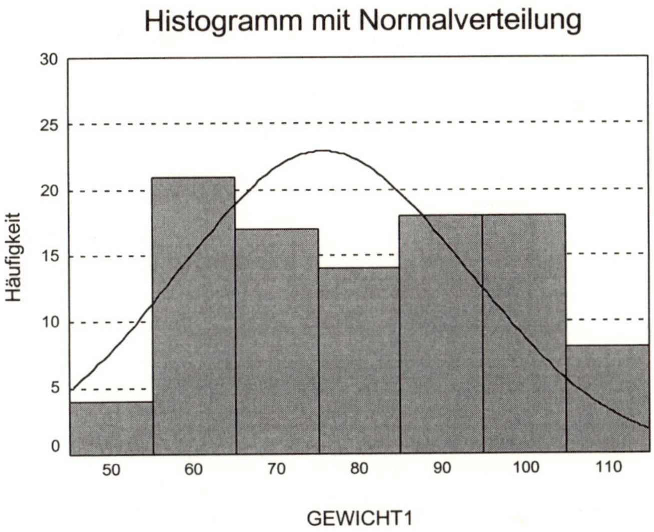

Abbildung 3.29: Histogramm mit überlagerter Normalverteilung

Nun wird über die Menüs *Daten* und *Datei aufteilen* die Datei nach den Geschlechtern getrennt ausgewertet. Die Tabelle mit den statistischen Kennziffern erscheint mit separaten Spalten für die beiden Ausprägungen *männlich* und *weiblich* der Variablen *Geschlecht*.

Statistiken

GEWICHT1

		Geschlecht	
		weiblich	männlich
N	Gültig	46	54
	Fehlend	0	0
Mittelwert		61,3043	87,9630
Standardfehler des Mittelwertes		1,5023	1,6216
Median		55,0000	85,0000
Modus		55,00	95,00
Standardabweichung		10,1890	11,9163
Varianz		103,8164	141,9986
Schiefe		,683	-,536
Standardfehler der Schiefe		,350	,325
Kurtosis		,179	-,046
Standardfehler der Kurtosis		,688	,639
Spannweite		40,00	50,00
Minimum		45,00	55,00
Maximum		85,00	105,00
Perzentile	25	55,0000	82,5000
	50	55,0000	85,0000
	75	65,0000	95,0000

Abbildung 3.30: Deskriptive Statistiken der Prozedur Häufigkeiten

Jetzt erkennt man deutlich den großen Unterschied beim durchschnittlichen Gewicht. Auch die Häufigkeitstabelle wird automatisch für jede Ausprägung separat erstellt.

GEWICHT1

Geschlecht			Häufigkeit	Prozent	Gültige Prozente	Kumulierte Prozente
weiblich	Gültig	40 bis 50 kg	4	8,7	8,7	8,7
		50 bis 60 kg	20	43,5	43,5	52,2
		60 bis 70 kg	14	30,4	30,4	82,6
		70 bis 80 kg	5	10,9	10,9	93,5
		80 bis 90 kg	3	6,5	6,5	100,0
		Gesamt	46	100,0	100,0	
männlich	Gültig	50 bis 60 kg	1	1,9	1,9	1,9
		60 bis 70 kg	3	5,6	5,6	7,4
		70 bis 80 kg	9	16,7	16,7	24,1
		80 bis 90 kg	15	27,8	27,8	51,9
		90 bis 100 kg	18	33,3	33,3	85,2
		über 100 kg	8	14,8	14,8	100,0
		Gesamt	54	100,0	100,0	

Abbildung 3.31: Gruppierte Häufigkeitstabelle der Prozedur Häufigkeiten

Die Histogramme zeigen eine für das Geschlecht weiblich rechtsschiefe und für das Geschlecht männlich linksschiefe Verteilung.

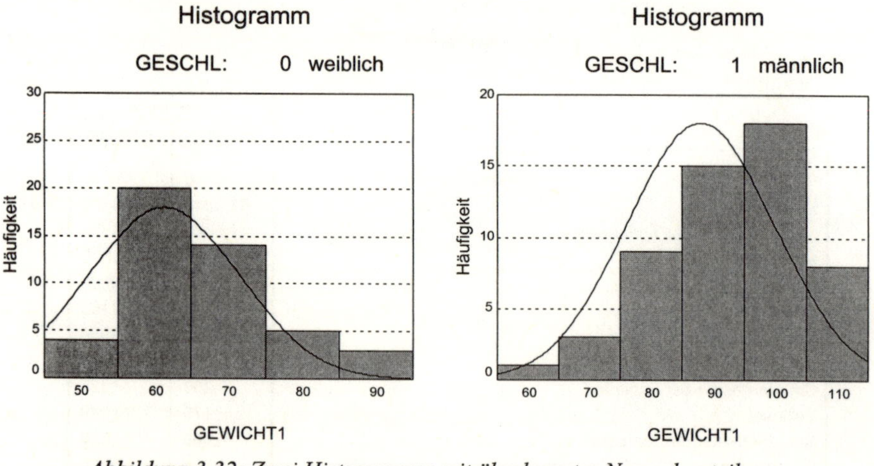

Abbildung 3.32: Zwei Histogramme mit überlagerter Normalverteilung

3.7 Statistische Kennziffern der Prozedur Deskriptive Statistiken

Die Prozedur *Deskriptive Statistiken* dient ebenfalls der Berechnung einfacher statistischer Kennzahlen wie Lageparameter und Streuungsmaße. Sie liefert im Gegensatz zur Prozedur *Häufigkeiten* aber **nur** die Kennzahlen, weder Tabellen noch Graphiken, und ist **nur** für metrisch skalierte Merkmale zu verwenden. Es lassen sich die Kennzahlen auch nicht klassifizierte Häufigkeiten berechnen. Genau genommen können auch nur eingipflige und näherungsweise normalverteilte Daten verwendet werden. Es werden keine Verteilungen aufbereitet, sondern nur die verdichteten Kennzahlen präsentiert. In früheren SPSS-Versionen lag der Vorteil in dieser Prozedur in der höheren Geschwindigkeit gegenüber der Prozedur *Häufigkeiten*. Nachdem aber bei der Prozedur Häufigkeiten auf das relativ aufwendige Anfertigen der Häufigkeitstabelle verzichtet werden kann, und die Rechnerleistung stark angestiegen ist, scheinen wohl eher historische Gründe für das Beibehalten dieser Prozedur zu sprechen.

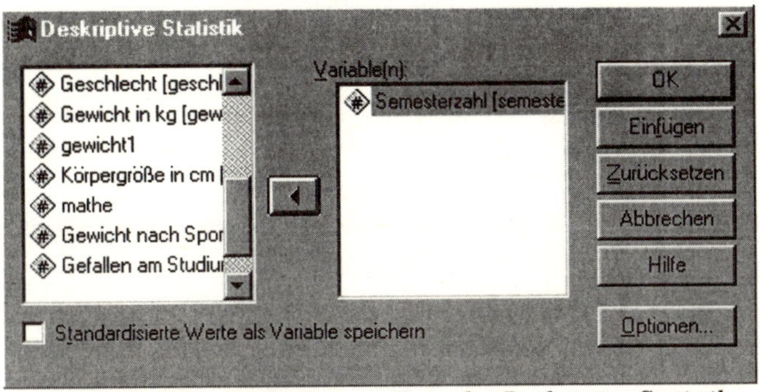

Abbildung 3.33: Dialogbox zur Prozedur Deskriptive Statistik

Wie schon in der Dialogbox zu erkennen, gibt es hier zusätzlich die Möglichkeit, standardisierte Werte in Form von z-Variablen zu berechnen und zu speichern:

$$z_i = \frac{x_i - \bar{x}}{s}$$, mit s = Standardabweichung der Stichprobe:

$$s = \sqrt{\frac{1}{n-1}\sum_{i=1}^{n}\left(x_i - \bar{x}\right)^2} .$$

Die zur Verfügung stehenden statistischen Kennzahlen sind hier unter der Schaltfläche *Optionen* verborgen. Dort sind die Kennzahlen wieder nach Mittelwert, Streuungsmaße und Beschreibung der Verteilungscharakterisika unterteilt, wobei hier weniger Maße zur Verfügung stehen.

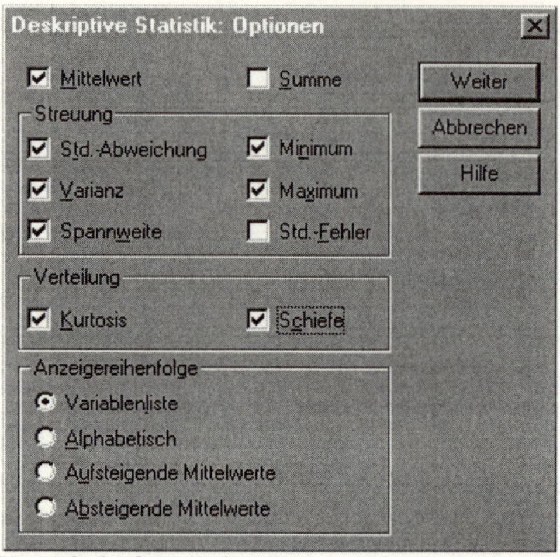

Abbildung 3.34: Unterdialogbox zu den Optionen der Prozedur Deskriptive Statistik

In dieser Auswertung werden die Semesterzahlen aller $n = 100$ Studenten untersucht.

Deskriptive Statistik

		Semesterzahl	Gültige Werte (Listenweise)
N	Statistik	100	100
Spannweite	Statistik	13	
Minimum	Statistik	3	
Maximum	Statistik	16	
Mittelwert	Statistik	8,92	
Standardabweichung	Statistik	3,69	
Varianz	Statistik	13,610	
Schiefe	Statistik	,240	
	Standardfehler	,241	
Kurtosis	Statistik	-,922	
	Standardfehler	,478	

Abbildung 3.35: Ergebnistabelle der Prozedur Deskriptive Statistik

Die Verteilung der $n = 100$ Semesterzahlen ist rechtsschief und flacher gewölbt als die Normalverteilung. Die durchschnittliche Semesterzahl liegt - unabhängig vom Studienabschnitt - bei 8,92 Semestern.

3.8 Konzentration

Eine Lorenzkurve ist ebenfalls eine Maßzahl zur Beschreibung einer Verteilung. Mit ihrer Hilfe wird versucht, die Häufung der Merkmalsausprägungen bei bestimmten Untersuchungseinheiten zu untersuchen. Sie ist in SPSS nicht implementiert, und nur über Nebenrechnungen mit den Prozeduren *Berechnen*, *Gewichten*, *Häufigkeiten* und *Liniendiagramm* bzw. besser *Streudiagramm* ist ihre Erstellung möglich. Das folgende Beispiel soll zeigen, daß auch nicht implementierte Verfahren der Statistik in SPSS über Umwege eingesetzt werden können.

Gegeben sei die folgende Verteilung der mit dem Weinanbau genutzten Flächen in der Oststeiermark und die Anzahl der Weinanbaubetriebe im Jahre 1990:[5]

Fläche x_i	Klassenmitte $\hat{x}_i$	Anzahl der Betriebe H_i	Anzahl der Betriebe in % f_i	kumulierte Anzahl der Betriebe in % $F(x_i)$	Flächen der Betriebe $\hat{x}_i \cdot H_i$	Flächen-anteile $\frac{\hat{x}_i \cdot H_i}{\sum_i \hat{x}_i \cdot H_i}$	kumulierte Flächen-anteile $y(x_i)$
bis 1 ha	0,5	3.000	0,75	0,75	1.500	0,39	0,39
1 bis 2 ha	1,5	600	0,15	0,90	900	0,23	0,62
2 bis 3 ha	2,5	180	0,05	0,95	450	0,12	0,74
3 bis 4 ha	3,5	120	0,03	0,98	420	0,11	0,84
4 bis 5 ha	4,5	50	0,01	0,99	225	0,06	0,90
5 bis 10 ha	7,5	50	0,01	1,00	375	0,10	1,00
Σ		4.000	1,00		3.870	1,00	

Für die Konzentrationskurve gilt: Je stärker die Linie unterhalb der Hauptdiagonalen „gebaucht" ist, desto stärker ist die Konzentration.

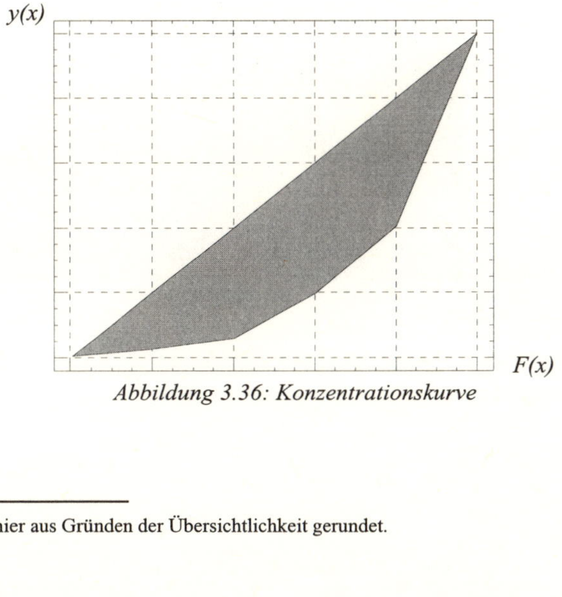

Abbildung 3.36: Konzentrationskurve

[5] Die Werte sind hier aus Gründen der Übersichtlichkeit gerundet.

Daraus ergibt sich auch das Konzentrationsmaß, der Konzentrationskoeffizient nach GINI:

$$K = \frac{\text{Fläche zwischen Konzentrationskurve und Hauptdiagonalen}}{\text{gesamte Fläche unter der Hauptdiagonalen}}$$

Um das obige Beispiel in SPSS zu berechnen, werden nur die Klassenmittelwerte als Variable *Fläche* und die Anzahl der Betriebe als Variable *Anzahl* in zwei Spalten eingegeben.

	flaeche	anzahl
1	,0	0
2	,5	3000
3	1,5	600
4	2,5	180
5	3,5	120
6	4,5	50
7	7,5	50

Die Flächenklassen aller Betriebe $\hat{x}_i \cdot H_i$ werden durch SPSS mit der Prozedur *Berechnen* berechnet. Die neue Variable soll den Namen *Fl_Klass* erhalten (hier darf kein Bindestrich verwendet werden, sondern nur ein Underscore).

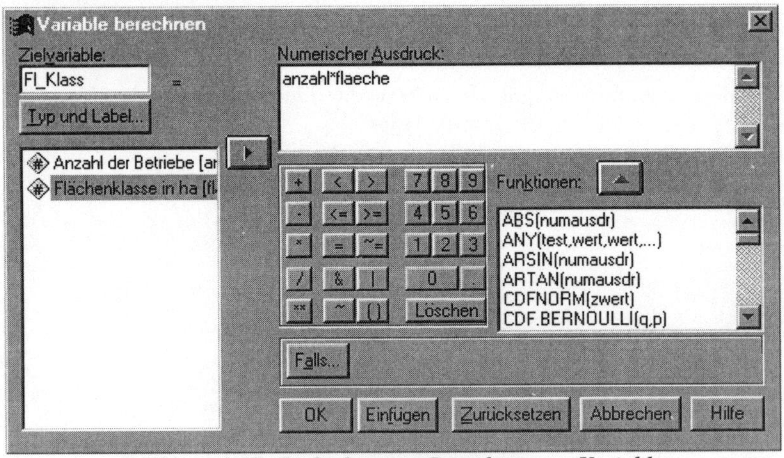

Abbildung 3.37: Dialogbox zum Berechnen von Variablen

Anschließend wird die Fläche mit der Anzahl der Betriebe gewichtet.

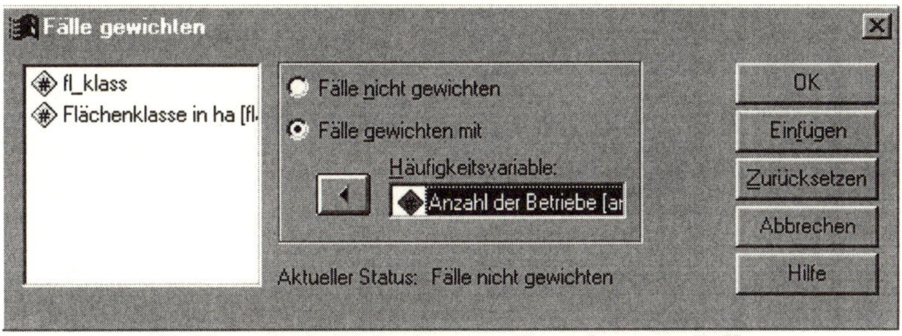

Abbildung 3.38: Dialogbox zum Gewichten von Fällen

Mit Hilfe der Prozedur *Häufigkeiten* wird eine Tabelle mit den kumulierten relativen Häufigkeiten erstellt (letzte Spalte in der Häufigkeitstabelle).

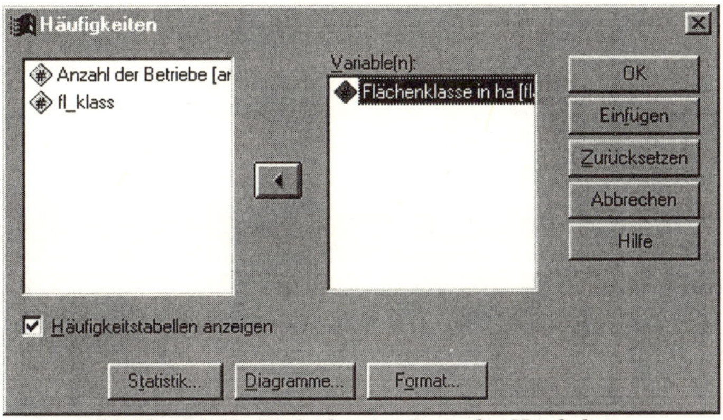

Abbildung 3.39: Dialogbox zur Prozedur Häufigkeiten

Dies entspricht der kumulierten Anzahl der Betriebe in Prozent bzw. $F(x)$, also der empirischen Verteilungsfunktion.

Flächenklasse in ha

		Häufigkeit	Prozent	Gültige Prozente	Kumulierte Prozente
Gültig	1 ha	3000	75,0	75,0	75,0
	1 bis 2 ha	600	15,0	15,0	90,0
	2 bis 3 ha	180	4,5	4,5	94,5
	3 bis 4 ha	120	3,0	3,0	97,5
	4 bis 5 ha	50	1,3	1,3	98,8
	5 bis 10 ha	50	1,3	1,3	100,0
	Gesamt	4000	100,0	100,0	

Abbildung 3.40: Häufigkeitstabelle der Prozedur Häufigkeiten

Im nächsten Schritt wird die Fläche mit der gewichteten Anzahl der Betriebe gewichtet. Die Prozedur *Häufigkeiten* erstellt abermals eine Tabelle mit den kumulierten relativen Häufigkeiten. Dies entspricht den kumulierten Flächenanteilen in Prozent bzw. $y(x)$.

Flächenklasse in ha

		Häufigkeit	Prozent	Gültige Prozente	Kumulierte Prozente
Gültig	1 ha	1500	38,8	38,8	38,8
	1 bis 2 ha	900	23,3	23,3	62,0
	2 bis 3 ha	450	11,6	11,6	73,6
	3 bis 4 ha	420	10,9	10,9	84,5
	4 bis 5 ha	225	5,8	5,8	90,3
	5 bis 10 ha	375	9,7	9,7	100,0
	Gesamt	3870	100,0	100,0	

Abbildung 3.41: Häufigkeitstabelle der Prozedur Häufigkeiten

Die jeweils beiden letzten Spalten mit den kumulierten Prozentwerten werden kopiert und in das Datenblatt eingefügt. Zusätzlich wird eine Zeile eingefügt, die auf Null gesetzt wird, damit die Lorenzkurve auch im Ursprung beginnt. Es wird noch eine Variable als Winkelhalbierende benötigt. Diese wird wieder über die Prozedur *Berechnen* erstellt.

Die Lorenzkurve kann mit der Prozedur *Graphiken* und *Streudiagramm* als *überlagertes Streudiagramm* gezeichnet werden.

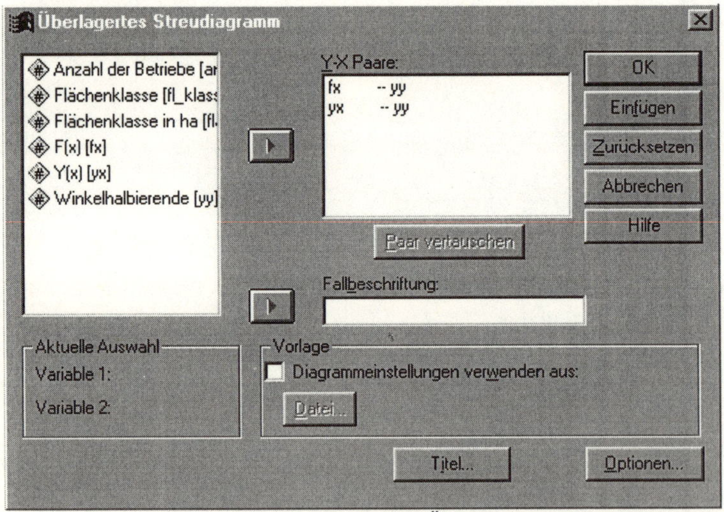

Abbildung 3.42: Dialogbox zur Prozedur Überlagertes Streudiagramm

Zunächst müssen die einzelnen *XY*-Paare aus den Variablen gebildet werden. Dazu werden jeweils zwei Variablen im linken *Quellbereich* mit der Maus durch Anklicken verbunden, und in den rechten Bereich der *Zielvariablen* übertragen. Es können in diesem Bereich auch die *Paare vertauscht* werden, falls die Reihenfolge umgekehrt werden soll. Im vorliegenden Beispiel werden die beiden berechneten Variablen jeweils mit der berechneten Winkelhalbierenden dargestellt.

Wenn das Streudiagramm am Bildschirm erscheint, muß durch ein Doppelklicken auf das Diagramm in den Diagramm-Editor gewechselt werden, um die weiteren Änderungen vornehmen zu können.

In dem Streudiagramm müssen zunächst die einzelnen Punkte mit Linien verbunden werden. Dazu wird das Symbol mit der Linie in der Symbolleiste angeklickt. Es öffnet sich ein Fenster mit verschiedenen Anpassungsgeraden.

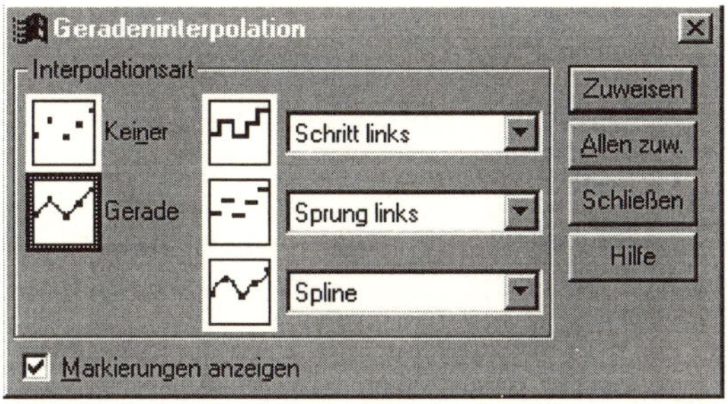

Abbildung 3.43: Unterdialogbox zur Geradeninterpolation

Die dort angegebene *einfache Gerade* verbindet die Punkte mit einer Linie.

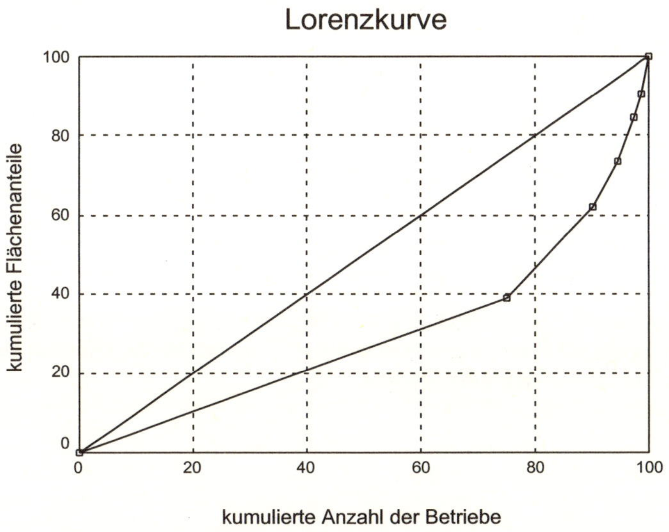

Abbildung 3.44: Lorenzkurve

Nachzutragen wäre noch die Höhe der Konzentration nach dem Konzentrationskoeffizienten von GINI. Geometrisch muß dazu die Fläche unterhalb der Konzentrationskurve berechnet, durch 0,5 geteilt und von 0,5 abgezogen werden. Für die Berechnung der Fläche muß die am Anfang gezeigte Tabelle erweitert werden, was an dieser Stelle geschehen soll:

Die aggregierten Flächenanteile F_i können durch die kumulierten Dreiecksflächen bestimmt werden:

$$F_i = \frac{y(x_{i-1}) + y(x_i)}{2} \cdot f_i \ ,$$

mit $y(x_0) = 0$.

Die gesamte Fläche zwischen der Lorenzkurve und der Winkelhalbierenden ist dann:

$$F = \sum_{i=1}^{q} F_i \ .$$

Daraus kann das Konzentrationsmaß nach GINI bestimmt werden:

$$K = 1 - \frac{F}{0{,}5} \ ,$$

mit $0 \leq K \leq 1$.

Fläche x_i	Anzahl der Betriebe in % f_i	kumulierte Flächenanteile $y(x_i)$	Dreiecksfläche $F_i = \frac{y(x_{i-1}) + y(x_i)}{2} \cdot f_i$
bis 1 ha	0,75	0,39	0,29
1 bis 2 ha	0,15	0,62	0,08
2 bis 3 ha	0,05	0,74	0,03
3 bis 4 ha	0,03	0,84	0,02
4 bis 5 ha	0,01	0,90	0,01
5 bis 10 ha	0,01	1,00	0,01
Σ	1,00	1,00	0,44

Aus $F = 0{,}44$ kann das Konzentrationsmaß berechnet werden. Im vorliegenden Beispiel ist die Konzentration mit $K = 0{,}12$ als unterdurchschnittlich zu betrachten. Offenbar konzentriert sich viel Anbaufläche auf viele kleine Betriebe.

3.9 Polaritätsprofile

Polaritätsprofile zeigen die Bewertung bestimmter Eigenschaften durch Personen, wobei die Messung in Form von einer Skala erfolgt, bei der die äußerst linke und die äußerst rechte Seite die extremen Pole darstellen. In dem graphischen Profil wird als Repräsentant über alle Werturteile der Mittelwert eingezeichnet, der hier sinnvollerweise der Median sein sollte, da es sich bei den Ausprägungen um ein ordinales Skalenniveau handelt.

Beispiel: Im Rahmen einer Evaluierung der Hochschule wird eine Befragung unter den Studenten durchgeführt. Dazu soll in einer Skala von 1 bis 6 (sehr gut bis unzureichend) durch Ankreuzen die Qualität der Übungen von drei Vortragenden beurteilt werden. Man hofft dabei, daß die Antwortskala die subjektive Bewertung der befragten Person abbilden kann.[6]

	sehr gut	→				unzureichend
Gliederung des Stoffes	❑	❑	❑	❑	❑	❑
Eingehen auf Fragen	❑	❑	❑	❑	❑	❑
Einsatz von Hilfsmitteln	❑	❑	❑	❑	❑	❑
Rhetorische Fähigkeiten	❑	❑	❑	❑	❑	❑
Verhalten	❑	❑	❑	❑	❑	❑
Überforderung	❑	❑	❑	❑	❑	❑
Aktualität	❑	❑	❑	❑	❑	❑
Informationen zur LV	❑	❑	❑	❑	❑	❑
Bezug zur VL	❑	❑	❑	❑	❑	❑

Abbildung 3.45: Fragenkatalog

Die Antworten je Eigenschaft können auch über mehrere Marken oder mehrere Kundengruppen ausgewertet werden. Man erhält Aufschluß über die „durchschnittliche" Wichtigkeit der einzelnen Eigenschaften je Gruppe. Auch besteht zusätzlich die Möglichkeit, durch die Definition eines *Idealproduktes* den Abstand zwischen der erwarteten und der erlebten Leistung zu messen. Im vorliegenden Beispiel wäre als Idealprodukt der ideale Vortragende zu verstehen. Im Rahmen der Qualitätsmessung im Dienstleistungsbereich wird die Qualität auch als Differenz zwischen erlebter und erwarteter Leistung definiert.

Für die graphische Aufbereitung durch ein Polaritätsprofil ist in SPSS ein *mehrfaches Liniendiagramm* mit der Option *Auswertung über verschiedene Variablen* über das Menü *Graphik* auszuwählen.

In der Dialogbox müssen die Aussagen in dem Feld mit dem Namen *Linien entsprechen:* als Linien definiert werden und die Kundengruppen als *Kategorieachse* eingetragen werden . Bei den Linien wird üblicherweise von SPSS das arithmetische Mittel als Repräsentant der Merkmalsausprägungen an der entsprechenden Gruppe vorgegeben.

6 Hierbei handelt es sich um ein Beispiel, das sich auf eine Lehrveranstaltungsanalyse aus dem Jahre 1993 bezieht.

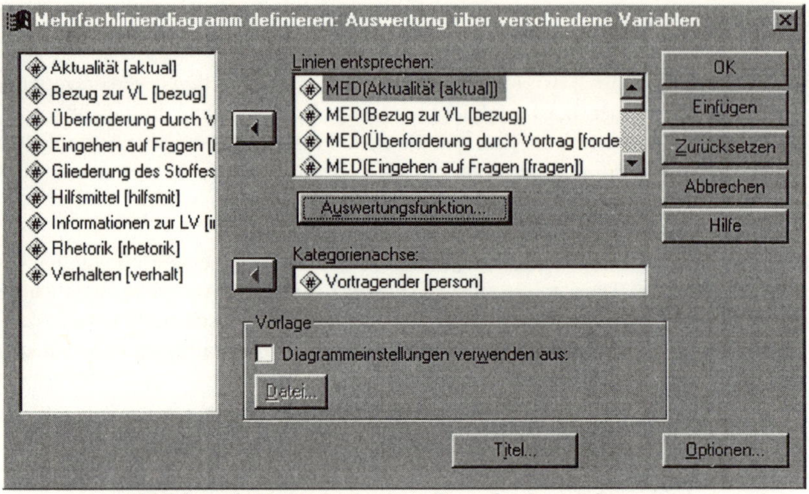

Abbildung 3.46: Dialogbox zur Prozedur Liniendiagramm

Hier sollte aber aus theoretischen Gründen der Median als Repräsentant ordinaler Merkmalsausprägungen verwendet werden. Über den Menüpunkt *Auswertungsfunktion* wird ein Untermenü geöffnet, das zahlreiche Funktionen zur Verdichtung der Einzelwerte zur Verfügung stellt. Standardmäßig ist hier der Mittelwert vorgegeben, der im vorliegenden Fall durch den Median ersetzt werden soll.

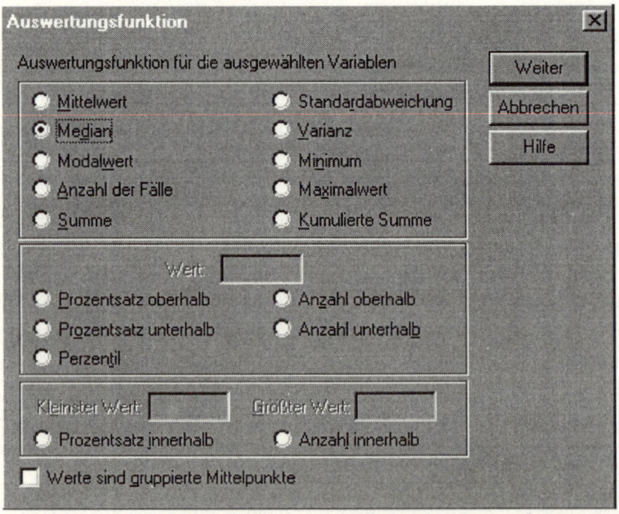

Abbildung 3.47: Unterdialogbox zur Prozedur Liniendiagramm

Wenn das Liniendiagramm mit den durch Linien verbundenen Medianen für die drei beurteilten Personen erscheint, sind noch einige Arbeiten notwendig, um die hier gezeigte Form zu erreichen.

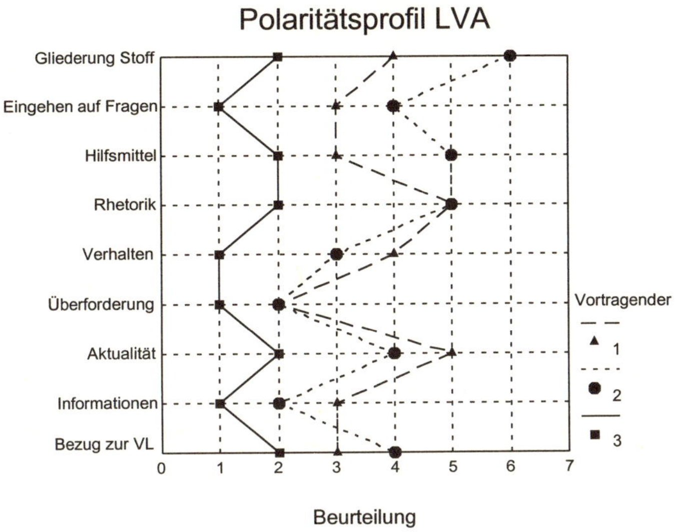

Abbildung 3.48: Polaritätsprofil

Zunächst müssen die Daten im Diagramm-Editor über die Menübefehle *Datenreihen* und *Daten transponieren* in der oben gezeigten Darstellungsweise umgestellt werden. Schließlich muß das Diagramm über das Symbol mit dem Koordinatensystem und dem Pfeil vertikal „aufgestellt“ werden.

Anschließend können noch die Linien mit einem eigenen Muster gekennzeichnet werden.

Mit Hilfe des Liniensymbols kann eine Markierung die Lage der Mediane anzeigen. Dazu muß das gleichnamige Feld in der Dialogbox zur *Geradeninterpolation* angeklickt werden.

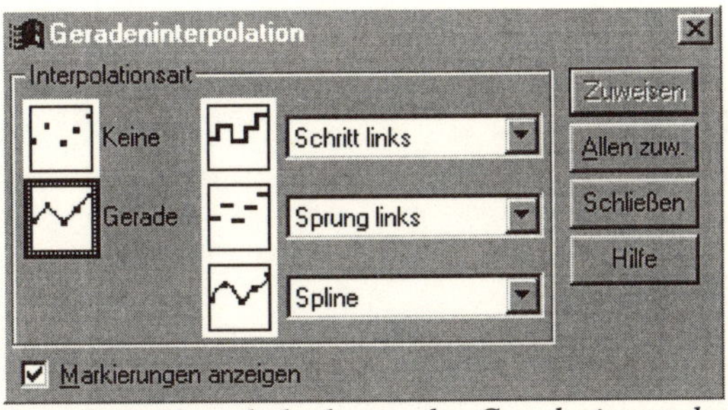

Abbildung 3.49: Unterdialogbox zu den Geradeninterpolationen

Über das Symbol mit dem Stern kann dann für jede Linie ein eigenes Markierungssymbol verwendet werden.

4. Explorative Datenanalyse

Mit Hilfe der explorativen Datenanalyse lassen sich empirische Verteilungen untersuchen und auf bestimmte Verteilungsannahmen hin überprüfen. Zudem bietet diese Prozedur zahlreiche deskriptive statistische Kennziffern und viele Graphiken. Vor allem bei realen Daten ist es sinnvoll, diese ohne eine konkrete Verteilungsannahme Hilfe der explorativen Datenanalyse zu „durchleuchten".

Beispiele hierfür sind alle Arten metrisch skalierter Merkmale:

- Umsätze, Gewinne und Kosten eines Unternehmens bzw. einer Branche
- Versicherungssummen, Jahresprämien, Altersangaben von Versicherungsnehmern
- Füllgewichte oder Durchmesser von Schrauben in einem Produktionsbetrieb.

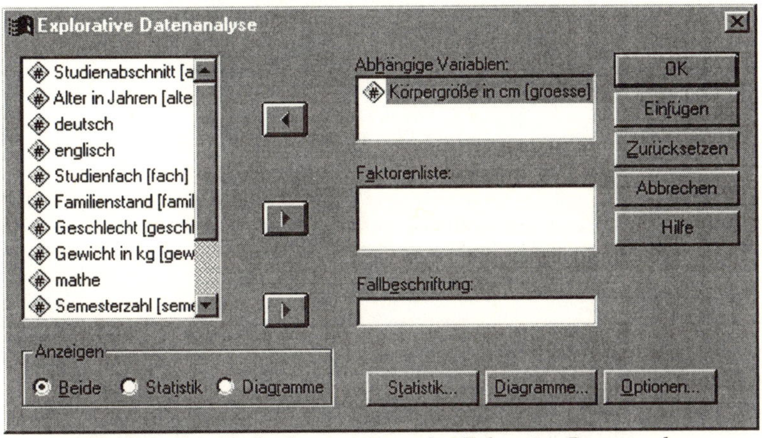

Abbildung 4.1: Dialogbox zur Prozedur Exlorative Datenanalyse

Die in der Dialogbox angegebene *Faktorenliste* bewirkt eine separate Berechnung der Größen für jeden Faktor. Im vorliegenden Beispiel wäre dies das Geschlecht, nach dem die Ergebnisse dann getrennt berechnet werden. Dies entspricht der gleichen Wirkung, wie sie auch über das Menü *Daten* und *Datei aufteilen* erzielt werden kann. Die folgenden Darstellungen sind - bis auf eine Ausnahme im Zusammenhang mit den Boxplots - für beide Geschlechter zusammen ausgeführt.

Es können in den Anzeigeoptionen wahlweise Graphiken oder Statistiken bzw. beide Ausgabevarianten angeklickt werden.

Das Feld für die *Fallbeschriftung* erlaubt das Eintragen einer Variablen, mit deren Hilfe die Werte in den Graphiken identifiziert werden können. Dies kann im vorliegenden Beispiel der Name des Studenten oder seine Matrikelnummer sein. Andernfalls wird später nur die Nummer des Datensatzes angezeigt.

4.1 Deskriptive Statistiken und Konfidenzintervalle

Zur Verdeutlichung dieser umfangreichen Prozedur sollen die Körpergrößen der $n = 100$ Studenten untersucht werden.

Unter dem Menüpunkt *Statistik* stehen deskriptive Statistiken, Schätzwerte für die Verteilung (*M-Schätzer*), Ausreißer und Perzentile zur Verfügung.

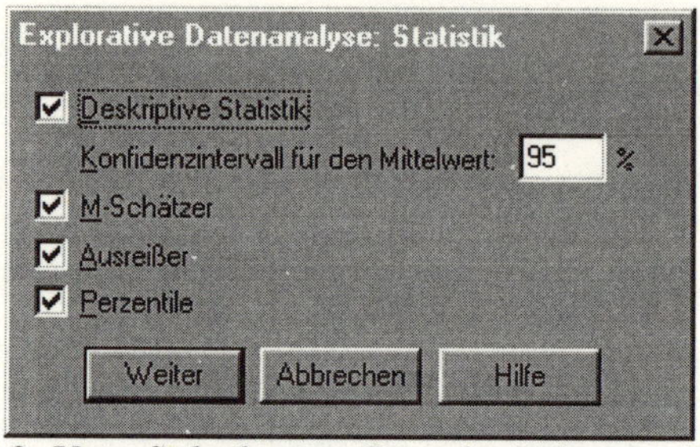

Abbildung 4.2: Unterdialogbox zur Prozedur Exlorative Datenanalyse

Beim Konfidenzintervall kann zusätzlich die Größe des zweiseitigen Intervalls verändert werden, falls die hier von SPSS vorgeschlagenen 95% nicht gewünscht werden.

Betrachten wir die Tabelle mit den explizit angeforderten *deskriptiven Statistiken*.

Univariate Statistiken

			Statistik	Standardfehler
Körpergröße in cm	Mittelwert		180,06	,93
	95% Konfidenzintervall des Mittelwerts	Untergrenze	178,22	
		Obergrenze	181,90	
	5% getrimmtes Mittel		180,06	
	Median		180,50	
	Varianz		86,017	
	Standardabweichung		9,27	
	Minimum		159	
	Maximum		200	
	Spannweite		41	
	Interquartilbereich		14,00	
	Schiefe		-,009	,241
	Kurtosis		-,621	,478

Abbildung 4.3: Deskriptive Statistiken zur Prozedur Exlorative Datenanalyse

Die Interpretation ist analog zu den deskriptiven Statistiken der Prozedur *Häufigkeiten*. Es werden hier die gleichen statistischen Kennziffern berechnet, wie sie nur für metrisch skalierte Variable sinnvoll zu verwenden sind.

Das hier aufgeführte *5% getrimmte Mittel* ist Mittelwert, der unter Vernachlässigung der größten 5% und kleinsten 5% der Werte berechnet wird.

Zusätzlich ist hier ein 95%-Konfidenzintervall für den Mittelwert angegeben. Dabei handelt es sich um das zweiseitige Konfidenzintervall für den Mittelwert bei unbekannter Varianz:

$$Konf = \left\{ \bar{x} - t_{n-1}^{1-\alpha/2} \frac{s}{\sqrt{n}} \leq \mu \leq \bar{x} + t_{n-1}^{1-\alpha/2} \frac{s}{\sqrt{n}} \right\} .$$

Bei $n - 1 = 99$ und einem Signifikanzniveau $\alpha/2 = 2{,}5\%$ ist das Quantil der Student-t-Verteilung 1,984. Die Standardabweichung s ist bereits mit 9,27 berechnet worden, ebenfalls der Stichprobenumfang mit $n = 100$. Daraus ergibt sich das 95%-Konfidenzintervall für den Mittelwert der Körpergrößen in Höhe von $\{178{,}22 \leq \mu \leq 181{,}99\}$. Das bedeutet, daß die Körpergröße einer beliebigen Person aus der Befragung mit 95%iger Wahrscheinlichkeit durchschnittlich zwischen 178 und 182 cm liegt.

Die folgende Tabelle zeigt *M*-Schätzer nach HUBER, TUKEY, HAMPEL, und ANDREWS.

M-Schätzer

	M-Schätzer nach Huber[a]	Tukey-Biweight[b]	M-Schätzer nach Hampel[c]	Andrews-Welle[d]
Körpergröße in cm	180,20	180,22	180,13	180,22

a. Die Gewichtungskonstante ist 1,339.

b. Die Gewichtungskonstante ist 4,685.

c. Die Gewichtungskonstanten sind 1,700, 3,400 und 8,500

d. Die Gewichtungskonstante ist 1,340*pi.

Abbildung 4.4: Schätzwerte zur Prozedur Exlorative Datenanalyse

Die *M*-Schätzer stehen für Lokalisationsschätzer und bedeuten anstelle von Median oder Mittelwert eine iterative Schätzung der Lokalisation der Verteilung. Dabei werden den einzelnen Merkmalsausprägungen je nach Entfernung zum Zentrum der Verteilung verschiedene Gewichte zugeordnet. Werte, die nahe am Verteilungszentrum liegen, bekommen hohe Gewichte, während weit entfernte Werte niedrige Gewichte erhalten. Je nach Art der Schätzung und Gewichtung werden die oben genannten Verfahren nach ihren Entwicklern HUBER, TUKEY, HAMPEL, und ANDREWS benannt.

Die *Perzentile* in der folgenden Tabelle entsprechen den Quantilen, wobei das 0.25-Quantil und das 0.75-Quantil auch als *Quartil* bezeichnet werden. Das 0.5-Quantil wird auch als *Median* bezeichnet. Bildlich gesprochen würde man die Quantile in der Form bestimmen, in dem man die Studenten der Größe nach geordnet in einer Reihe aufstellen ließe, und anschließend diejenigen Größen der Studenten als Kennziffern bestimmt, die an einer bestimmten Stelle in der Reihe stehen.

Perzentile

Perzentile	Gewichtetes Mittel (Definition 1) Körpergröße in cm	Tukey-Angelpunkte Körpergröße in cm
5	165,05	
10	167,10	
25	173,00	173,00
50	180,50	180,50
75	187,00	187,00
90	193,00	
95	195,95	

Abbildung 4.5: Perzentile zur Prozedur Explorative Datenanalyse

Auch bei den Perzentilen gibt es neben der üblichen Berechnungsmethode, hier mit *Weighted Average* bezeichnet, auch eine Methode nach TUKEY, die hier als *Tukey-Angelpunkt* bezeichnet wird. Bei den vorliegenden Daten gibt es trotz der unterschiedlichen Berechnungsmethode keine Unterschiede bei den Parametern.

Schließlich lassen sich die Extremwerte, d.h. die fünf größten und fünf kleinsten Werte in Form einer Tabelle angegeben.

Extremwerte

			Fallnummer	Wert
Körpergröße in cm	Größte Werte	1	84	200
		2	92	198
		3	28	198
		4	40	197
		5	63	196
	Kleinste Werte	1	95	159
		2	4	161
		3	52	163
		4	22	164
		5	99	165

Abbildung 4.6: Extremwerte zur Prozedur Explorative Datenanalyse

Hier muß wieder angemerkt werden, daß die Vergabe einer weiteren Variablen, welche die Fallbeschriftung enthält (Namen oder Matrikelnummern) anstelle der Fallnummer erscheinen kann.

Abbildung 4.7: Dialogfeld zur Eintragung der Fallbeschriftungsvariablen

4.2 Graphiken zur Explorativen Datenanalyse

Im Zusammenhang mit der Prozedur *Explorative Datenanalyse* stellt SPSS die folgenden Graphiktypen zur Verfügung:

- Boxplot (Kasten- und Fadendiagramm)
- Stengel-Blatt-Diagramm
- Histogramm
- Normalverteilungsidagramme mit Tests.

Die nächste Dialogbox zeigt die im Rahmen der explorativen Datenanalyse zur Verfügung stehenden Graphiken, wobei angemerkt werden muß, daß sich viele dieser Graphiken auch separat über die Menüpunkte *Graphik* und die weiteren Untermenüs erstellen lassen.

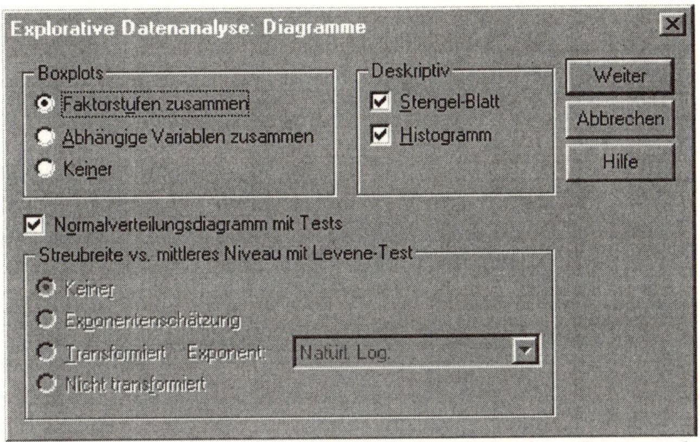

Abbildung 4.8: Unterdialogbox zur Prozedur Exlorative Datenanalyse

4.2.1 Boxplots

Boxplots bzw. Box- and Whisker Plot sind Kasten und Fadendiagramm (*Whiskers* = Barthaare der Katze). Mit Hilfe dieser Darstellung kann man sich einen sehr guten Überblick über die Verteilung der einzelnen Merkmalsausprägungen verschaffen.

Die Boxplots zeigen 50% der Verteilung in einem Kasten (*Box*) und den Rest der Verteilung in Form von Ausreißern (*Whiskers*). Die Größe des Kastens entspricht in seiner Länge der Interquartilsdifferenz, das ist der Abstand zwischen dem oberen Quartil $x_{0.75}$ und dem unteren Quartil $x_{0.25}$. Die waagrechte Linie innerhalb des Kastens markiert den Median der Verteilung.

Extremwerte sind solche Werte, die jenseits der 1,5-fachen Interquartilsdifferenz auftreten. Diese Werte werden als Punkt separat dargestellt.

Ausreißerwerte sind Werte, die nicht mehr als Extremwerte bezeichnet werden können. Diese Werte liegen jenseits der 3-fachen Interquartilsdifferenz und werden dann durch einen Stern separat im Diagramm dargestellt.

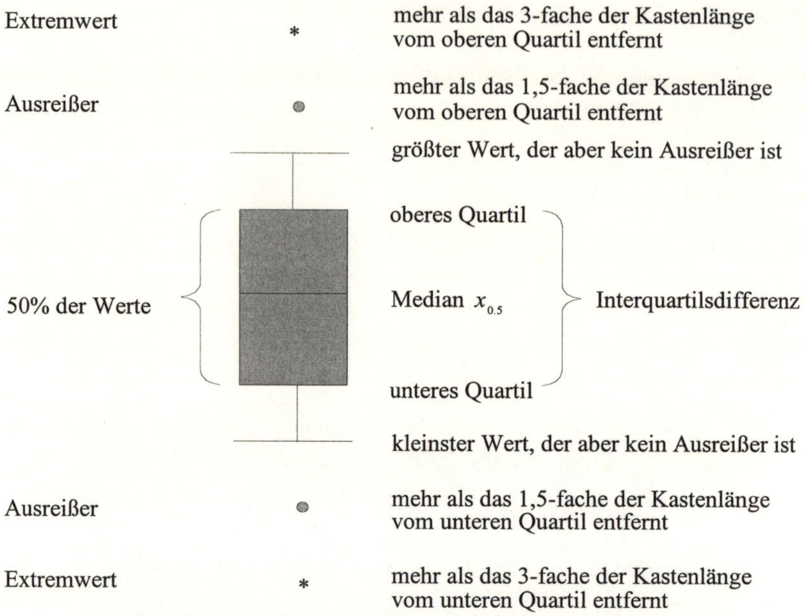

Abbildung 4.9: Schematische Darstellung eines Boxplots

Der unten abgebildete *Boxplot* zeigt die Werte der Körpergrößen.

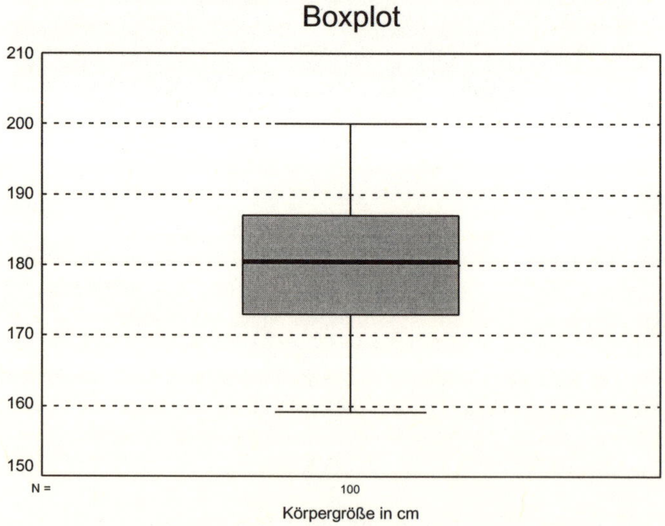

Abbildung 4.10: Boxplot

Die waagrechte Linie im Kasten ist der Median der Körpergrößen aller n = 100 Studenten. Nachdem es jenseits der *Whiskers* keine Werte mehr gibt, bedeutet dies, daß es in der gemeinsamen Verteilung keine außergewöhnlichen Ausreißer gibt.

Der nächste Boxplot zeigt, die Verteilung der Körpergrößen getrennt nach den beiden Geschlechtern.

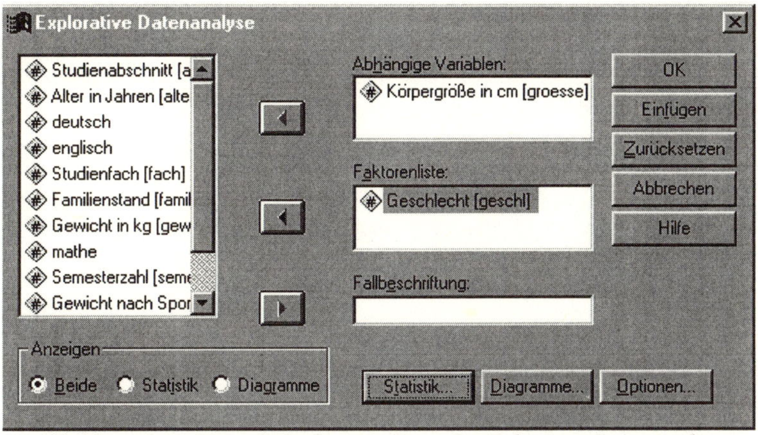

Abbildung 4.11: Unterdialogbox zur Prozedur Exlorative Datenanalyse

Das Geschlecht ist hier als sogenannter *Faktor* vorgegeben worden, um die beiden Boxplots nebeneinander vergleichen zu können.

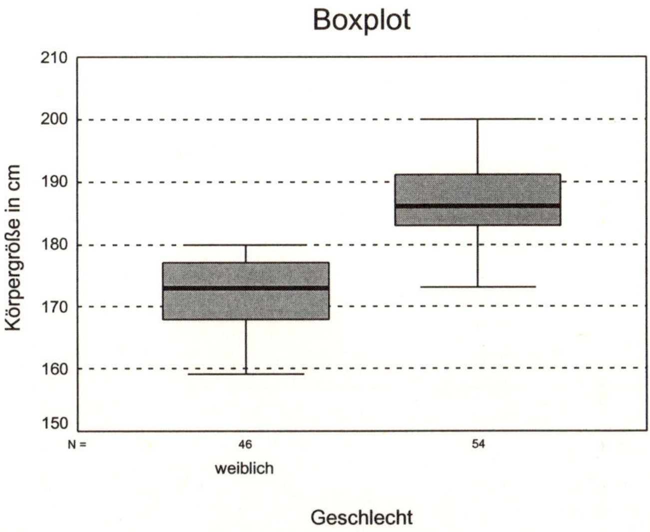

Abbildung 4.12: Boxplots

In dieser Abbildung erkennt man, daß die Mediane sehr weit auseinander liegen. Die Spannweite zwischen dem Extremwerten ist bei den männlichen Kollegen größer, als bei den weiblichen Kolleginnen.

4.2.2 Stengel-Blattdiagramm

Das Stengel-Blattdiagramm (*Stamm- und Blattdiagramm* bzw. *Stem-and-Leaf Plot*) zeigt die Ausprägungen eines metrischen Merkmals in Form eines Stamm- und eines Blattanteils. Auch dadurch können die Merkmalsausprägungen in sehr kompakter Form übersichtlich angeordnet werden. Aufgrund der Form der Graphik kann auch visuell eine Überprüfung mit der Normalverteilung erfolgen.

Der Stamm wird durch den ersten Teil der Zahl und die Blätter werden durch den zweiten Zahlenteil dargestellt. Je nach Art der Verteilung ergibt sich ein Muster durch die Art der Zahlendarstellung. Bei einer Normalverteilung beispielsweise würde sich die bekannte symmetrische Verteilung mit einer Wölbung in der Mitte und jeweils abfallenden Rändern ergeben.

Das hier gezeigte Stamm- und Blattdiagramm (*Stem & Leaf*) der Körpergrößen zeigt die Größenangaben in Form eines Stammes als Dezimalzahl und in Form von Blättern in Form der 3. Stelle der Zahl.

```
Körpergröße in cm Stem-and-Leaf Plot

 Frequency     Stem &  Leaf

     1,00        15 .  9
     3,00        16 .  134
    11,00        16 .  56677788899
    16,00        17 .  0011122333344444
    14,00        17 .  55666777788889
    24,00        18 .  000001111222223333344444
    15,00        18 .  666667777888899
    10,00        19 .  0011233444
     5,00        19 .  56788
     1,00        20 .  0

 Stem width:          10
 Each leaf:         1 case(s)
```

Abbildung 4.13: Stengel-Blatt-Diagramm

Die Bezeichnung *Frequency* gibt an, wie oft der „Stamm“ vorkommt. Da die Dimension hier 10 ist (*Stem width*), ist die Häufigkeit der Werte 150 bis 160 cm genau zwei Mal. Die genaue Reihenfolge dieser Werte ist 158 und 159. Die Werte von 160 bis 169 kommen 11 Mal vor. Alle weiteren Stämme (*Stem* bzw. 1. Stelle der Zahl) und Blätter (*Leaf* bzw. 2. Stelle der Zahl) ergeben sich analog. Man erkennt, daß die Größen von 180 bis 184 cm am Häufigsten vorkommen. Jedes Blatt entspricht hier genau einer Beobachtung. (*Each leaf: 1 case(s)*). Bei großen Verteilungen können dies auch mehrere Beobachtungen sein. Es empfiehlt sich daher, die Fußnoten zu der Graphik aufmerksam zu lesen.

4.2.3 Histogramm

Bei dem Histogramm handelt es sich um eine flächenproportionale Darstellung für stetige Merkmale. Wie bei der Prozedur *Häufigkeiten* werden die vorliegenden Daten durch SPSS automatisch in Klassen eingeteilt. Anschließend werden diese Häufigkeitsklassen in Form von aneinanderliegenden Säulen als Histogramm graphisch dargestellt. Zusätzlich werden am rechten Rand der Graphik statistische Kennziffern der Verteilung angezeigt. Das auf der nächsten Seite abgebildete Histogramm zeigt eine leicht linksschiefe Verteilung. Ähnlichkeiten mit einer Normalverteilung sind an diesem Histogramm trotz allem festzustellen.

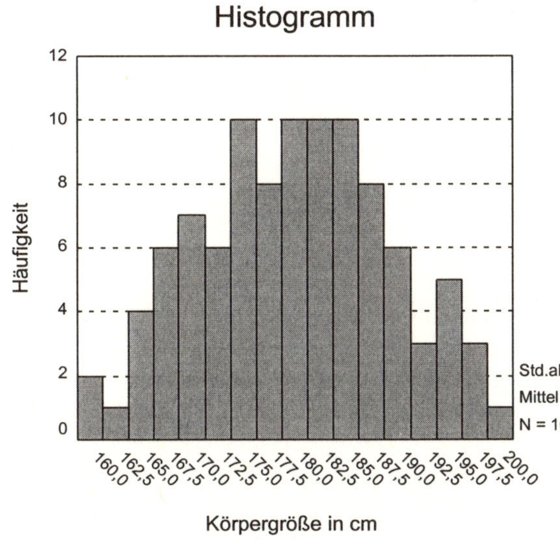

Abbildung 4.14: Histogramm

4.2.4 Normalverteilungsdiagramme

Normalverteilungsdiagramme bieten die Möglichkeit, die Verteilung graphisch mit der Normalverteilung zu vergleichen. Die Bezeichnung *Q-Q-Diagramm* steht für Quantile-Quantile-Diagramme. Dazu werden die Werte in der Form standardisiert, daß die theoretische Normalverteilung eine winkelhalbierende Gerade ergibt:

Die Werte der beobachteten Verteilung werden dann der winkelhalbierenden Geraden gegenübergestellt. Auf der Ordinate sind die Werte der erwarteten (theoretischen) Verteilung und auf der Abszisse die Werte der beobachteten Verteilung aufgetragen. Je geringer die Abweichungen zwischen diesen beiden gezeichneten Verteilungen sind, desto größer ist die Wahrscheinlichkeit für eine Übereinstimmung.

Im vorliegenden Diagramm kann davon ausgegangen werden, daß sich die Körpergrößen nicht sehr stark von einer theoretischen Normalverteilung unterscheiden.

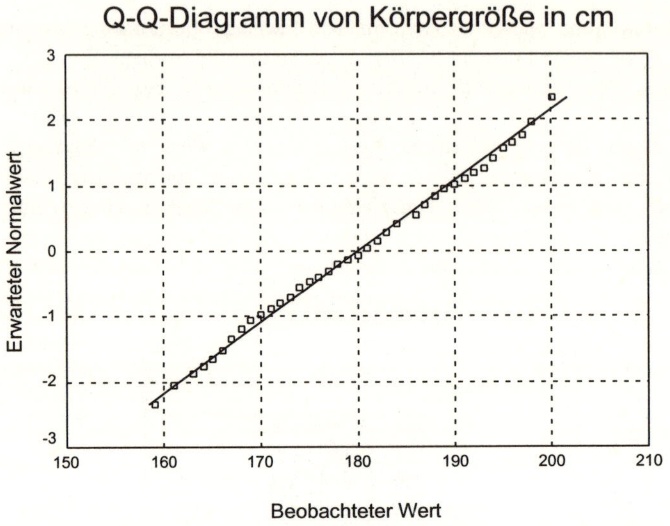

Abbildung 4.15: Q-Q-Diagramm

Die Abweichungen der beobachteten Verteilung von der erwarteten theoretischen Normalverteilung werden im *Trendbereinigtem Normal Q-Q-Diagramm* deutlich. Hier ist die erwartete Normalverteilung zwar nicht dargestellt, jedoch wäre sie als waagrechte Gerade um den Nullpunkt einzuzeichnen. Auf diese Weise kommen die Abweichungen, die sich durch die beobachtete Verteilung in Form der Punkte bilden, besonders deutlich zur Geltung, wobei hier die Dimension der *Y*-Achse die Stärke der Abweichung verzerrt darstellt.

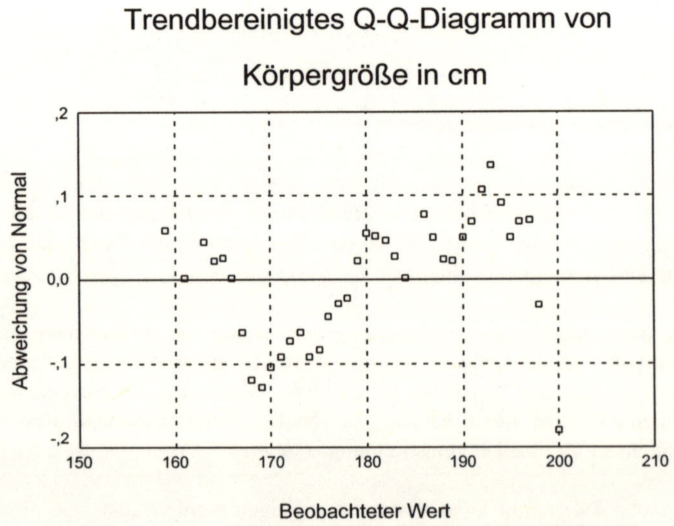

Abbildung 4.16: Trendbereinigtes Normalverteilungsdiagramm

4.3 Test auf Normalverteilung

Um von einer „starken Abweichung von der Normalverteilung“ zu sprechen, wäre erst der Test von KOLMOGOROFF und SMIRNOV durchzuführen. Die folgende Tabelle zeigt den in einem späteren Kapitel noch zu behandelnden KOLMOGOROFF-SMIRNOV-Test auf Normalverteilung, der in den *nichtparametrischen Testverfahren* implementiert ist.

Als Hypothesen für den Test auf Normalverteilung können formuliert werden:

H_0: Die beobachtete Stichprobe ist normalverteilt.
H_1: Die beobachtete Stichprobe ist nicht normalverteilt.

Bei diesem Test wird die größte absolute Abweichung zwischen der beobachteten Verteilungsfunktion und der theoretischen Normalverteilung betrachtet, wobei die Werte der Normalverteilung mit Hilfe der geschätzten Parameter für μ und σ der beobachteten Verteilung berechnet werden:

$$F_0(x) = \Phi\left(\frac{x-\mu_0}{\sigma_0}\right)$$, mit Φ = Quantil der Standardnormalverteilung.

Je größer die absolute Differenz zwischen der empirischen Verteilung und der geschätzten Verteilung ist, desto eher wird die Prüfgröße im kritischen Bereich liegen und dadurch zu einer Ablehnung der Nullhypothese „die Verteilung ist normalverteilt“ führen. Bei kleinen Differenzen wird dieser Test noch zugunsten der Normalverteilungsannahme entscheiden.

Tests auf Normalverteilung

	Kolmogorov-Smirnov[a]		
	Statistik	df	Signifikanz
Körpergröße in cm	,053	100	,200*

*. Dies ist eine untere Grenze der echten Signifikanz.

a. Signifikanzkorrektur nach Lilliefors

Abbildung 4.17: Test auf Normalverteilung

Man erkennt die Teststatistik (*Statistik*) und die Anzahl der Freiheitsgrade (*df*). Das Signifikanzniveau (*Signifikanz*) von 0,200 besagt, daß die Abweichungen bzw. die Unterschiede der beobachteten Verteilung von der theoretischen Verteilung nicht signifikant sind. Mit anderen Worten, die Verteilung der Körpergrößen kann **als normalverteilt** betrachtet werden. Nur ein Signifikanzniveau nahe Null (5% oder 1%) würde bei diesem Test auf signifikante Abweichungen der beobachteten Verteilung von der Normalverteilung hinweisen. Als Zusatzinformation ist in der Fußnote noch auf die *Signifikanzkorrektur nach Lilliefors* hingewiesen, was die statistische Genauigkeit dieses Tests erhöht.

5. Kreuztabellen und Assoziationsmaße

Mit Kreuztabellen, auch *Kontingenztabellen* oder *Kontingenztafeln* genannt, lassen sich Zusammenhänge zwischen zwei Merkmalen darstellen und quantifizieren. Während Korrelationsmaße den Zusammenhang von quantitativen Merkmalen ausdrücken, eignen sich Assoziationsmaße, auch *Richtungsmaße* genannt, für die Beurteilung des Zusammenhanges zwischen qualitativen bzw. nominalskalierten Merkmalen. Da diese Merkmale in Kategorien eingeteilt sind, ist auch die Bezeichnung *kategoriale Merkmale* verbreitet.

Grundsätzlich lassen sich die Assoziationsmaße wie etwa der Kontingenzkoeffizient auch für ordinalskalierte und metrisch skalierte Merkmale berechnen, während jedoch die in einem späteren Kapitel noch zu behandelnden Korrelationskoeffizienten mindestens ein intervallskaliertes Merkmalsniveau voraussetzen.

Für kategoriale bzw. qualitative Daten ist ein Zusammenhang vor allem dann zu diagnostizieren, wenn die Kategorien bei den betrachteten Merkmalen in gleicher Weise besetzt sind. Als einfachstes Beispiel wäre hier der Vergleich von Rauchern und Nichtrauchern (Merkmal vorhanden oder nicht) mit der Anzahl der an Lungenkrebs erkrankten Personen (Merkmal vorhanden oder nicht) aus dieser Gruppe. Tritt bei den Personen, die Rauchen, wesentlich öfter ein bösartiges Karzinom an der Lunge auf, so kann mit Hilfe einer Kontingenztafel und geeigneter Assoziationsmaße versucht werden, diesen Zusammenhang zu quantifizieren.

Beispiele

- Im Rahmen einer Leserstrukturanalyse soll überprüft werden, ob es einen signifikanten Zusammenhang zwischen drei überregionalen Tageszeitungen (A, B und C) und dem Bildungsgrad der Leser (ohne Matura, mit Matura, mit Studienabschluß) gibt.
- Auf drei Anbaugebieten wird Wein in verschiedenen Qualitätsklassen angebaut. Besteht ein Zusammenhang zwischen dem Anbaugebiet und der Weinqualität?
- Ein Automobilhersteller untersucht den Zusammenhang zwischen der Autofarbe und dem Geschlecht des Käufers.

Die Assoziationsmaße liegen zwischen Null und Eins, wobei einige auch den Wert Eins annehmen können. Je näher sie bei Eins liegen, desto stärker ist der Zusammenhang. Ein Assoziationsmaß von Null wäre demnach ein Hinweis auf statistische Unabhängigkeit.

Assoziationsmaß	**Zusammenhang**
0	kein Zusammenhang
<0, 0,2]	sehr gering
<0,2, 0,5]	gering
<0,5, 0,7]	mittel
<0,7, 0,9]	hoch
<0,9, 1,0>	sehr hoch
1,0	totaler Zusammenhang

In SPSS sind die Assoziationsmaße in der Prozedur *Kreuztabellen* integriert, die unter dem Menü *Statistik* und *Zusammenfassen* zu finden ist. Zusätzlich bietet SPSS die Möglichkeit, den Zusammenhang durch ein *gestaffeltes Balkendiagramm* graphisch darzustellen.

Die Dialogbox zur Prozedur *Kreuztabellen* in SPSS verlangt wenigstens eine Zeilenvariable und eine Spaltenvariable. Werden mehrere Zeilen- bzw. Spaltenvariablen in die Felder für die *Zielvariablen* übertragen, wird SPSS mehrere Kreuztabellen für die möglichen Kombinationen erstellen.

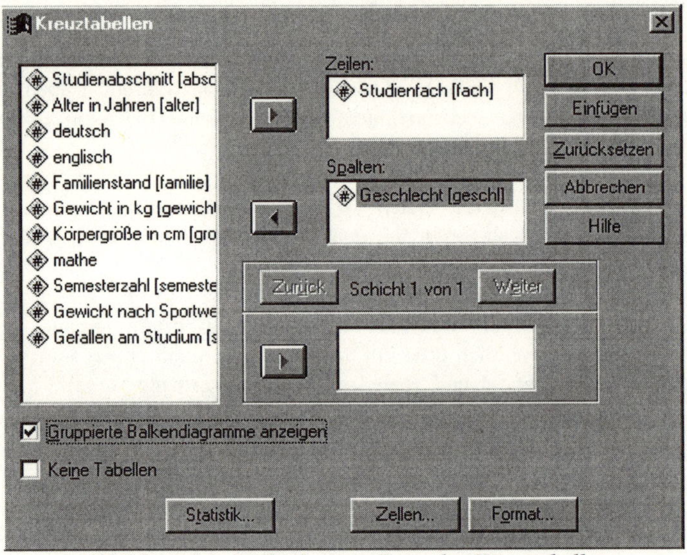

Abbildung 5.1: Dialogbox zur Prozedur Kreuztabellen

Bei den Kreuztabellen ist vor allem ein Punkt zu beachten: Haben die Variablen zu viele Merkmalsausprägungen und/oder sind die erwarteten Häufigkeiten kleiner als 5, so empfiehlt sich eine Zusammenfassung von Ausprägungen mit Hilfe der Prozedur *Umkodieren*.

Wird das Feld *keine Tabellen* nicht explizit deaktiviert, so erstellt SPSS keine Kreuztabelle, sondern lediglich Tabellen mit den gewünschten Assoziationsmaßen.

Das in der oben gezeigten Dialogbox angeklickte Feld *Gruppierte Balkendiagramme anzeigen* produziert ein Balkendiagramm für die Merkmalsausprägungen der beiden Variablen.

5.1 Kreuztabellen

Bevor die einzelnen statistischen Kennzahlen erläutert werden, soll zunächst Gestaltung der einzelnen Zellen der Kreuztabelle erfolgen. Dazu muß die Schaltfläche *Zellen* angeklickt werden.

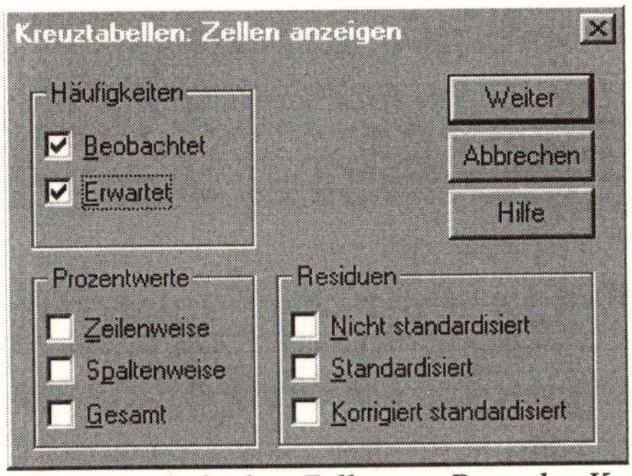

Abbildung 5.2: Unterdialogbox Zellen zur Prozedur Kreuztabellen

Hier wird von SPSS die Darstellung der *beobachteten* absoluten *Häufigkeit* vorgegeben. Das ist die beobachtete Anzahl der Ausprägungskombinationen n_{ij}, gebildet aus den beiden Variablen X und Y. Dabei ist r die Anzahl der Zeilen und s die Anzahl der Spalten. Der Gesamtumfang ist n. Der einfache Fall einer 2×2-Tabelle wird später noch gezeigt.

	Y					
X	y_1	...	y_j	...	y_m	Σ
x_1	n_{11}	...	n_{1j}	...	n_{1m}	$n_{1\cdot}$
$\vdots$	$\vdots$		$\vdots$		$\vdots$	$\vdots$
x_i	n_{i1}	...	n_{ij}	...	n_{im}	$n_{i\cdot}$
$\vdots$	$\vdots$		$\vdots$		$\vdots$	$\vdots$
x_l	n_{l1}	...	n_{lj}	...	n_{lm}	$n_{l\cdot}$
Σ	$n_{\cdot 1}$	...	$n_{\cdot j}$	...	$n_{\cdot m}$	n

Abbildung 5.3: Kreuztabelle der beobachteten Häufigkeiten

Es kann zusätzlich (oder anstelle) der *beobachteten* Häufigkeit die *erwartete Häufigkeit* angezeigt werden. Diese erwartete Häufigkeit entspricht derjenigen Häufigkeit, die sich bei der Annahme der Unabhängigkeit der beiden Merkmale ergibt. Im Gegensatz zu der beobachteten Häufigkeit, wird die erwartete Häufigkeit m_{ij} mit Hilfe der Zeilen- und Spaltensummen berechnet:

$$m_{ij} = \frac{n_{i\cdot} \cdot n_{\cdot j}}{n}$$, mit der Voraussetzung $m_{ij} \geq 5$.

Eine weitere Grundlegende Beziehung ergibt sich durch den Vergleich der beobachteten Häufigkeit mit der erwarteten Häufigkeit. Diese Beziehung besagt, daß sich bei totaler Unabhängigkeit für jedes Tabellenfeld die erwartete Häufigkeit aus den

Merkmalskombinationen der beobachteten Häufigkeiten und der jeweiligen Randhäufigkeit ergeben müssen. Dann müßte gelten: $m_{ij} = n_{ij}$. Ist dies nicht der Fall, so ist dies ein erster Hinweis auf eine Abhängigkeit der beiden Merkmale.

Es lassen sich in SPSS in den Kreuztabellen Zeilenprozente, Spaltenprozentwerte und sämtliche Prozentwerte darstellen. Die Abweichungen zwischen der beobachteten Häufigkeit n_{ij} und der erwarteten Häufigkeit m_{ij} wird als Residuum e_{ij} bezeichnet.

Bei den *Residuen* unterscheidet SPSS zwischen verschiedenen Arten der Residuen:

(1) Unstandardisierte Residuen

$$e_{ij} = n_{ij} - m_{ij} \; .$$

(2) Standardisierte Residuen

$$e_{ijs} = \frac{n_{ij} - m_{ij}}{\sqrt{m_{ij}}} \; .$$

(3) Korrigierte standardisierte Residuen

$$\bar{e}_{ijs} = \frac{n_{ij} - m_{ij}}{\sqrt{m_{ij}\left(1-\frac{r}{n}\right)\left(1-\frac{s}{n}\right)}} \; .$$

Beispiel:

Aus dem Beispielfragebogen soll der Zusammenhang zwischen der Präferenz eines bestimmten Studienfaches und dem Geschlecht hergestellt werden. Dies würde unterstellen, daß bestimmte Studienfächer eher von männlichen und andere wieder von weiblichen Kollegen gewählt werden. Beide Merkmale, Studienfach und Geschlecht sind nominalskalierte Merkmale. Entscheidend ist, ob sich in der Kreuztabelle bei bestimmten Kombinationen dieser Merkmale überproportional größere Häufigkeiten ergeben, als bei anderen Kombinationen.

Zunächst soll dieser unterstellte Zusammenhang graphisch untersucht werden. Dazu wird das in der Dialogbox vorgeschlagene *gestaffelte Balkendiagramm* explizit durch das Anklicken in der Dialogbox angefordert.

Das Diagramm auf der folgenden Seite zeigt ein starkes Ungleichgewicht bei der Verteilung der Studienfächer und der Geschlechter. Bei der Interpretation dieses Diagrammes muß berücksichtigt werden, daß diese Graphik die beobachtete absolute Häufigkeit zeigt. Die Verwendung relativer Häufigkeiten wäre hier sinnvoller.

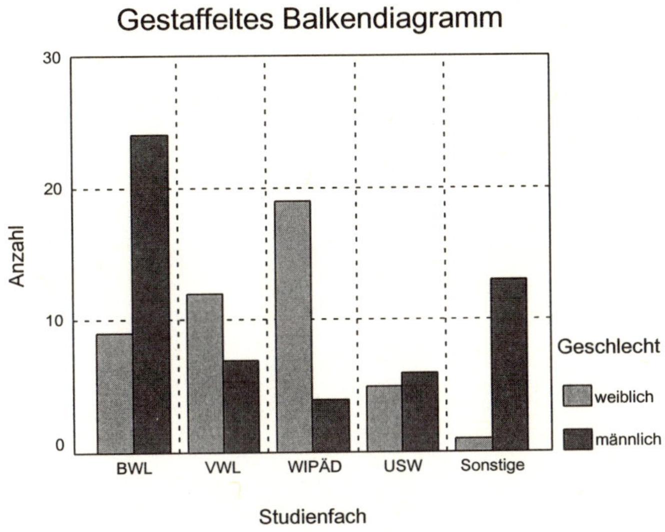

Abbildung 5.4: Gestaffeltes Balkendiagramm zur Prozedur Kreuztabellen

Das Diagramm zeigt ein starkes Ungleichgewicht der Balken bei den Studienfächern BWL, WIPÄD und Sonstige. Eine Unabhängigkeit, die hier alle Balken je Studienfach in gleicher Höhe erscheinen lassen müßte, erscheint aufgrund dieser Darstellung unwahrscheinlich.

Die Kreuztabelle zeigt in der jeweils oberen Zeile die beobachteten Häufigkeiten der Befragung (*Anzahl*) und darunter jeweils die erwartete Häufigkeit (*Erwartete Anzahl*).

Studienfach * Geschlecht Kreuztabelle

			Geschlecht		
			weiblich	männlich	Gesamt
Studienfach	BWL	Anzahl	9	24	33
		Erwartete Anzahl	15,2	17,8	33,0
	VWL	Anzahl	12	7	19
		Erwartete Anzahl	8,7	10,3	19,0
	WIPÄD	Anzahl	19	4	23
		Erwartete Anzahl	10,6	12,4	23,0
	USW	Anzahl	5	6	11
		Erwartete Anzahl	5,1	5,9	11,0
	Sonstige	Anzahl	1	13	14
		Erwartete Anzahl	6,4	7,6	14,0
Gesamt		Anzahl	46	54	100
		Erwartete Anzahl	46,0	54,0	100,0

Abbildung 5.5: Kreuztabelle

Man erkennt im vorliegenden Beispiel, daß keine erwartete Häufigkeit geringer als 5 ist, was eine Anwendung dieses Verfahrens fraglich erscheinen ließe. Am äußeren rechten bzw. am unteren Rand sind die Spalten bzw. Zeilensummen und der Gesamtumfang *100* angegeben.

5.2 Assoziationsmaße für nominalskalierte Merkmale

In der Dialogbox *Statistik* sind zahlreiche Zusammenhangsmaße für nominal-, ordinal- und intervallskalierte Merkmale angegeben.

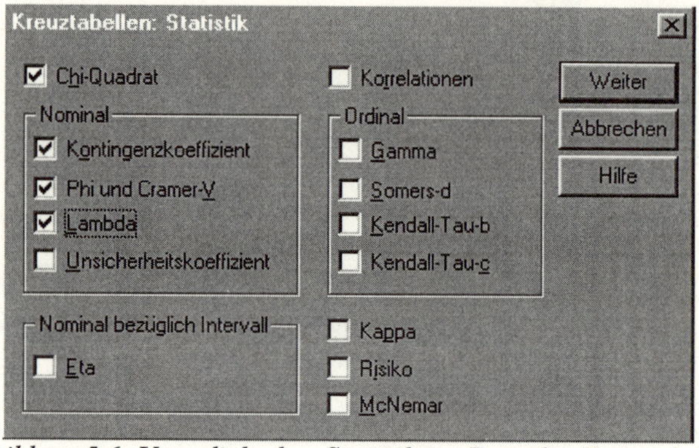

Abbildung 5.6: Unterdialogbox Statistik zur Prozedur Kreuztabellen

5.2.1 Quadratische Kontingenz

Aus der Kreuztabelle wird üblicherweise die quadratische Kontingenz χ^2 berechnet, die eine normierte Abweichungsquadratsumme aus den beobachteten und den bei Unabhängigkeit erwarteten Häufigkeiten darstellt.

$$\chi^2 = \sum_i \sum_j \frac{(\textit{beobachtete Häufigkeit - erwartete Häufigkeit})^2}{\textit{erwartete Häufigkeit}} \quad .$$

In Bezug auf die Anzahl gemeinsamer Merkmalsausprägungen bedeutet dies:

$$\chi^2 = \sum_{i=1}^{r} \sum_{j=1}^{s} \frac{(n_{ij} - m_{ij})^2}{m_{ij}}$$

$$= \sum_{i=1}^{r} \sum_{j=1}^{s} \frac{\left(n_{ij} - \frac{n_i.n._j}{n}\right)^2}{\frac{n_i.n._j}{n}} \quad .$$

Hierfür werden wieder die Abweichungen von der beobachteten Häufigkeit und der erwarteten Häufigkeit aus der oben gezeigten Kreuztabelle verwendet:

$$\chi^2 = \frac{(9-15{,}2)^2}{15{,}2} + \ldots + \frac{(14-14{,}0)^2}{14} \quad .$$

Wird der Chi-Quadrat-Wert nach PEARSON für eine 2×2-Tabelle berechnet, so erfolgt in SPSS eine sogenannte *Kontinuitätskorrektur* (YATES-Korrektur). Diese Korrektur kommt dann zur Anwendung, wenn die Anzahl der Freiheitsgrade kleiner als zwei ist. Der korrigierte Chi-Quadrat-Wert für eine 2×2-Tabelle errechnet sich dann durch die folgende Formel:

$$\chi^2_{korr} = \frac{n\left(\left|n_{11}n_{22} - n_{12}n_{21}\right| - \frac{n}{2}\right)}{n_1 . n_2 . n._1\, n._2} .$$

5.2.2 Likelihood-Quotient

Der Likelihood-Quotient G^2 ist eine dem Kontingenzkoeffizient vergleichbare Größe. Bei wachsendem Stichprobenumfang *n* nähern sich diese beiden Größen an.

$$G^2 = 2\sum_{i=1}^{r}\sum_{j=1}^{s} n_{ij} \cdot \ln\frac{n_{ij}}{m_{ij}} .$$

5.2.3 Chi-Quadrat-Unabhängigkeitstest

Neben der Quantifizierung des Zusammenhanges durch ein Assoziationsmaß ist es wichtig, zu überprüfen, ob der gemessene Zusammenhang auch statistisch signifikant ist, und nicht nur rein zufällig ist. Statistisch signifikant wird auch durch die Aussage „*gegen Null gesichert*" ausgedrückt. Dazu dient der Chi-Quadrat-Unabhängigkeitstest, der als Prüfgröße die bereits berechnete quadratische Kontingenz verwendet.

(1) Voraussetzungen

- Die erwartete Häufigkeit m_{ij} ist mindestens 5.

(2) Hypothesen

H_0: Die Merkmale sind unabhängig.
H_1: Die Merkmale sind abhängig.

(3) Bestimmung der Prüfgröße

$$\chi^2_0 = \sum_{i=1}^{r}\sum_{j=1}^{s}\frac{\left(n_{ij} - m_{ij}\right)^2}{m_{ij}} \text{, mit } m_{ij} = \frac{n_{i}.\cdot n._{j}}{n} .$$

(4) Kritischer Bereich

$K = [\, \chi^{\alpha}_{(r-1)(s-1)}, \infty\rangle$, mit r = Anzahl der Zeilen und s = Anzahl der Spalten.

(5) Entscheidung

H_0 ablehnen, wenn $\chi_0^2 \in K$.

Dieser Test ist in der Abbildung 5.6 ebenfalls in der letzten Spalte als Ergebnis angegeben: Dort steht in der Zeile *Chi-Quadrat nach Pearson* der Wert *,0000*, was ein Hinweis auf einen gesicherten Wert für die Quadratische Kontingenz ist.

Das Beispiel zwischen dem Geschlecht und dem Studienfach soll an dieser Stelle mit dem Chi-Quadrat-Test auf Zusammenhang zwischen den beiden Merkmalen weitergeführt werden.

Chi-Quadrat-Tests

	Wert	df	Asymptotische Signifikanz (2-seitig)
Chi-Quadrat nach Pearson	27,831[a]	4	,000
Likelihood-Quotient	30,691	4	,000
Zusammenhang linear-mit-linear	,069	1	,793
Anzahl der gültigen Fälle	100		

a. 0 Zellen (,0%) haben eine erwartete Häufigkeit kleiner 5. Die minimale erwartete Häufigkeit ist 5,06.

Abbildung 5.7: Ergebnis der Prozedur Kreuztabellen mit Chi-Quadrat-Test

Die quadratische Kontingenz (*Chi-Quadrat nach Pearson*) beträgt 27,831 und ist signifikant von Null verschieden (*Asymptotische Signifikanz*), was durch das Signifikanzniveau von Null angezeigt wird. Der *Likelihood-Quotient* ist ein vergleichbarer Wert, der sich bei wachsendem n der quadratischen Kontingenz nähert.

Der *Zusammenhang linear-mit-linear* wird aus dem Quadrat des Korrelationskoeffizienten nach PEARSON berechnet. Dies entspricht dem Chi-Quadrat-Wert nach MANTEL-HAENSZEL:[7]

$$R_H = r^2 \cdot (n-1) \ .$$

Dieser Wert ist jedoch nur für metrisch skalierte Merkmale sinnvoll zu verwenden. Zudem müssen die Merkmale normalverteilt sein. Trotz dem wird dieser Wert stets berechnet.

5.2.4 Kontingenzkoeffizient

Der Kontingenzkoeffizient ist ein sehr weit verbreitetes Assoziationsmaß. Dieser Koeffizient hat jedoch den Nachteil, daß er den Wert 1 nie erreicht. So können starke Zusammenhänge nicht exakt quantifiziert werden.

$$C = \sqrt{\frac{\chi^2}{\chi^2 + n}} \ , \text{mit } 0 \le C < 1 \ .$$

[7] Zum Korrelationskoeffizienten nach PEARSON vgl. Kapitel 7.

5.2.5 Phi-Koeffizient

Dieser Koeffizient ist ein einfaches Assoziationsmaß und nur für 2×2 Tabellen sinnvoll, da er bei größeren Tabellen auch größer als 1 sein kann. Liegen mehr als zwei Merkmalsausprägungen je Merkmal vor, sollte dieser Koeffizient nicht beachtet werden.

Unter Verwendung von Chi-Quadrat berechnet man den Phi-Koeffizienten als

$$\phi = \sqrt{\frac{\chi^2}{n}} \text{ , mit } 0 \leq \phi < 1 \text{ .}$$

Oft findet man auch die folgende Berechnungsmethode unter Umgehung der quadratischen Kontingenz:

$$\phi = \frac{n_{11}n_{22} - n_{12}n_{21}}{\sqrt{n_1.n_2.n._1\,n._2}} \text{ .}$$

5.2.6 Korrigierter Kontingenzkoeffizient

Um den Nachteil des Kontingenzkoeffizienten zu überwinden, wird der korrigierte Kontingenzkoeffizient berechnet. Dieser Kontingenzkoeffizient kann den Wert 1 erreichen. Er wird mit dem Minimum aus der Anzahl der Zeilen bzw. der Anzahl der Spalten gewichtet.[8]

$$C_{korr} = \sqrt{\frac{\chi^2}{\chi^2 + n}} \cdot \sqrt{\frac{\min(r,s)}{\min(r,s) - 1}} \text{ , mit } 0 \leq C \leq 1 \text{ und}$$

r = Anzahl der Zeilen, s = Anzahl der Spalten .

5.2.7 CRAMÉRS *V*

Dieses Assoziationsmaß kann, wie der korrigierte Kontingenzkoeffizient, ebenfalls Werte zwischen Null und Eins annehmen, wobei der Wert Eins auch erreicht werden kann. Er ist im Gegensatz zum korrigierten Kontingenzkoeffizienten in SPSS enthalten.

$$V = \sqrt{\frac{\chi^2}{n \cdot (\min(r,s) - 1)}} \text{ , mit } 0 \leq C \leq 1 \text{ und}$$

r = Anzahl der Zeilen, s = Anzahl der Spalten .

---

8 Dieser Koeffizient ist in SPSS leider nicht enthalten.

Symmetrische Maße

		Wert	Näherungsweise Signifikanz
Nominal- bzgl. Nominalmaß	Phi	,528	,000
	Cramer-V	,528	,000
	Kontingenzkoeffizient	,467	,000
Anzahl der gültigen Fälle		100	

a. Die Null-Hyphothese wird nicht angenommen.

b. Unter Annahme der Null-Hyphothese wird der asymptotische Standardfehler verwendet.

Abbildung 5.8: Ergebnis der Prozedur Kreuztabellen mit Kontingenzkoeffizienten

Der Phi-Koeffizient ist hier 0,528, jedoch ist dieser nur für 2×2-Tabellen sinnvoll zu interpretieren. Der Wert für CRAMER'S *V* ist ebenfalls 0,528, was auf einen mittleren Zusammenhang hinweist. Der (unkorrigierte) Kontingenzkoeffizient ist 0,467. Beide Koeffizienten sind signifikant von Null verschieden. In der Fußzeile steht die Meldung, daß die Nullhypothese nicht angenommen wird. Diese lautet hier: „Die Merkmale sind unabhängig". Es zeigt sich ein signifikanter Zusammenhang zwischen den beiden Merkmalen.

5.2.8 Lambda

Unter *Lambda* zeigt GOODMAN λ und KRUSKALS τ. Diese Maßzahlen haben Werte zwischen Null und Eins. Der Sinn dieser Maße liegt in der Prognose bestimmter Aussagen in Bezug auf den ermittelten Zusammenhang, etwa bei der Analyse des Zusammenhanges zwischen der Rauchgewohnheit von Krebspatienten: „Wenn der Patient raucht, wie groß ist dann die Wahrscheinlichkeit, daß er an Lungenkrebs erkrankt?" bzw. im Umkehrschluß „Wenn der Patient an Lungenkrebs erkrankt ist, mit welcher Wahrscheinlichkeit hat er vorher geraucht?" Der Unterschied zwischen den beiden Größen λ und τ liegt in der Verwendung der jeweiligen Häufigkeiten.

Zu der Größe Lambda gehören die asymmetrischen Maße λ_A und λ_B sowie das symmetrische Maß λ. Während das symmetrische λ wieder den Zusammenhang zwischen beiden Merkmalen ausdrückt, setzen die Maße λ_A und λ_B für die Interpretation jeweils eine Variable als abhängig voraus.

$$\lambda_B = \frac{\sum_i \max_j n_{ij} - \max_j n_{\cdot j}}{n - \max_j n_{\cdot j}} \text{ und } \lambda_A = \frac{\sum_j \max_i n_{ij} - \max_i n_{i\cdot}}{n - \max_i n_{i\cdot}} .$$

Daraus kann das symmetrische Maß λ gebildet werden:

$$\lambda = \frac{\frac{1}{2}\left(\sum_i \max_j n_{ij} + \sum_j \max_i n_{ij}\right) - \frac{1}{2}\left(\max_j n_{\cdot j} + \max_i n_{i\cdot}\right)}{n - \frac{1}{2}\left(\max_j n_{\cdot j} + \max_i n_{i\cdot}\right)} .$$

5.2.9 Tau

In die gleiche Richtung wie *Lambda* gehen auch die Zusammenhangsmaße τ_A, τ_B und τ nach GOODMAN und KRUSKAL. Auch hier drücken die Maße τ_A, τ_B die Wahrscheinlichkeit für das jeweils andere Merkmal aus.

$$\tau_B = \frac{\sum_i \sum_j \frac{\left(n_{ij} - \frac{n_i . n ._j}{n}\right)^2}{n_i .}}{n - \frac{1}{n}\sum_j n.^2_j} \quad \text{und } \tau_B = \frac{\sum_i \sum_j \frac{\left(n_{ij} - \frac{n_i . n ._j}{n}\right)^2}{n_i .}}{n - \frac{1}{n}\sum_i n^2_i .} \,.$$

Die Maße haben teilweise unterschiedlich große Ausprägungen. Dies resultiert aus dem eher schwachen Zusammenhang zwischen den beiden Merkmalen. Trotz guter Werte für die *näherungsweise Signifikanz* scheint es gewagt zu sein, vom Geschlechts auf ein bestimmtes Studienfach zu schließen bzw. umgekehrt.

Richtungsmaße

			Wert	Asymptotischer Standardfehler[a]	Näherungsweises T[b]	Näherungsweise Signifikanz
Nominal- bzgl. Nominalmaß	Lambda	Symmetrisch	,265	,079	3,015	,003
		Studienfach abhängig	,149	,073	1,925	,054
		Geschlecht abhängig	,435	,106	3,244	,001
	Goodman-und-Kruskal-Tau	Studienfach abhängig	,078	,027		,000[c]
		Geschlecht abhängig	,278	,078		,000[c]

a. Die Null-Hyphothese wird nicht angenommen.

b. Unter Annahme der Null-Hyphothese wird der asymptotische Standardfehler verwendet.

c. Basierend auf Chi-Quadrat-Näherung

Abbildung 5.9: Lambda und GOODMAN und KRUSKALS Tau

Der hier nur als Werte aufgeführte Unsicherheitskoeffizient wird ebenfalls in Form des *symmetrischen-* und *asymmetrischen Unsicherheitskoeffizienten* berechnet.

5.3 Assoziationsmaße für ordinalskalierte Merkmale

Kategoriale Daten können auch in Form von ordinalskalierten Merkmalen auftreten, etwa wenn zwei Schulnoten miteinander verglichen werden. Bei den Assoziationsmaßen für ordinalskalierte Merkmale werden die Merkmalsausprägungen in aufsteigender Reihenfolge sortiert und die Rangfolgen der Werte miteinander verglichen. Ergeben sich gleiche Ränge so spricht man von *Proversionen* (*P*); ergeben sich Abweichungen, so spricht man von *Inversionen* (*I*). Die Summen aus den gleichen Rängen werden schließlich auf verschiedene Art verglichen, um den Zusammenhang der beiden Variablen auszudrücken.

5.3.1 Goodman und Kruskal's *Gamma*

$$\gamma = \frac{P-I}{P+I} ,$$

mit $-1 \le \gamma \le +1$.

5.3.2 Somers *d*

$$d_x = \frac{P-I}{P+I+T_x} \text{ und } d_y = \frac{P-I}{P+I+T_y} ,$$

mit $0 \le d \le 1$ und T_x, T_y = Anzahl der gleichen Ränge für X bzw. für Y.

5.3.3 Kendalls τ_b

$$\tau_b = \frac{P-I}{\sqrt{(P+I+T_x)\cdot(P+I+T_y)}} ,$$

mit $0 \le \tau_b \le 1$ und T_x, T_y = Anzahl der gleichen Ränge für X bzw. für Y.

5.3.4 Kendalls τ_c

$$\tau_c = \frac{2m\cdot(P-I)}{n^2\cdot(m-1)} ,$$

mit $0 \le \tau_c \le 1$ und m = Minimum aus der Anzahl der Zeilen und Anzahl der Spalten.

Beispiel

Zur Veranschaulichung dieser Zusammenhangsmaße, die wieder zwischen –1 und +1 liegen (beide Werte können erreicht werden), soll ein sehr einfaches Beispiel gebildet werden:

Gegeben seien die Noten (sehr gut, gut, befriedigend, genügend, nicht genügend) für zehn Studenten für das Fach Mathematik und für das Fach Statistik. Fraglich ist es, ob ein Zusammenhang zwischen den Noten besteht. Hat jemand mit einer guten Note in Mathematik auch eine gute Note in Statistik? Sollte dieser Zusammenhang gegeben sein, dann wäre auch dieser Zusammenhang zu quantifizieren.

Person i	Mathematik X	Statistik Y	Proversion P	Inversion I
1	1	1	8	
2	2	1	6	
3	2	2	5	
4	2	3	2	1
5	3	2	3	
6	3	3	2	
7	3	3	2	
8	4	3	1	
9	4	4	0	
10	5	4	0	
Gesamt			29	1

Für die Assoziationsmaße nach KENDALL und SOMER werden die Werte grundsätzlich als Wertepaar je Person betrachtet. Gezählt werden für jedes Wertepaar der Person i, wieviele Wertepaare der noch folgenden Personen $i + 1$ eindeutig niedriger oder höher sind, als das gerade betrachtete Wertepaar. Man geht dazu in der Tabelle abwärts und wird unter Umständen viele Wertepaare mehrfach zählen. Sind die verglichenen folgenden Wertepaare eindeutig jeweils größer als das gerade betrachtete Wertepaar, so spricht man auch von Proversionen (*condordant*) P. Inversionen I (*disconcordant*) liegen dann vor, wenn es bei dem anderen Wertepaar um eine Umkehrung der gerade betrachteten Paare handelt. Im vorliegenden Beispiel wäre dies das Wertepaar (2, 3), das auch in Form einer (3, 2) in genau der umgekehrten Folge erscheint. Die Anzahl der Proversionen ist hier 29.

Schließlich werden auch Bindungen gezählt. Das sind dann genau gleiche Wertepaare und auch solche Wertepaare, die nur bei X, aber nicht bei Y und umgekehrt verbunden sind. Diese Bindungen (*ties*) werden mit T_x und T_y bezeichnet. Die Anzahl der Bindungen bei X ist 6 und die Anzahl der Bindungen bei Y ist 8 .

Weitere Größen sind das Minimum m aus der Anzahl der Zeilen und der Anzahl der Spalten sowie der Stichprobenumfang n. Je nachdem, wie diese Werte in einer Formel berücksichtigt werden, ergeben sich die einzelnen Zusammenhangsmaße.

Assoziationsmaß	**Wert**
GOODMAN und KRUSKAL γ	0,933
KENDALL τ_b	0,757
KENDALL τ_c	0,747
SOMER's d_x	0,737
SOMER's d_y	0,778

Beispiel

Nun sollen diese Maße für den Fragebogen berechnet werden. Als Variablen bieten sich die Maturanoten für die Fächer Mathematik und Deutsch an. Fragestellung hier wäre, ob es einen Zusammenhang zwischen den Leistungen dieser beiden Fächer gibt.

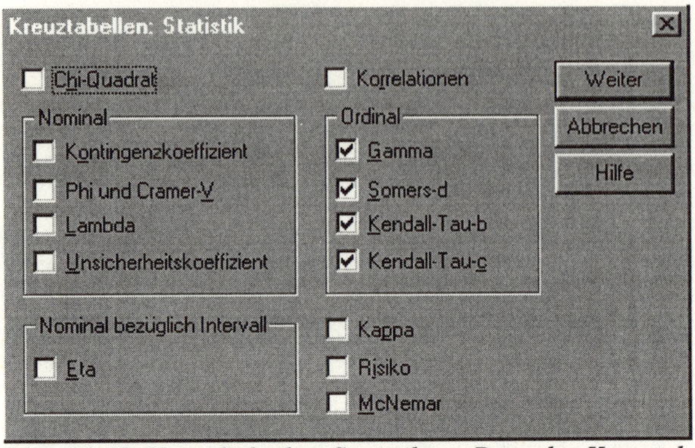

Abbildung 5.10: Unterdialogbox Statistik zur Prozedur Kreuztabellen

In der bereits gezeigten Unterdialogbox zur Prozedur Kreuztabellen werden nun sämtliche Maße für ordinalskalierte Merkmale angeklickt. Es sei hier angemerkt, daß bei diesen Maßen die Voraussetzung einer erwarteten Häufigkeit von wenigstens fünf nicht gegeben sein muß.

Verarbeitete Fälle

	Fälle					
	Gültig		Fehlend		Gesamt	
	N	Prozent	N	Prozent	N	Prozent
MATHE * DEUTSCH	94	94,0%	6	6,0%	100	100,0%

Abbildung 5.11: Meldung über die Anzahl der verarbeiteten Fälle

Da die Maturanoten auch fehlende Werte enthalten, werden nur 94 Fälle in der folgenden Auswertung berücksichtigt.

Richtungsmaße

			Wert	Asymptotischer Standardfehler[a]	Näherungsweises T[b]	Näherungsweise Signifikanz
Ordinal- bzgl. Ordinalmaß	Somers-d	Symmetrisch	,109	,088	1,243	,214
		MATHE abhängig	,109	,087	1,243	,214
		DEUTSCH abhängig	,110	,088	1,243	,214

a. Die Null-Hyphothese wird nicht angenommen.

b. Unter Annahme der Null-Hyphothese wird der asymptotische Standardfehler verwendet.

Abbildung 5.12: Richtungsmaße nach SOMER

Die Assoziationsmaße werden hier als Richtungsmaße bezeichnet, was im Sinne einer Unterscheidung zu den Assoziationsmaßen für nominalskalierte Merkmale erfolgt. Die Größen weisen mit 0,109 auf einen nur sehr geringen Zusammenhang hin. Die Signifikanz zeigt Werte, die darauf schließen lassen, daß der Zusammenhang nicht signifikant (von Null verschieden) ist.

Symmetrische Maße

		Wert	Asymptotischer Standardfehler[a]	Näherungsweises T[b]	Näherungsweise Signifikanz
Ordinal- bzgl. Ordinalmaß	Kendall-Tau-b	,109	,088	1,243	,214
	Kendall-Tau-c	,105	,084	1,243	,214
	Gamma	,152	,121	1,243	,214
Anzahl der gültigen Fälle		94			

a. Die Null-Hyphothese wird nicht angenommen.

b. Unter Annahme der Null-Hyphothese wird der asymptotische Standardfehler verwendet.

Abbildung 5.13: Richtungsmaße nach KENDALL

Die Richtungsmaße nach KENDALL zeigen ebenfalls nur sehr geringe Zusammenhänge, die nicht signifikant sind.

5.4 Assoziationsmaße für intervallskalierte Merkmale

5.4.1 Kappa-Koeffizient

Der κ-Koeffizient nach COHEN kann nur für quadratische Kontingenztabellen verwendet werden, bei denen die selbe numerische Kodierung für die Zeilen- und Spaltenvariablen verwendet wird.

$$\kappa = \frac{p_o - p_e}{1 - p_e}, \text{ mit}$$

p_O = beobachtete Häufigkeit in der Diagonalen und
p_e = erwartete Häufigkeit in der Diagonalen.

Ein Beispiel für die Berechnung eines solchen Koeffizienten wäre (z. B. im Rahmen eines Produkttests) die Beurteilung eines Gegenstandes durch zwei Versuchspersonen. Die Größe κ gibt dann den Grad der Übereinstimmung zwischen den beiden Personen an.

5.4.2 Eta-Koeffizient

Der Eta-Koeffizient ist Maß für den Anteil der erklärten Varianz zwischen einem nominalskalierten Merkmal und einem intervallskalierten Merkmal. Er kann mit dem einfachen linearen Bestimmtheitsmaß verglichen werden.

5.4.3 Relatives Risiko

Für 2×2-Tabellen können das *relative Risiko* und die *Odds-Ratio* (*odd* = Unterschied) aus den beobachteten Häufigkeiten in den Zellen und den Zeilensummen berechnet werden.

Merkmal X	Merkmal Y		Σ
	y_1	y_m	
x_1	n_{11}	n_{12}	$n_{1\cdot}$
x_l	n_{21}	n_{22}	$n_{2\cdot}$
Σ	$n_{\cdot 1}$	$n_{\cdot 2}$	n

Das relative Risiko ist der jeweilige Anteil der gemeinsamen Häufigkeit an den Zeilenprozenten. Dadurch wird die Stärke des Zusammenhangs zwischen einem bestimmten Faktor gemessen. Die sogenannten Einzelrisken (auch *Inzidenzraten* genannt)zu der obigen Tabelle lauten:

$$Risiko_A = \frac{n_{11}}{n_{1.}} \text{ und } Risiko_B = \frac{n_{21}}{n_{2.}} .$$

Aus den Einzelrisiken kann das *relative Risiko* gebildet werden:

$$Relatives\ Risiko = \frac{n_{11} \cdot n_{2.}}{n_{21} \cdot n_{1.}} .$$

Als Beispiel sei hier angenommen, daß Merkmal X sei Raucher (ja/nein) und das Merkmal Y sei das Auftreten von Lungenkrebs(ja/nein). Das relative Risiko wäre dann die Wahrscheinlichkeit für einen Raucher, an Lungenkrebs zu erkranken. In diesem Zusammenhang kann auch die *Odds-Ratio* genannt werden. Dies könnte auch als *Kreuzprodukt* interpretiert werden.

$$Odds\ Ratio = \frac{n_{11}/n_{12}}{n_{21}/n_{22}} = \frac{n_{11} \cdot n_{21}}{n_{12} \cdot n_{22}} .$$

5.5 Der McNemar-Test

Der McNemar-Test ist ein nicht-parametrischer Test für zwei verbundene (abhängige) dichotome Merkmale (Merkmale mit nur zwei Ausprägungen). Hier wird auf signifikante Unterschiede im Sinne von *vorher* und *nachher* überprüft.[9] Dazu wird untersucht, ob sich die Häufigkeitsverteilung signifikant verändert hat.

(1) Voraussetzungen

- Die Merkmale sind nominalskaliert.
- Die Merkmale sind abhängig.

(2) Hypothesen

H_0: Es bestehen keine Unterschiede.
H_1: Es bestehen Unterschiede.

---

[9] Zum Thema verbundene Stichproben vgl. Kapitel 6.

(3) Bestimmung der Prüfgröße

$$T_0 = \frac{n_{12} - \frac{n_{12} + n_{21}}{2}}{\sqrt{\frac{n_{12} + n_{21}}{4}}} .$$

Es gilt: $T_0 = |T_0|$.

Diese Prüfgröße kann auch über die Chi-Quadrat-Verteilung berechnet werden:

$$\chi^2 = \frac{(n_{12} - n_{21})^2}{n_{12} + n_{21}} = T_0^2 .$$

(4) Kritischer Bereich

$K = [\lambda^{1-\alpha/2}, \infty\rangle$ für $|T_0|$ bei Verwendung der Standardnormalverteilung im 1. Fall

bzw.

$K = [\chi_1^{1-\alpha}, \infty\rangle$ für T_0^2 bei Verwendung der Chi-Quadrat-Verteilung im 2. Fall.

(5) Entscheidung

H_0 ablehnen, wenn $|T_0| \in K$ (1. Fall).
H_0 ablehnen, wenn $T_0^2 \in K$ (2. Fall).

Beispiel

Da der Fragebogen hier keine Daten enthält, die eine sinnvolle Anwendung dieses Tests ermöglichen, wird ein kleines Beispiel gebildet, das die Vorgangsweise und die Durchführung in SPSS zeigen soll.

Im Rahmen eines Produkttests werden 50 Personen mit einen neuartigen Haarschampoo gegen Schuppen behandelt. Bei 25 Personen, bei denen vor dem Test als Haarproblem „Schuppen“ diagnostiziert wurde, verschwanden diese nach den Behandlung mit dem neuen Schampoo. Bei 5 Personen mit Schuppen vermochte auch das neuartige Schampoo keine Wirkung zu erzielen. Neun Personen hatten weder vor- noch nach der Behandlung ein Haarproblem. Bei 11 Personen traten sogar erst nach dem Schapooeinsatz Schuppen auf. Hat die Behandlung nun zu (statistisch) signifikanten Unterschieden geführt?

	nachher	
vorher	keine Schuppen	Schuppen
keine Schuppen	9	11
Schuppen	25	5

Die Daten werden wieder in gewohnter Weise in den Daten-Editor in SPSS eingegeben, und anschließend mit der Prozedur *Daten Gewichten* gewichtet. Die Werte für die Behandlungsstufen (vorher und nachher) sind in jeweils einer separaten Variablen enthalten.

Zunächst wird wieder eine Kreuztabelle mit den beobachteten und den erwarteten Häufigkeiten erstellt. Der Test nach MCNEMAR ist in der hier nicht noch einmal gezeigten Dialogbox zu der Prozedur Kreuztabellen unter der Schaltfläche *Statistik* enthalten.

VORHER * NACHHER Kreuztabelle

			NACHHER		
			keine Schuppen	Schuppen	Gesamt
VORHER	keine Schuppen	Anzahl	9	11	20
		Erwartete Anzahl	13,6	6,4	20,0
	Schuppen	Anzahl	25	5	30
		Erwartete Anzahl	20,4	9,6	30,0
Gesamt		Anzahl	34	16	50
		Erwartete Anzahl	34,0	16,0	50,0

Abbildung 5.14: 2×2 Kreuztabellen

Das Testergebnis zeigt zusätzlich zu den Zusammenhangsmaßen in der vorletzten Zeile das Ergebnis für den Test nach MCNEMAR.

Chi-Quadrat-Tests

	Wert	df	Asymptotische Signifikanz (2-seitig)	Exakte Signifikanz (2-seitig)	Exakte Signifikanz (1-seitig)
Chi-Quadrat nach Pearson	8,104[b]	1	,004		
Kontinuitätskorrektur[a]	6,438	1	,011		
Likelihood-Quotient	8,128	1	,004		
Exakter Test nach Fisher				,006	,006
Zusammenhang linear-mit-linear	7,941	1	,005		
McNemar-Test				,029[c]	
Anzahl der gültigen Fälle	50				

a. Wird nur für eine 2x2-Tabelle berechnet

b. 0 Zellen (,0%) haben eine erwartete Häufigkeit kleiner 5. Die minimale erwartete Häufigkeit ist 6,40.

c. Verwendete Binomialverteilung

Abbildung 5.15: Ergebnis des MCNEMAR-Tests

Der Wert für den MCNEMAR-Test von 0,029 bedeutet, daß die Unterschiede signifikant sind. Demnach hat der Einsatz des Haarschampoos zu einer signifikanten Veränderung geführt.

6. Testverfahren

6.1 Ausgewählte Testverfahren in SPSS

Die vielen Testverfahren in SPSS lassen sich nach den folgenden Merkmalen unterscheiden:

- Anzahl der vorliegenden Stichproben
- Verknüpfung der Stichproben (abhängig, unabhängig)
- Art der Daten (Häufigkeiten, Einzelwerte)
- Merkmalsniveau der Daten (diskret, stetig)
- Voraussetzung (Grundgesamtheit normalverteilt, nicht normalverteilt)
- Art des Testverfahrens (parametrisch, nicht-parametrisch).

Bei der Anzahl der Untersuchungsstichproben wird zwischen einer einzigen Stichprobe, zwei Stichproben oder mehr als zwei Stichproben unterschieden. Bei der Frage, ob ein parametrischer- oder ein nicht-parametrischer Test verwendet wird, ist entscheidend, ob die vorliegenden Daten aus einer normalverteilten Grundgesamtheit stammen oder nicht. Auch ist bei Anordnung der Stichproben von Bedeutung, ob es sich dabei um unabhängige Stichproben, oder um abhängige Stichproben handelt.

In SPSS sind die Testverfahren in parametrische Testverfahren und in nicht-parametrische Testverfahren eingeteilt.

Die **parametrischen Testverfahren** sind unter dem Menüpunkt *Mittelwerte vergleichen* zu finden und bieten je nach Anzahl der Stichproben und der Art der Zusammenhänge die daran anschließenden Untermenüs:

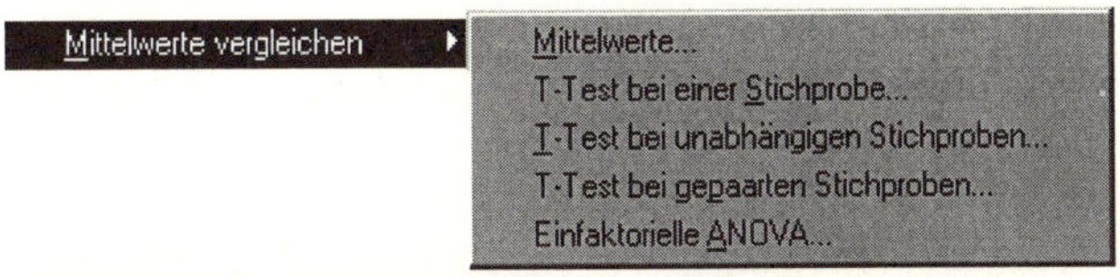

Abbildung 5.1: Menüs zu den parametrischen Testverfahren

Die **nicht-parametrischen Testverfahren** bieten je nach Anzahl der Stichproben und der Art der Zusammenhänge die daran anschließenden Untermenüs:

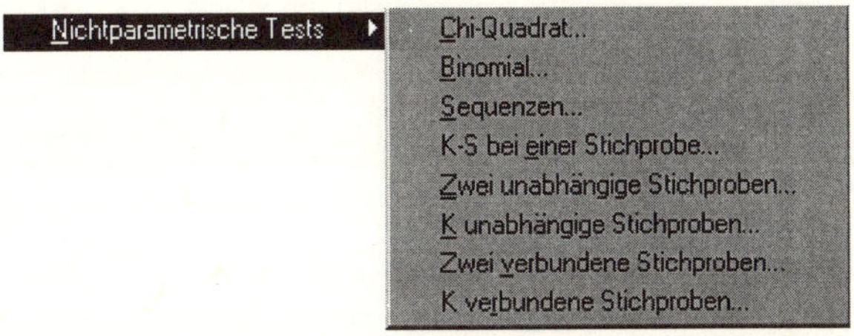

Abbildung 5.2: Menüs zu den nichtparametrischen Testverfahren

Die folgende Tabelle zeigt nicht alle in SPSS implementierten Testverfahren, sondern nur eine Auswahl der in der Statistik häufig verwendeten Tests. Zwei Ausnahmen stellen auch der Chi-Quadrat-Unabhängigkeitstest und der McNemar-Test dar, die beide in der Prozedur Kreuztabellen implementiert sind.

Diese Tabelle soll auch Aufschluß darüber geben, welche Kriterien für die korrekte Anwendung eines bestimmten Testverfahrens erfüllt sein müssen, wobei eine Prüfung der Voraussetzungen auf diese Weise systematisiert wird.

Stichproben	**Merkmal**	**Daten**	**Testart**	**Testverfahren**
1	diskret	dichotom	nicht-parametrisch	Binomialtest
1	diskret	Häufigkeiten in Klassen	nicht-parametrisch	χ^2-Anpassungstest
1	stetig	Häufigkeiten in Klassen	nicht-parametrisch	Kolmogoroff-Smirnov-Test
1	$N(\mu, \sigma)$	Meßwerte, unabhängig	parametrisch	Student *t*-Test für eine Stichprobe
2	diskret	Häufigkeiten in Klassen	nicht-parametrisch	χ^2-Test auf Unabhängigkeit
2	diskret	Häufigkeiten in Klassen, **abhängig**	nicht-parametrisch	McNemar-Test
2	$N(\mu, \sigma)$	Meßwerte, unabhängig	parametrisch	Student *t*-Test für zwei Stichproben
2	stetig	Rangzahlen, unabhängig	nicht-parametrisch	Mann-Whitney-*U*-Test
2	$N(\mu, \sigma)$	Meßwerte, **abhängig**	parametrisch	Gepaarter *t*-Test
2	stetig	Rangzahlen **abhängig**	nicht-parametrisch	Wilcoxon-Vorzeichenrangtest
2 und mehr	$N(\mu, \sigma)$	Meßwerte, unabhängig	parametrisch	Levene *F*-Test auf Varianzgleichheit
3 und mehr	$N(\mu, \sigma)$	Meßwerte, unabhängig	parametrisch	ANOVA
3 und mehr	stetig	Rangzahlen, unabhängig	nicht-parametrisch	Kruskal-Wallis-*H*-Test
3 und mehr	$N(\mu, \sigma)$	Meßwerte, **abhängig**	parametrisch	ANOVA mit Meßwiederholung
3 und mehr	stetig	Rangzahlen, **abhängig**	nicht-parametrisch	Friedman-Test

Die hier gezeigte Tabelle kann auch als Baumdiagramm dargestellt werden. Auf diese Weise kann man anhand der Äste den entsprechenden Test für das vorliegende Testproblem finden.

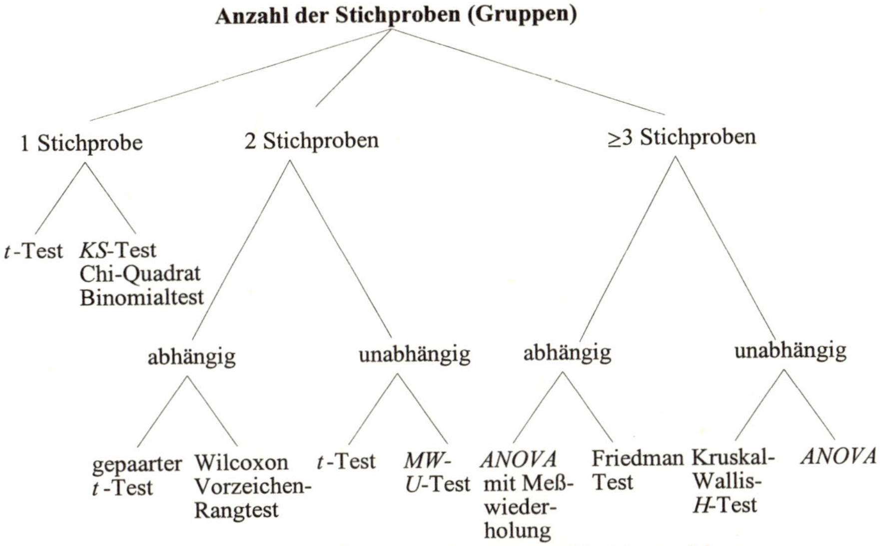

Abbildung 5.3: Überblick über ausgewählte Testverfahren

6.1.1 Unterschied zwischen abhängig und unabhängig

Zwei Stichproben sind **abhängig** (verbunden, gepaart), wenn jedem Wert der einen Stichprobe auf sinnvolle und eindeutige Weise genau ein Wert der anderen Stichprobe zugeordnet werden kann.

<u>Beispiel</u>:

Im Rahmen eines Alkoholtests wird bei einer bestimmten Anzahl von Personen die Reaktionszeit an einem Fahrsimulator getestet. Die erste Messung der Reaktionszeit erfolgt „nüchtern“. Anschließend wird diesen Testpersonen jeweils eine bestimmte Alkoholmenge zugeführt. Nach einer kurzen Zeit der Wirkung wird die Reaktionszeit abermals gemessen. Fraglich ist, ob sich die Reaktionszeit durch den Alkohol verändert hat. Es liegen zwei Messungen bzw. Stichproben vor: Vor und nach dem Zuführen von Alkohol, jedoch immer anhand der gleichen Personen.

Zwei Stichproben sind **Unabhängig**, wenn keine eindeutige Wertezuordnung zwischen den Stichproben möglich ist. Die einzelnen Werte der Stichprobe sind keinesfalls gepaart.

<u>Beispiel</u>:

Im Rahmen eines Medikamententests werden zwei Gruppen gebildet, um ein blutdrucksenkendes Präparat zu erproben. Vor der Testphase wird bei allen Versuchspersonen der Blutdruck gemessen. Anschließend wird eine Gruppe einen Monat lang mit dem neuen

Medikament behandelt, während die andere Gruppe in diesem Zeitraum nur ein Placebo erhält. Nach Beendigung der Versuchsreihe wird der Blutdruck der beiden Gruppen abermals gemessen. Fraglich ist, ob sich der Blutdruck der Gruppe, die mit dem neuen Medikament behandelt wurde, signifikant verändert hat. Da hier die beiden Gruppen aus verschiedenen Personen bestehen, sind die Stichproben unabhängig.

In SPSS sind **unabhängige** Stichproben in einem Datenvektor (Variable) enthalten und werden durch eine zweite Variable, die nur die Gruppen enthält, voneinander unterschieden. **Abhängige** Stichproben sind durch **zwei** Variablen gekennzeichnet, die die beiden Messungen (vorher und nachher) beinhalten.

Unabhängig

	gruppe	messung
1	1	97
2	2	102
3	1	98
4	1	96
5	2	105
6	2	104

Abhängig

	messung1	messung2
1	97	102
2	98	105
3	96	104

Abbildung 5.4: Unterschied zwischen unabhängig und abhängig bei der Dateneingabe

6.1.2 Unterschied zwischen parametrisch und nicht-parametrisch

Je nachdem, ob als Prüfgröße eines statistischen Tests ein bestimmter Parameter einer Verteilung, wie etwa Mittelwert oder Varianz herangezogen wird, oder nur allgemein die Verteilungsfunktionen betrachtet werden, spricht man von **parametrischen** bzw. **nicht-parametrischen** Tests. Der große Vorteil der nicht-parametrischen Testverfahren liegt darin, daß diese keine bestimmte Verteilung, in aller Regel ist dies die Normalverteilung, voraussetzen. Zur Verdeutlichung der Arbeitsweisen dieser beiden Testverfahren sei ein einfaches Beispiel gebildet:

Beispiel:

In einem Mastbetrieb werden Masthühner gezüchtet. Das Gewicht der Tiere war in der Vergangenheit normalverteilt. Es wird ein neues Kraftfutter probeweise an eine Gruppe der Tiere verfüttert. Nach einer bestimmten Zeit wird aus dieser neuen Gruppe das Gewicht von zwölf Masthühnern gemessen, und mit einer Stichprobe von 12 Masthühnern aus der alten Gruppe, die noch nicht in den Genuß des neuen Kraftfutters gekommen ist, verglichen. Die folgende Tabelle zeigt das Gewicht dieser Hühner in *kg*.

altes Futter	1,61	1,70	1,81	1,82	1,95	2,02	2,10	2,13	2,15	2,17	2,19	2,23
neues Futter	1,98	2,08	2,11	2,32	2,34	2,39	2,42	2,51	2,53	2,58	2,62	2,74

Fraglich ist nun, ob das Gewicht der mit dem neuen Futter gemästeten Masthühner signifikant, das heißt nicht nur zufällig oder geringfügig, anders ist, als das der Tiere, die mit dem bisherigen Futter gefüttert wurden.[11]

Nullhypothese H_0: es bestehen keine Unterschiede ($\mu_1 = \mu_2$).
Gegenhypothese H_1: es bestehen Unterschiede ($\mu_1 \neq \mu_2$).

Die Stichproben sind unabhängig. Zunächst wird parametrisch mit Hilfe des *t*-Test für zwei unabhängige Stichproben überprüft, ob sich das durchschnittliche Gewicht in den Gruppen signifikant verändert hat.

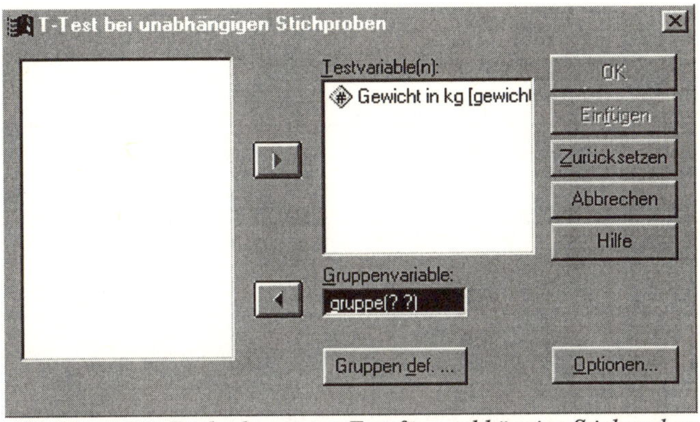

Abbildung 5.5: Dialogbox zum t-Test für unabhängige Stichproben

Die Trennung der Gruppen erfolgt im Fall von zwei unabhängigen Stichproben durch eine zweite Variable, die im vorliegenden Beispiel die Ausprägungen 1 für die erste Gruppe und 2 für die zweite Gruppe enthält.

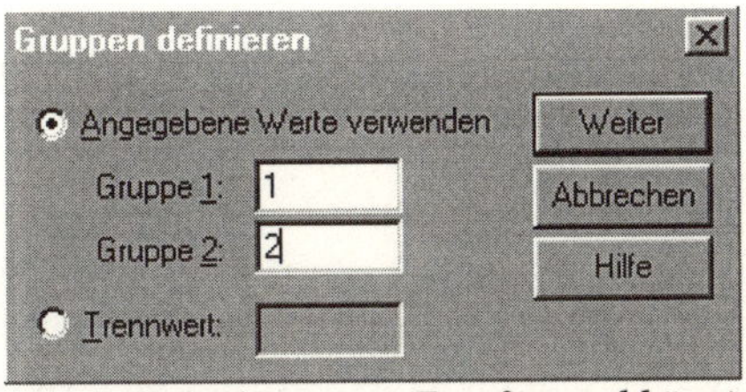

Abbildung 5.6: Unterdialogbox zum t-Test für unabhängige Stichproben

Zunächst erscheint in der folgenden Tabelle die mittlere Gewichtszahl der Masthühner der beiden Gruppen (*Mittelwert*). Da sich die Streuung, hier gemessen durch die Standardabweichung, nicht sehr stark unterscheidet, scheinen die mit dem neuen Produkt gefütterten Masthühner im Mittel wirklich mehr zu wiegen, als die Masthühner, die mit dem bisherigen Produkt gefüttert wurden.

[11] Der Einfachheit halber wird nur auf Unterschied untersucht, was einer symmetrischen, zweiseitigen Fragestellung entspricht. Eine einseitige Fragestellung würde wesentlich genauer danach fragen, ob eine der beiden Verteilungsfuntkionen signifikant kleiner oder größer als die andere ist.

Gruppenstatistiken

	Gruppe	N	Mittelwert	Standardabweichung	Standardfehler des Mittelwertes
Gewicht in kg	altes Futter	12	1,9900	,2088	6,028E-02
	neues Futter	12	2,3850	,2328	6,720E-02

Abbildung 5.7: Gruppenstatistiken zum t-Test für unabhängige Stichproben

Wir betrachten das Testergebnis: Die erste Zeile des Testergebnisses zeigt das Ergebnis für den *t*-Test auf Gleichheit der Mittelwerte. Man erkennt den berechneten empirischen *t*-Wert (*T*) und die Anzahl der Freiheitsgrade (*df*). Entscheidend für die Aussage des Tests ist die Spalte *Sig (2-seitig)*.

Test bei unabhängigen Stichproben

		Levene-Test der Varianzgleichheit		T-Test für die Mittelwertgleichheit						
									95% Konfidenzintervall der Differenz	
		F	Signifikanz	T	df	Sig. (2-seitig)	Mittlere Differenz	Standardfehler der Differenz	Untere	Obere
Gewicht in kg	Varianzen sind gleich	,015	,904	-4,376	22	,000	-,3950	9,027E-02	-,5822	-,2078
	Varianzen sind nicht gleich			-4,376	21,7	,000	-,3950	9,027E-02	-,5823	-,2077

Abbildung 5.8: Ergebnis zum t-Test für unabhängige Stichproben

Die Unterschiede zwischen beiden Gruppen sind hochsignifikant, was an der Zahl *,000* zu erkennen ist. Die Spalte *Signifikanz* im linken Teil der Ausgabe ist für den *Levene-Test auf Gleichheit* der Streuung. Die Signifikanz von *0,904* bedeutet hier, daß die Voraussetzung für die Anwendung des *t*-Tests, die Gleichheit der Varianzen, erfüllt ist, da sich die Streuung in den beiden Gruppen **nicht signifikant** unterscheidet.

Sollte diese Voraussetzung durch einen niedrigen Wert in der Spalte *Signifikanz* unterhalb des *Levene-Tests auf Varianzgleichheit* nicht gegeben sein, so muß die jeweils zweite Zeile für den *t*-Test für die Interpretation betrachtet werden. Dort ist der Wert für einen leicht modifizierten *t*-Test bei ungleicher Streuung.

Es wird nun der nicht-parametrische MANN-WHITNEY-*U*-Test angewendet. Dieser Test ist sehr leicht in den WILCOXON-Rangsummentest für zwei unabhängige Stichproben zu überführen. SPSS berechnet ohnehin die Prüfgrößen für die beiden Verfahren. Es wird bei diesem Test vorausgesetzt, daß die Verteilungen der beiden Grundgesamtheiten vergleichbar sind. Die zugehörigen Verteilungsfunktionen schneiden einander nicht. Liegt nun eine der beiden Verteilungsfunktionen oberhalb den anderen, dann müssen sich die Verteilungen voneinander unterscheiden.

Nullhypothese H_0: Die beiden Stichproben sind gleich: $F_1(Y) = F_2(Y)$.
Gegenhypothese H_1: Die beiden Stichproben sind ungleich: $F_1(Y) \neq F_2(Y)$.

Der MANN-WHITNEY-*U*-Test vergibt - wie bei einem Wettbewerb - für die Gewichte der Masthühner Rangzahlen, und vergleicht anschließend die beiden Stichproben aufgrund ihrer jeweiligen mittleren Rangzahl.

altes Futter	1,61	1,70	1,81	1,82	1,95	2,02	2,10	2,13	2,15	2,17	2,19	2,23
Rangzahl	*1*	*2*	*3*	*4*	*5*	*7*	*9*	*11*	*12*	*13*	*14*	*15*
neues Futter	1,98	2,08	2,11	2,32	2,34	2,39	2,42	2,51	2,53	2,58	2,62	2,74
Rangzahl	*6*	*8*	*10*	*16*	*17*	*18*	*19*	*20*	*21*	*22*	*23*	*24*

Bei der Vergabe von Rangzahlen können Bindungen auftreten (*ties, tied ranks*). Das bedeutet, daß für gleiche Merkmalsausprägung der Mittelwert der aufeinanderfolgende Rangzahlen vergeben werden. Eine weitere Vergabe der Rangzahlen erfolgt dann mit der an die letzte vergebene Rangzahl anschließenden Rangzahl.

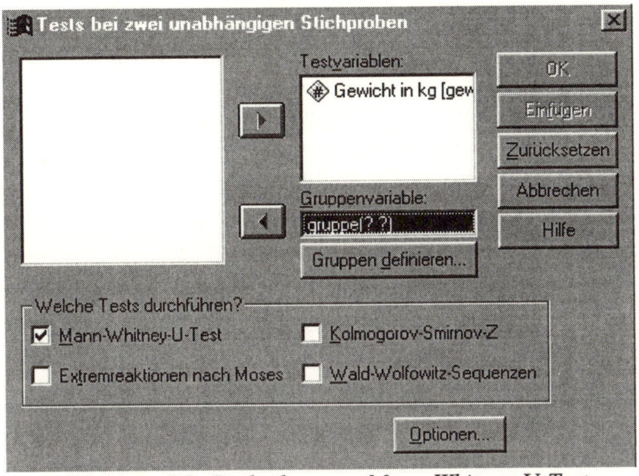

Abbildung 5.9: Dialogbox zum Mann-Whitney-U-Test

Auch bei dem nicht-parametrischen MANN-WHITNEY-*U*-Test muß die Unterscheidung der beiden Gruppen mit Hilfe einer weiteren Variablen erfolgen.

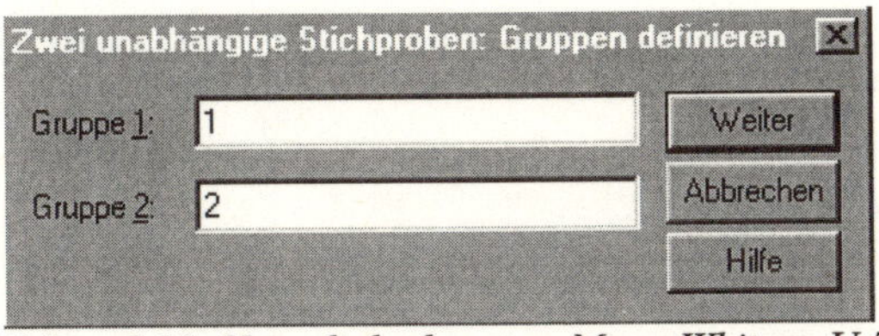

Abbildung 5.10: Unterdialogbox zum Mann-Whitney-U-Test

Es folgt eine Tabelle mit den Stichprobenumfängen, den *mittleren Rängen* als arithmetisches Mittel der Rangsummen und die Rangsummen für jede der beiden Stichproben.

Ränge

	Gruppe	N	Mittlerer Rang	Rangsumme
Gewicht in kg	altes Futter	12	8,00	96,00
	neues Futter	12	17,00	204,00
	Gesamt	24		

Abbildung 5.11: Rangsummen zum Mann-Whitney-U-Test

Als nächstes werden die Prüfgrößen *Mann-Whitney-U* und *Wilcoxon-W* gezeigt.

Statistik für Test[b]

	Gewicht in kg
Mann-Whitney-U	18,000
Wilcoxon-W	96,000
Z	-3,118
Asymptotische Signifikanz (2-seitig)	,002
Exakte Signifikanz [2*(1-seitig Sig.)]	,001[a]

a. Nicht für Bindungen korrigiert.

b. Gruppenvariable: Gruppe

Abbildung 5.12: Ergebnis zum Mann-Whitney-U-Test

Da die Werte für die Testverfahren bei SPSS grundsätzlich in eine normalverteilte Prüfgröße überführt werden, ist dieser als z-Wert aufgeführt. Dieser Wert kann mit den tabellierten Werten der Standardnormalverteilung verglichen werden. Hier ist die Spalte *Asymptotische Signifikanz* für die Interpretation wichtig. Auch dieser Test kommt (erwartungsgemäß) ebenfalls zu dem Ergebnis, daß sich die beiden Gruppen signifikant voneinander unterscheiden.

6.2 Binomialtest

Der Binomialtest hilft, Behauptungen über bestimmte Anteile zu überprüfen. Die Wahrscheinlichkeit für das k-malige Eintreten des Ereignisses X mit der Binomialverteilung ist allgemein definiert

$$P(X=k)=\binom{n}{k}p^k(1-p)^{n-k}\ .$$

Die Zufallsvariable X steht dabei für die beiden Elementarereignisse

$$X=\begin{cases}1 & \text{falls Erfolg}\\ 0 & \text{falls Mißerfolg}\end{cases}\ .$$

Als einfachstes Beispiel sei hier das mehrmalige Werfen einer Münze genannt, das eine Überprüfung zur Folge hat, ob die beiden Ausprägungen „Wappen“ oder „Zahl“ auch gleich häufig, nämlich mit einer Wahrscheinlichkeit von jeweils 0,5 erscheinen. Nachdem die beobachtete Wahrscheinlichkeit von 100 Würfen nicht exakt 0,5 sein muß, ist die Aufgabe des Binomialtests, zu untersuchen, ob die Abweichung bereits so groß ist, daß nicht mehr davon ausgegangen werden kann, daß die Münze „fair" ist.

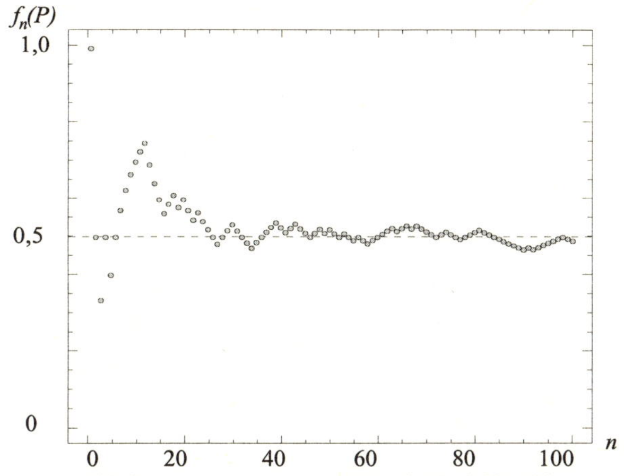

Abbildung 5.13: Binomialverteilte Zufallszahlen

Die obige Abbildung zeigt die relative Häufigkeit für das Eintreten der Elementarereignisse $P(X)$ bei $n = 1, 2, ..., 100$ Würfen. Man erkennt, wie sich die Wahrscheinlichkeit bei etwa 0,5 stabilisiert.

(1) Voraussetzungen

- $n \cdot p_0 (1 - p_0) \geq 9$.

(2) Hypothesen

H_0: Der beobachtete Anteil entspricht dem erwarteten Anteil: $p = p_0$.
H_1: Der beobachtete Anteil entspricht nicht dem erwarteten Anteil: $p \neq p_0$.

(3) Bestimmung der Prüfgröße

$$z_0 = \frac{m - n \cdot p_0}{\sqrt{n \cdot p_0 (1 - p_0)}}, \text{ mit}$$

m = beobachtete Anzahl der Merkmalsausprägungen
n = Stichprobenumfang, $p = m / n$.

(4) Kritischer Bereich aus der Tabelle der Standardnormalverteilung

$K = [\lambda^{1-\alpha/2}, \infty\rangle$.

(5) Entscheidung

H_0 ablehnen, falls $|z_0| \in K$.

Beispiel

Als Beispiel für die Anwendung dieses Testverfahrens soll das Geschlecht aus dem Fragebogen dienen. Aufgrund der beobachteten Häufigkeit ist bekannt, daß 46 weibliche und 54 männliche Kollegen in der Stichprobe enthalten sind. Mit dem Binomialtest kann nun untersucht werden, ob diese Abweichung signifikant von einer Gleichheit der Anteile beider Geschlechter abweicht, oder nicht. Ein weiteres, hier nicht gezeigtes Anwendungsbeispiel, wäre das mehrmalige Werfen einer Münze mit den beiden Ausprägungen Kopf oder Zahl.

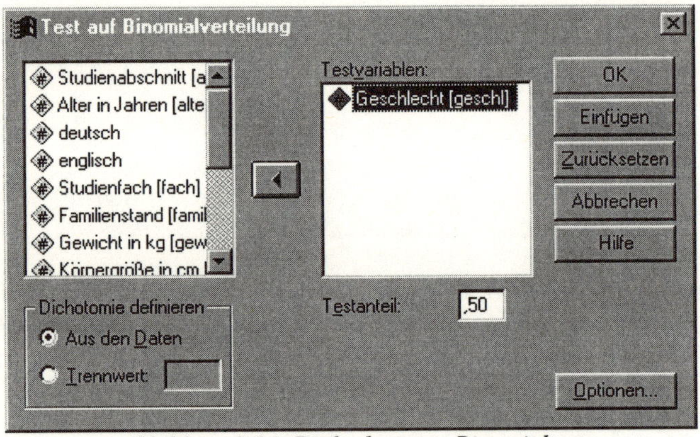

Abbildung 5.14: Dialogbox zum Binomialtest

In der hier gezeigten Dialogbox zum Test auf *Binomialverteilung* wird das Geschlecht mit den beiden Ausprägungen Null und Eins als *Testvariable* vorgegeben. Als *Testanteil* ist automatisch p_0 mit 0,50 vorgegeben, was einem gleichen Anteil beider Merkmalsausprägungen in der Stichprobe entspricht. Es kann auch ein beliebiger anderer Wert zwischen Null und Eins vorgegeben werden. Die *Dichotomie* wird direkt aus den Daten ermittelt.

Test auf Binomialverteilung

		Kategorie	N	Beobachteter Anteil	Testanteil	Asymptotische Signifikanz (2-seitig)
Geschlecht	Gruppe 1	männlich	54	,54	,50	,484[a]
	Gruppe 2	weiblich	46	,46		
	Gesamt		100	1,00		

a. Basiert auf der Z-Approximation.

Abbildung 5.15: Ergebnis zum Binomialtest

Die Unterschiede zur Gleichverteilung mit einem Anteil von $p_0 = 0{,}50$ je Geschlecht trotz der Anteile 0,46 bzw. 0,54 sind mit einem Wert von *0,484* **nicht signifikant**.

6.3 Chi-Quadrat-Anpassungstest

(1) Voraussetzungen

- Die erwartete Häufigkeit m_i ist mindestens 5.

(2) Hypothesen

H_0: Die beobachtete Stichprobe ist von der erwarteten Verteilung.
H_1: Die beobachtete Stichprobe ist nicht von der erwarteten Verteilung.

(3) Bestimmung der Prüfgröße

$$\chi_0^2 = \sum_{i=1}^{r} \frac{\left(n_i - m_i\right)^2}{m_i} ,$$

mit
n_i = beobachtete Häufigkeit bzw. Anzahl der Werte in den r-Klassen und
m_i = erwartete Häufigkeit.

Es gilt: $m_i = n \cdot p_i$ (p_i = Wahrscheinlichkeit, mit der die erwartete Häufigkeit auftritt).

(4) Kritischer Bereich aus der Tabelle der Chi-Quadrat-Verteilung

$K = [\chi_{r-1}^{\alpha}, \infty\rangle$.

(5) Entscheidung

H_0 ablehnen, falls $\chi_0^2 \in K$.

Beispiel:

Nachdem das Beispiel mit dem Fragebogen hier keinen sinnvollen Einsatz für diesen Test bietet, soll auf das Beispiel mit dem Würfel eingegangen werden, das bereits bei der Datenerfassung im Zusammenhang mit der Generierung einer diskreten Verteilung mit dem 100-maligen Würfeln gezeigt wurde.

Augenzahl	1	2	3	4	5	6
Anzahl	18	17	16	14	18	17

Die Augenzahl wird in SPSS mit der Häufigkeit ihres Auftretens, wie bereits beschrieben, gewichtet, und in das Feld der *Testvariablen* in der Dialogbox zum *Chi-Quadrat-Test* eingetragen.

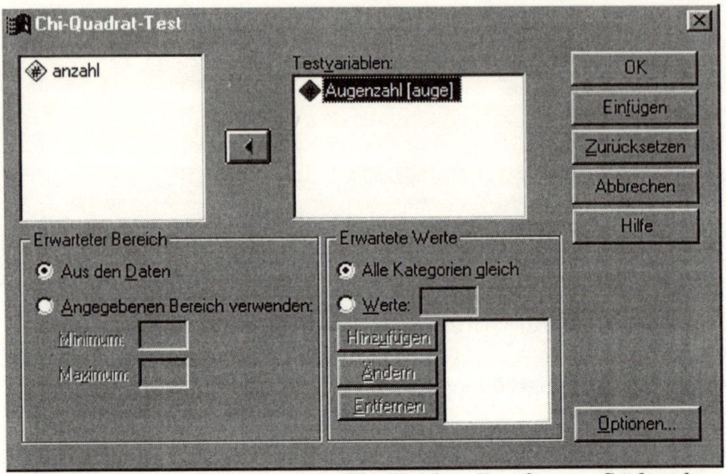

Abbildung 5.16: Dialogbox zum Chi-Quadrat-Test für eine Stichprobe

Alle weiteren Felder können hier vernachlässigt werden. Das heißt, daß die erwartete Häufigkeit, die im konkreten Fall eine Gleichverteilung sein muß, von SPSS aus den Daten berechnet wird. Bei $n = 100$ Würfen muß die erwartete Häufigkeit 16,67 sein, auch wenn dies kein ganzzahliges Ergebnis ist. Rechnerisch bedeutet dies $n = 100$ multipliziert mit der Wahrscheinlichkeit von jeweils einem sechstel für jede Ausprägung des Würfels.

Das zweite Feld steht bereits automatisch auf „*Alle Kategorien gleich*“, was der Nullhypothese entspricht, nach der hier eine Gleichverteilung unterstellt wird. Trotzdem könnten hier auch durch den Anwender andere Werte eingegeben werden, wenn etwa eine andere Verteilung als Hypothese vorausgesetzt wird.

Es erscheint nach dem Chi-Quadrat-Test zunächst die Tabelle mit den beobachteten und den erwarteten Häufigkeiten. Die Nullhypothese für die erwartete Häufigkeit wäre hier „Der Würfel ist fair“.

Augenzahl

	Beobachtetes N	Erwartete Anzahl	Residuum
1	18	16,7	1,3
2	17	16,7	,3
3	16	16,7	-,7
4	14	16,7	-2,7
5	18	16,7	1,3
6	17	16,7	,3
Gesamt	100		

Abbildung 5.17: Verteilungstabelle zum Chi-Quadrat-Test für eine Stichprobe

Die beobachteten Abweichungen der gewürfelten Zahlen von den theoretischen Werten werden hier als *Residuum* bezeichnet. Daraus wird der Chi-Quadrat-Wert χ_0^2 (hier mit *0,680*) errechnet. Das Testergebnis steht in der Zeile *Asymptotische Signifikanz*.

Statistik für Test

	Augenzahl
Chi-Quadrat[a]	,680
df	5
Asymptotische Signifikanz	,984

a. Bei 0 Zellen (,0%) werden weniger als 5 Häufigkeiten erwartet. Die kleinste erwartete Zellenhäufigkeit ist 16,7.

Abbildung 5.18: Ergebnis zum Chi-Quadrat-Test für eine Stichprobe

Der Würfel kann als fair bezeichnet werden, da die Abweichungen von der unterstellten Gleichverteilung **nicht** signifikant sind.

6.4 Chi-Quadrat-Unabhängigkeitstest

Dieser Test wurde bereits im Zusammenhang mit den Kreuztabellen vorgestellt. Er ist für nominalskalierte bzw. kategoriale Daten geeignet, deren gemeinsame Ausprägungen auf eine Abhängigkeit hinweisen.

(1) Voraussetzungen

- Die erwartete Häufigkeit m_{ij} ist mindestens 5.

(2) Hypothesen

H_0: Die Merkmale sind unabhängig.
H_1: Die Merkmale sind abhängig.

(3) Bestimmung der Prüfgröße

$$\chi_0^2 = \sum_{i=1}^{r}\sum_{j=1}^{s}\frac{\left(n_{ij} - m_{ij}\right)^2}{m_{ij}}\text{, mit}$$

$$m_{ij} = \frac{n_i.\cdot n._j}{n} \text{ (= erwartete Anzahl der Beobachtungen).}$$

(4) Kritischer Bereich aus der Tabelle der Chi-Quadrat-Verteilung

$K = [\,\chi^{\alpha}_{(r-1)(s-1)}, \infty\rangle$, mit r = Anzahl der Zeilen und s = Anzahl der Spalten.

(5) Entscheidung

H_0 ablehnen, wenn $\chi_0^2 \in K$.

Beispiel

Als Beispiel für den Chi-Quadrat-Unabhängigkeitstest soll die im Zusammenhang mit der Datenerfassung vorgestellte Verteilung zwischen dem Führungsstil und der Gesellschaftsform untersucht werden. Hier handelt es sich um zwei nominalskalierte Merkmale, deren Zusammenhang an der durch beide Ausprägungen gebildeten Häufigkeiten untersucht wird.

	Gesellschaftsform		
Führungsstil	GesmbH	AG	KG
autoritär	48	28	41
kooperativ	32	32	19

Auch diese Verteilung wird in SPSS zunächst kodiert eingegeben, und anschließend, wie bereits beschrieben, mit der Prozedur *Gewichten* mit der Häufigkeit gewichtet.

Der Chi-Quadrat-Verteilungstest ist im Rahmen der Prozedur Kreuztabellen integriert.

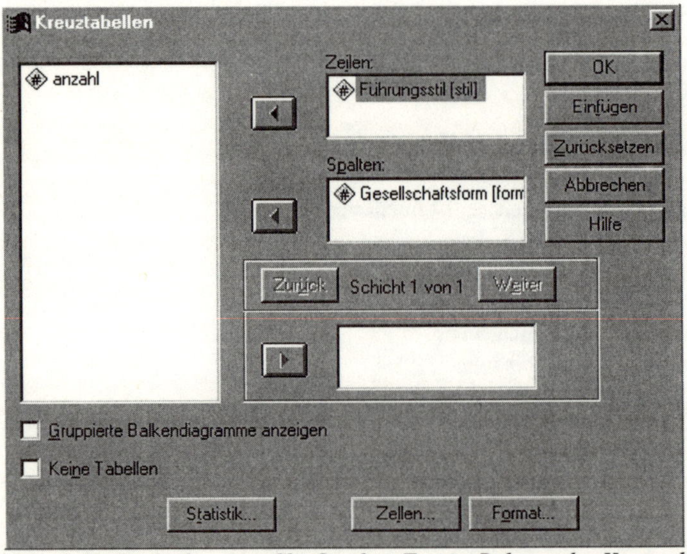

Abbildung 5.19: Dialogbox zum Chi-Quadrat-Test im Rahmen der Kreuztabellen

Zunächst wird die Kreuztabelle mit den beobachteten und den erwarteten Häufigkeiten gezeigt. Wären die Merkmale abhängig, müßten sich starke Abweichungen zwischen den beobachteten und den unter der Annahme der Unabhängigkeit errechneten Werten der erwarteten Häufigkeit ergeben.

Führungsstil * Gesellschaftsform Kreuztabelle

			Gesellschaftsform			Gesamt
			GesmbH	AG	KG	
Führungsstil	autorithär	Anzahl	48	28	41	117
		Erwartete Anzahl	46,8	35,1	35,1	117,0
	kooperativ	Anzahl	32	32	19	83
		Erwartete Anzahl	33,2	24,9	24,9	83,0
Gesamt		Anzahl	80	60	60	200
		Erwartete Anzahl	80,0	60,0	60,0	200,0

Abbildung 5.20: Kreuztabelle mit den beobachteten und erwarteten Häufigkeiten

Als Maß für die Stärke der Abweichung wird die quadratische Kontingenz berechnet, die hier mit *Chi-Quadrat nach Pearson* bezeichnet wird.

Chi-Quadrat-Tests

	Wert	df	Asymptotische Signifikanz (2-seitig)
Chi-Quadrat nach Pearson	5,925[a]	2	,052
Likelihood-Quotient	5,938	2	,051
Zusammenhang linear-mit-linear	,656	1	,418
Anzahl der gültigen Fälle	200		

a. 0 Zellen (,0%) haben eine erwartete Häufigkeit kleiner 5. Die minimale erwartete Häufigkeit ist 24,90.

Abbildung 5.21: Ergebnis zum Chi-Quadrat-Test

Die quadratische Kontingenz ist hier nur bis zu einem Signifikanzniveau in Höhe von α = 10% signifikant. Demnach wäre die Nullhypothese, „*es besteht ein Zusammenhang zwischen dem Führungsstil und der Gesellschaftsform*" nur bis einem Signifikanzniveau von α = 5,2% anzunehmen.

6.5 Kolmogoroff-Smirnov-Anpassungstest

Oft möchte man eine beobachtete Verteilung im Hinblick auf eine bestimmte theoretische Verteilungsannahme hin untersuchen. Der Test von Kolmogoroff und Smirnov ist ein Test, der die größte absolute Differenz zwischen der beobachteten Verteilung und der unterstellten Normalverteilung überprüft.

(1) Voraussetzung

- Die theoretische Verteilung sei bekannt.

(2) Hypothesen

H_0: Die beobachtete Stichprobe ist von der erwarteten Verteilung: $F(x) = F_0(x)$.

H_1: Die beobachtete Stichprobe ist nicht von der erwarteten Verteilung: $F(x) \neq F_0(x)$.

(3) Bestimmung der Prüfgröße

$$k_0 = \sqrt{n} \cdot D,$$

wobei D die maximale absolute Abweichung zwischen der beobachteten Verteilung (Treppenfunktion) und der erwarteten (Normal-) Verteilung ist.

$$D = \max_x \left| F_0(x) - F(x) \right| ,$$

mit

$F(x)$ = empirische (beobachtete) Verteilungsfunktion

$F_0(x)$ = theoretische (erwartete) Verteilungsfunktion

D = größte absolute Abweichung zwischen den Verteilungsfunktionen.

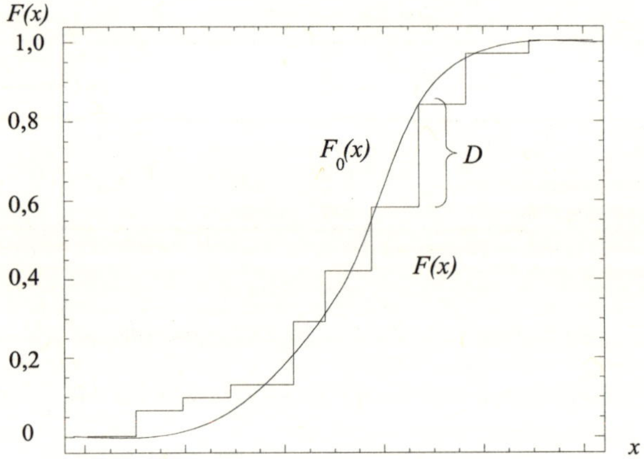

Abbildung 5.22: Skizze zum KOLMOGOROFF-SMIRNOV-Test

(4) Kritischer Bereich aus der Tabelle für den KOLMOGOROFF-SMIRNOV-Anpassungstest

$$K = [\, k_n^{1-\alpha} \,, \infty\rangle \,.$$

Falls die Werte für den Kolmogoroff-Smirnov-Test nicht tabelliert sind, ist eine Umrechnung in einen vergleichbaren Wert für die Normalverteilung möglich:

$$F_0(x) = \Phi\left(\frac{x - \mu_0}{\sigma_0} \right) .$$

$$K = [\, \lambda^{1-\alpha/2} \,, \infty\rangle \,.$$

(5) Entscheidung

H_0 ablehnen, falls $k_0 \in K$.

<u>Beispiel</u>:

Es soll das Gewicht der $n = 100$ auf Normalverteilung überprüft werden. Alternativ dazu bietet SPSS im Zusammenhang mit dem Einstichprobentest von KOLMOGOROFF und SMIRNOV auch an, auf Gleichverteilung, Exponentialverteilung, oder auf Poissonverteilung zu überprüfen.

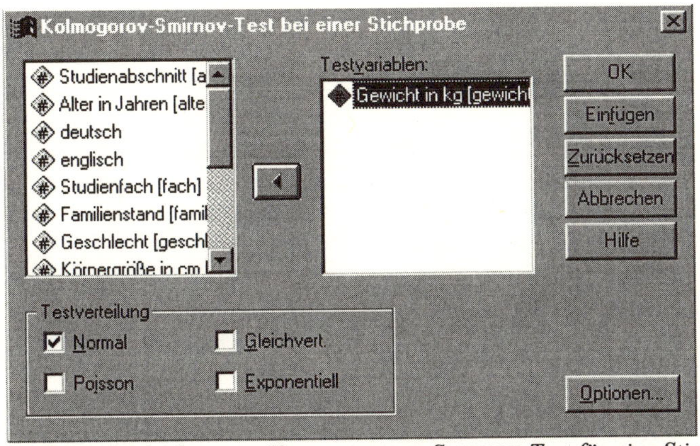

Abbildung 5.23: Dialogbox zum KOLMOGOROFF-SMIRNOV-Test für eine Stichprobe

Die 100 Studenten werden daraufhin untersucht, ob das Gewicht über alle $n = 100$ Studenten als normalverteilt betrachtet werden kann.

Kolmogorov-Smirnov-Anpassungstest

		Gewicht in kg
N		100
Parameter der Normalverteilung[a,b]	Mittelwert	76,19
	Standardabweichung	17,60
Extremste Differenzen	Absolut	,109
	Positiv	,109
	Negativ	-,102
Kolmogorov-Smirnov-Z		1,087
Asymptotische Signifikanz (2-seitig)		,188

a. Die zu testende Verteilung ist eine Normalverteilung.

b. Aus den Daten berechnet.

Abbildung 5.24: Ergebnis zum KOLMOGOROFF-SMIRNOV-Test für eine Stichprobe

Neben den Parametern der Normalverteilung sind auch die Abweichungen der theoretischen Verteilung von der beobachteten Verteilung in den Feldern *Absolut*, *Positiv* und *Negativ* aufgeführt. Die Prüfgröße k_0 steht hier im Feld *Kolmogorov-Smirnov-Z*. Das Feld *Signifikanz* zeigt, daß die Abweichung der unterstellten Normalverteilung von der theoretischen Normalverteilung nicht **signifikant** ist. Der Test kommt somit zu dem Ergebnis, daß die Verteilung als normalverteilt angesehen werden kann.

Es sei darauf hingewiesen, daß die Fußzeile in der obigen Abbildung „*a. Die zu testende Verteilung ist eine Normalverteilung*" lediglich die aus der vorausgegangenen Dialogbox unterstellte Verteilung aufführt, und **keinesfalls als Testergebnis** interpretiert werden darf! Das Signifikanzniveau zeigt erst den **Unterschied** zu dieser unterstellten Verteilung.

6.6 Student *t*-Test für eine Stichprobe

Ein parametrischer Test für eine Stichprobe ist der Student *t*-Test für eine Stichprobe. Mit diesem Test kann untersucht werden, ob eine beobachtete Verteilung, die aus einer normalverteilten Grundgesamtheit stammt, im Mittel signifikant kleiner oder größer bzw. gleich oder verschieden von einem erwarteten Wert ist.

(1) Voraussetzungen

- Die Stichprobe ist stetig.
- Die untersuchte Stichprobe ist normalverteilt.

(2) Hypothesen (zweiseitig)

H_0: Der Mittelwert entspricht dem erwarteten Mittelwert: $\mu = \mu_0$.
H_1: Die Mittelwerte entspricht nicht dem erwarteten Mittelwert: $\mu \neq \mu_0$.

(3) Prüfgröße

$$t = \frac{\bar{x} - \mu_0}{s}\sqrt{n} \ .$$

(4) Kritischer Bereich aus der Tabelle der Student-*t*-Verteilung

$$K = \langle -\infty, -t_{n-1}^{\alpha/2}\,] \cup [\,t_{n-1}^{1-\alpha/2}, \infty \rangle \ .$$

(5) Entscheidung

H_0 ablehnen, falls $t_0 \in K$.

Beispiel

Als Beispiel soll hier für die Körpergröße die Hypothese geprüft werden, ob sich die Körpergrößen der $n = 100$ Studenten im Mittel signifikant von 180 cm unterscheiden.

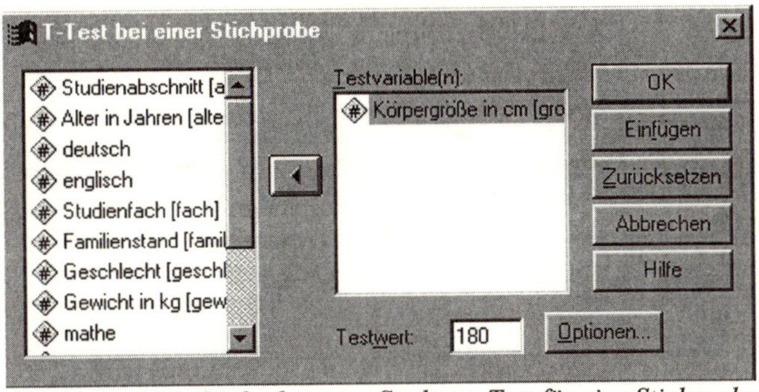

Abbildung 5.25: Dialogbox zum Student t-Test für eine Stichprobe

Zunächst wird die Variable mit dem Variablennamen *groesse* in den Bereich der Zielvariablen übertragen. Der *Testwert* ist derjenige Wert, der μ_0 darstellt. Das ist hier unterstellte Mittelwert von 180 (*cm*). Die hier nicht gezeigten Optionen erlauben, das Konfidenzintervall, daß hier auf 95% festgelegt ist, durch die Eingabe eines anderen Signifikanzniveaus zu verkleinern, oder zu vergrößern.

Es erscheinen zunächst die statistischen Kennziffern Stichprobenumfang (*N*), arithmetisches Mittel (*Mittelwert*), die *Standardabweichung* und der *Standardfehler des Mittelwertes*.

Statistik bei einer Stichprobe

	N	Mittelwert	Standardabweichung	Standardfehler des Mittelwertes
Körpergröße in cm	100	180,06	9,27	,93

Abbildung 5.26: Statistikausgabe zum Student t-Test für eine Stichprobe

Der Mittelwert ist mit 180,26 *cm* bereits nur geringfügig größer, als der vorgegebene Wert von 180 *cm*.

Test bei einer Sichprobe

	Testwert = 180					
					95% Konfidenzintervall der Differenz	
	T	df	Sig. (2-seitig)	Mittlere Differenz	Untere	Obere
Körpergröße in cm	,065	99	,949	6,00E-02	-1,78	1,90

Abbildung 5.27: Ergebnis zum Student t-Test für eine Stichprobe

Erwartungsgemäß bestätigt der Test, daß die Abweichung vom vorgegebenen Wert 180 nicht signifikant ist. Die Prüfgröße t_0 (*T*) ist hier *0,65*. Die Anzahl der Freiheitsgrade (*df*) ist 99. Das Signifikanzniveau im Feld *Sig. (2-seitig)* zeigt einen sehr hohen Wert, der auf nicht signifikante Unterschiede hinweist. Schließlich sind im rechten Bereich der Ausgabe die obere bzw. die untere Grenze für das zweiseitige 95%-Konfidenzintervall bei unbekannter Varianz angegeben.

6.7 Student *t*-Test für zwei unabhängige Stichproben

Der Student *t*-Test ist ein weit verbreiteter Test, der zwei unabhängige Stichproben auf signifikante Unterschiede untersucht. Bei diesem Test werden zwei Stichproben anhand ihres Mittelwertes auf Gleichheit überprüft. Man spricht daher auch von einem *parametrischen Testverfahren*. Voraussetzung für eine solche Vergleichbarkeit ist aber, daß sich die Streuung dieser beiden Gruppen nicht signifikant unterscheidet, denn wenn dies der Fall wäre, dann könnte auch die unterschiedliche Streuung für den Unterschied zwischen den Stichproben verantwortlich sein, und nicht der bei diesem Test zu überprüfende Mittelwert.

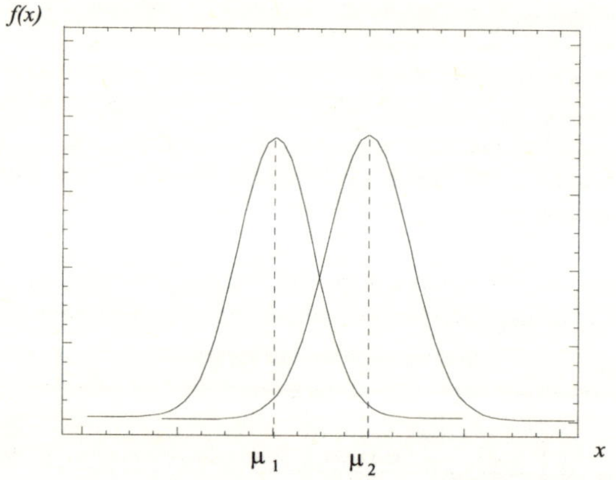

Abbildung 5.28: Skizze zum t-Test für zwei unabhängige Stichproben

In dieser Skizze sind auch die wesentlichen Voraussetzungen für den Test enthalten: Die beiden Verteilungen sind normalverteilt und besitzen die gleiche Streuung. Erst dann ist eine Unterscheidung signifikanter Unterschiede der beiden Mittelwerte sinnvoll möglich. Ist die Annahme gleicher Streuung nicht gegeben, so bietet SPSS trotz allem eine weitere Prüfgröße eines modifizierten *t*-Tests, der auf diese Annahme verzichtet.

(1) Voraussetzungen

- Die beiden Stichproben sind stetig.
- Die beiden Stichproben sind unabhängig.
- Die beiden Stichproben sind normalverteilt.
- Die beiden Stichproben haben die gleiche Streuung (nicht beim *t*-Test für unterschiedliche Streuung).

(2) Hypothesen (zweiseitig)

H_0: Die Mittelwerte sind gleich: $\mu_1 = \mu_2$.
H_1: Die Mittelwerte sind nicht gleich: $\mu_1 \neq \mu_2$.

(3) Prüfgröße

$$t_0 = \sqrt{\frac{n_1 \cdot n_2 \cdot (n_1 + n_2 - 2)}{n_1 + n_2}} \cdot \frac{(\bar{x}_1 - \bar{x}_2)}{\sqrt{(n_1 - 1) \cdot s_1^2 + (n_2 - 1) \cdot s_2^2}} \quad \text{bei gleicher Streuung}$$

$$t_0 = \frac{\bar{x}_1 - \bar{x}_2}{\sqrt{\frac{s_1^2}{n_1} + \frac{s_2^2}{n_2}}} \quad \text{bei ungleicher Streuung .}$$

(4) Kritischer Bereich aus der Tabelle der Student-*t*-Verteilung

$$K = \langle -\infty, -t_{n_1+n_2-2}^{\alpha/2}] \cup [t_{n_1+n_2-2}^{1-\alpha/2}, \infty\rangle .$$

Beim modifizierten *t*-Test bei ungleicher Streuung ergeben sich die Freiheitsgrade ν wie folgt:

$$\nu = \frac{\left(\frac{s_1^2}{n_1} + \frac{s_2^2}{n_2}\right)^2}{\frac{1}{n_1 - 1}\left(\frac{s_1^2}{n_1}\right)^2 + \frac{1}{n_2 - 1}\left(\frac{s_2^2}{n_2}\right)^2} .$$

Dadurch kann es auch zu Freiheitsgraden mit Nachkommastellen kommen.

$$K = \langle -\infty, -t_\nu^{\alpha/2}] \cup [t_\nu^{1-\alpha/2}, \infty\rangle .$$

(5) Entscheidung

H_0 ablehnen, falls $t_0 \in K$.

Beispiel:

Es wird getestet, ob sich die Körpergrößen der beiden Geschlechter bei den 100 Studenten signifikant von einander unterscheiden. Bereits in Kapitel 4 wurde statistisch die Voraussetzung normalverteilter Körpergrößen nachgewiesen.

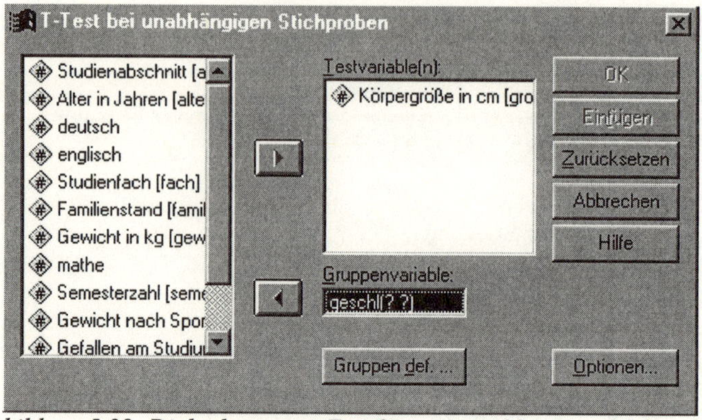

Abbildung 5.29: Dialogbox zum t-Test für zwei unabhängige Stichproben

Die Gruppentrennung erfolgt mit Hilfe des Geschlechts, das durch Zahlen kodiert ist, d.h. Null für weiblich und Eins für männlich.

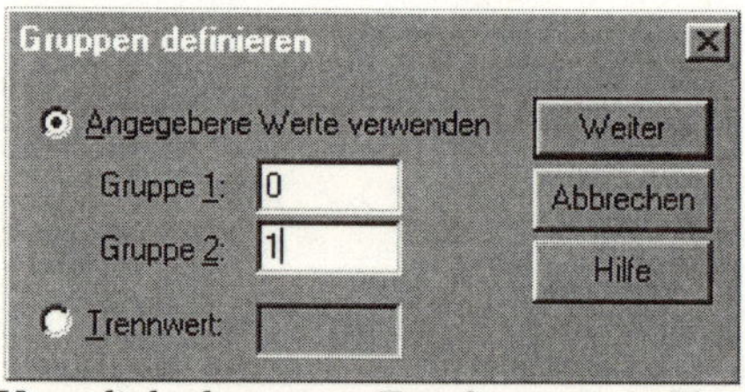

Abbildung 5.30: Unterdialogbox zum t-Test für zwei unabhängige Stichproben

Zunächst werden die Gruppenstatistiken und anschließend die Testergebnisse gezeigt.

Gruppenstatistiken

	Geschlecht	N	Mittelwert	Standardabweichung	Standardfehler des Mittelwertes
Körpergröße in cm	weiblich	46	172,07	5,32	,78
	männlich	54	186,87	5,82	,79

Abbildung 5.31: Gruppenstatistiken zum t-Test für zwei unabhängige Stichproben

Test bei unabhängigen Stichproben

		Levene-Test der Varianzgleichheit		T-Test für die Mittelwertgleichheit						
									95% Konfidenzintervall der Differenz	
		F	Signifikanz	T	df	Sig. (2-seitig)	Mittlere Differenz	Standardfehler der Differenz	Untere	Obere
Körpergröße in cm	Varianzen sind gleich	,131	,718	-13,182	98	,000	-14,81	1,12	-17,03	-12,58
	Varianzen sind nicht gleich			-13,279	97,507	,000	-14,81	1,11	-17,02	-12,59

Abbildung 5.32: Ergebnis zum t-Test für zwei unabhängige Stichproben mit dem Levene-Test auf Varianzgleichheit

Bei der Interpretation des Testergebnisses ist die Spalte *Sig. (2-seitig)* entscheidend. Das Signifikanzniveau von *,718* in der Spalte *F* zum *Levene-Test auf Varianzgleichheit* bedeutet, daß die Unterschiede bei den Varianzen **nicht** signifikant sind. Demnach kann die erste Zeile beim *t*-Test für die weitere Interpretation des Testergebnisses verwendet werden.

Die zweite Zeile enthält das Testergebnis für den *t*-Test bei unterschiedlicher Varianz. Diese Zeile ist dann erforderlich, wenn der *F*-Wert nahe Null läge, was auf einen signifikanten Unterschied bei der Varianz hinweisen würde.

Die Werte in der Spalte *Sig (2-seitig)* in der ersten Zeile der Rubrik *T-Test für Mittelwertgleichheit* weisen mit *,000* einen hochsignifikanten Unterschied bei den Körpergrößen für die Geschlechter aus.

Unter der Schaltfläche *Optionen* in der Dialogbox zum diesem Test besteht auch die Möglichkeit, das automatisch gebildete Konfidenzintervall zu verändern.

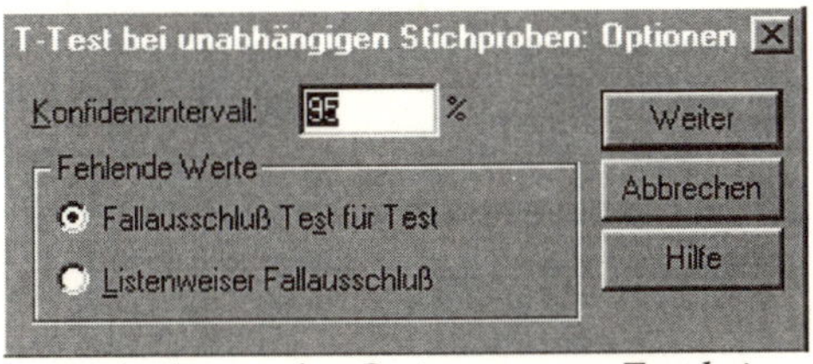

Abbildung 5.33: Dialogbox zu den Optionen zum t-Test bei zwei Stichproben

Im vorliegenden Fall wird 95%ige zweiseitige Konfidenzintervall für die mittlere Differenz $\bar{d}$ (hier *–14,81*) gezeigt. Die Berechnung des Konfidenzintervalles hängt wieder davon ab, ob die Varianz gleich, oder ungleich ist.

6.8 *F*-Test zur Überprüfung der Streuung für zwei Stichproben

Zur Überprüfung der Voraussetzung der Varianzgleichheit wird in SPSS der folgende *F*-Test nach LEVENE verwendet.

(1) Voraussetzungen

- Die beiden Stichproben sind stetig.
- Die beiden Stichproben sind unabhängig.
- Die beiden Stichproben sind normalverteilt.

(2) Hypothesen (zweiseitig)

H_0: Die Streuung ist gleich: $\sigma_1^2 = \sigma_2^2$.

H_1: Die Streuung ist nicht gleich: $\sigma_1^2 \neq \sigma_2^2$.

(3) Prüfgröße

① Mittelwerte der i-ten Stichprobe $\bar{x}_i = \frac{1}{n_i}\sum_{k=1}^{n_i} x_{ik}$.

② Die mittlere absolute Abweichung d für jeden Einzelwert der Gruppe i : $d_i = \left| x_{ik} - \bar{x}_i \right|$.

③ Streuung zwischen den Gruppen $SSQ = \sum_{i=1}^{r} n_i \left(\bar{d}_i - \bar{d} \right)^2$ für $r = 1, 2$ Gruppen.

④ Reststreuung (Streuung in den Gruppen) $SSE = \sum_{i=1}^{r}\sum_{k=1}^{n_i} \left(d_{ik} - \bar{d}_i \right)^2$.

Daraus können die mittleren Quadratsummen gebildet werden:

$MSQ = \frac{SSQ}{r-1}$ und $MSE = \frac{SSE}{n-r}$.

Mit Hilfe dieser einzelnen Größen wird die Prüfgröße gebildet:

⑤ Prüfgröße $F_0 = \frac{n-r}{r-1} \cdot \frac{SSQ}{SSE}$ bzw. $\frac{MSQ}{MSE}$.

Allgemein kann die Prüfgröße F als Quotient aus der erklärten und nicht-erklärten Streuung interpretiert werden. Die einzelnen Quadratsummen, Freiheitsgarde, daraus gebildeten mittleren Quadratsummen und die Prüfgröße wird üblicherweise in Form einer standardisierten Varianztabelle dargestellt:

(4) Kritischer Bereich aus der Tabelle der *F*-Verteilung

$K = [\, F^{\alpha}_{r-1,n-r}, \infty \rangle$.

(5) Entscheidung

H_0 ablehnen, falls $F_0 \in K$.

<u>Beispiel</u>:

Dieser Test wird im Zusammenhang mit dem t-Test für unabhängige Stichproben automatisch durchgeführt und in der Ausgabe dargestellt. Zur Veranschaulichung soll daher ein vollständiges Berechnungsbeispiel die Vorgangsweise dieses Tests zeigen.

ANOVA

MAD

	Quadratsumme	df	Mittel der Quadrate	F	Signifikanz
Zwischen den Gruppen	1,352	1	1,352	,131	,718
Innerhalb der Gruppen	1012,016	98	10,327		
Gesamt	1013,368	99			

Abbildung 5.34: Varianztabelle für den F-Test nach LEVENE

Die einzelnen Größen sind hier schematisch noch einmal aufgeführt:

Streuungsursache	Quadratsumme	Freiheitsgrade	mittlere Quadratsumme	Prüfgröße F
Zwischen den Gruppen	SSQ	$r-1$	$MSQ = \frac{SSQ}{r-1}$	$F_0 = \frac{MSQ}{MSE}$
Streuung in den Gruppen	SSE	$n-r$	$MSE = \frac{SSE}{n-r}$	
Gesamt	SST	$n-1$		

Abbildung 5.35: Schema für die Varianztabelle für den F-Test nach LEVENE

In dem verwendeten t-Test wird anstelle der oben gezeigten Varianztabelle nur die Prüfgröße und das Signifikanzniveau dargestellt. Die Interpretation ergibt sich hier analog dem SPSS-Schema: Der hohe Wert zeigt, daß die Unterschiede der Streuung, gemessen durch die mittlere absolute Abweichung, nicht signifikant ist.

		Levene-Test der Varianzgleichheit	
		F	Signifikanz
Körpergröße in cm	Varianzen sind gleich	,131	,718
	Varianzen sind nicht gleich		

Abbildung 5.36: Ausschnitt aus dem t-Test mit dem LEVENE-Test der Varianzgleichheit

6.9 MANN-WHITNEY *U*-Test für zwei Stichproben

Der MANN-WHITNEY U-Test ist ebenfalls zu Beginn dieses Kapitels zur Überprüfung der Gleichheit zweier Stichproben in Form eines nicht-parametrischen Tests vorgestellt worden. Er ist mit dem WILCOXON-Rangsummentest vergleichbar und sehr leicht in diesen zu überführen. Bei diesem Test wird, wie bereits eingangs an einem Beispiel gezeigt, anstelle von Parametern der Verteilung, mit Hilfe von Rangzahlen der signifikante Unterschied zwischen den beiden Verteilungen ermittelt. Der große Vorteil an diesem Testverfahren ist der Verzicht auf die Annahme normalverteilter Stichproben. Gerade in der Praxis sind sehr viele Daten alles andere als normalverteilt.

(1) Voraussetzungen

- Die beiden Stichproben sind unabhängige Stichproben.
- Die beiden Stichproben sind stetig.

(2) Hypothesen (zweiseitig)

H_0: Die beiden Stichproben sind (stochastisch) gleich: $F_1(Y) = F_2(Y)$.
H_1: Die beiden Stichproben sind ungleich: $F_1(Y) \neq F_2(Y)$.

(3) Bestimmung der Prüfgröße

① Bilde die gemeinsame Stichprobe aus den beiden einzelnen Stichproben: $n = n_1 + n_2$ und sortiere die gemeinsame Stichprobe in aufsteigender Reihenfolge.

② Vergebe Rangzahlen r_i für die Ausprägungen x_{1i} und x_{2i} in der gemeinsamen Stichprobe, in dem der kleinste Wert die niedrigste Rangnote erhält, und alle weiteren Rangnoten in aufsteigender Reihenfolge der Ausprägungen entsprechend vergeben werden. Bei zwei gleichen Merkmalsausprägungen wird der mittlere Rang der aufeinanderfolgenden Rangnoten vergeben.

③ Ordne die Einzelwerte mit ihren Rangzahlen wieder den ursprünglichen Gruppen zu. Die Prüfgröße w_o ergibt sich dann als die Summe der Rangzahlen der ersten Stichprobe:

$$w_0 = \sum_{i=1}^{n_1} r_i \ .$$

Für den MANN-WHITNEY-U-Test wird die Prüfgröße w_0 um die Anzahl der Wertepaare U korrigiert, bei denen der Wert der 1. Stichprobe kleiner ist als der entsprechende Wert der 2. Stichprobe.

U sei die Anzahl aller Paare, für die gilt $x_{1i} < x_{2i}$. Dieser Wert kann dann wieder in den Wert für den Wilcoxon-Rangsummentest überführt werden:

$$U_0 = n_1 \cdot n_2 + \frac{n_1(n_1+1)}{2} - w_0 \ .$$

(4) Kritischer Bereich aus der Tabelle für den WILCOXON-Rangsummentest

a) Im Falle n_1 und $n_2 \leq 20$ gilt:

$$K = [0,\ w_{n_1,n_2}^{\alpha/2} \rangle \cup \langle w_{n_1,n_2}^{1-\alpha/2},\ \infty \rangle \text{, mit}$$

$$w_{n_1,n_2}^{1-\alpha/2} = n_1 \cdot (n_1 + n_2 + 1) - w_{n_1,n_2}^{\alpha/2} \ .$$

b) Im Falle n_1 und $n_2 > 20$ oder nicht vorhandener Werte für den WILCOXON-Rangsummentest ist die Prüfgröße w_0 näherungsweise normalverteilt. Dann kann die Prüfgröße in eine näherungsweise normalverteilte Prüfgröße transformiert werden:

$$w_0^* = \frac{w_0 - \frac{1}{2} \cdot n_1(n_1 + n_2 + 1)}{\sqrt{\frac{1}{12} \cdot n_1 \cdot n_2 (n_1 + n_2 + 1)}} .$$

Der kritische Bereich für die normalverteilte Prüfgröße ergibt sich dann dazu als

$$K = \langle -\infty\,, \, -\lambda^{\alpha/2}\,] \cup [\,\lambda^{1-\alpha/2}\,, \infty\rangle .$$

(5) Entscheidung

H_0 ablehnen, falls w_0 bzw. $w_0^* \in K$.

Beispiel:

Es werden noch einmal die Körpergrößen herangezogen, um zu überprüfen, ob sich die beiden Geschlechter darin signifikant voneinander unterscheiden. Obgleich die Körpergröße normalverteilt ist, und von daher der MANN-WHITNEY-*U*-Test nicht unbedingt angewendet werden muß, ist diese Vorgehensweise nicht falsch, denn dieser Test kann auf jeden Fall auch für normalverteilte Daten verwendet werden.

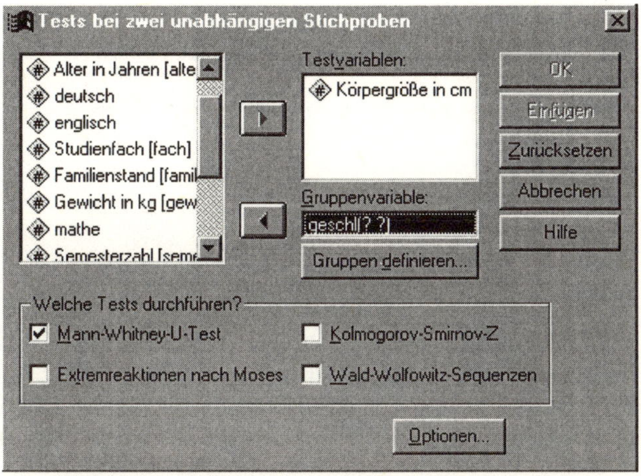

Abbildung 5.37: Dialogbox zum MANN-WHITNEY-U-Test

Die Unterscheidung der Gruppen erfolgt wieder durch die Ziffern 0 und 1.

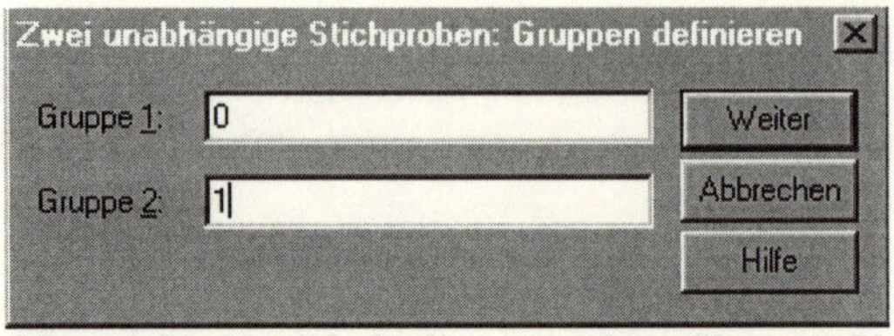

Abbildung 5.38: Unterdialogbox zum MANN-WHITNEY-U-Test

Zunächst erscheint eine Tabelle mit den Stichprobenumfängen, der mittleren Rangzahl und der Summe der Rangzahlen. Bereits an dem Unterschied der mittleren Rangzahl wird deutlich, wie stark sich die Stichproben voneinander unterscheiden. Es müssen offensichtlich sehr viele weibliche Studenten mit niedrigen Noten in der gemeinsamen Stichprobe aufgetreten sein.

Ränge

	Geschlecht	N	Mittlerer Rang	Rangsumme
Körpergröße in cm	weiblich	46	24,39	1122,00
	männlich	54	72,74	3928,00
	Gesamt	100		

Abbildung 5.39: Rangsummen zum MANN-WHITNEY-U-Test

Das Testergebnis zeigt beide berechneten Prüfgrößen: Den Wert für den MANN-WHITNEY-*U*-Test und den Wert für den WILCOXON-Rangsummentest:

Statistik für Test[a]

	Körpergröße in cm
Mann-Whitney-U	41,000
Wilcoxon-W	1122,000
Z	-8,311
Asymptotische Signifikanz (2-seitig)	,000

a. Gruppenvariable: Geschlecht

Abbildung 5.40: Ergebnis zum Mann-Whitney-U-Test

Die Geschlechter unterscheiden sich in Bezug auf ihre Körpergröße auch bei diesem Test. Das Signifikanzniveau ist Null, was bedeutet, daß die Unterschiede hochsignifikant sind. Die starken Unterschiede werden auch an den mittleren Rängen und an der Rangsumme deutlich, die bei den weiblichen Personen wesentlich niedriger sind, als bei den Männern.

Stellvertretend für alle weiteren nichtparametrischen Testverfahren sei hier die Schaltfläche *Optionen* gezeigt, auf deren Darstellung bei allen weiteren Testverfahren verzichtet wird.

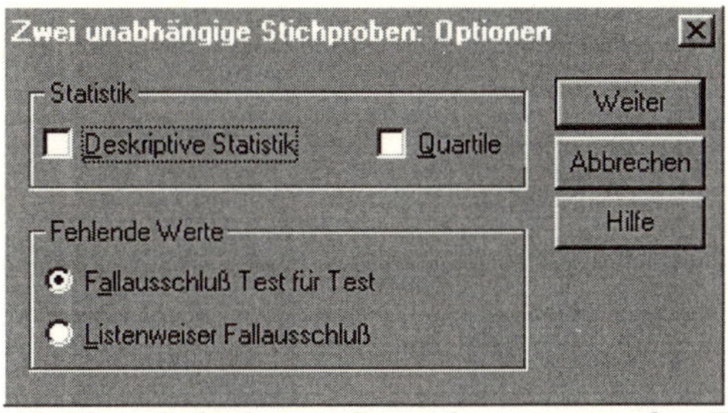

Abbildung 5.41: Unterdialogbox zu den nichtparametrischen Testverfahren

Diese Optionen beziehen sich *deskriptive Statistiken* wie Mittelwert und Standardabweichung und *Quartile* sowie auf die Behandlung fehlender Werte.

6.10 Gepaarter *t*-Test für zwei abhängige Stichproben

Als Beispiel für einen parametrischen Test für zwei abhängige Stichproben wird der sogenannte *gepaarte t*-Test hier vorgestellt. Im Gegensatz zu dem *t*-Test für zwei unabhängige Stichproben werden hier nicht die Parameter aus den beiden Stichproben verglichen, sondern nur die Parameter aus der sich ergebenden *Differenz* der Stichproben. Nachdem es sich hier um Wertepaare handelt, wird die Veränderung der Ausprägungen gemessen. Eine wichtige Voraussetzung für die Anwendung dieses Tests ist jedoch, daß die beiden abhängigen Stichproben normalverteilt sind. Andernfalls steht aber auch für diese Art von Testproblemen mit dem Vorzeichenrangtest nach WILCOXON ein nicht-parametrisches Testverfahren zur Verfügung.

(1) Voraussetzungen

- Die beiden Stichproben sind normalverteilt.

(2) Hypothesen (zweiseitig)

H_0: Die Differenz ist gleich: $\mu_1 - \mu_2 = d_0$.
H_1: Die Differenz ist nicht gleich: $\mu_1 - \mu_2 \neq d_0$.

(3) Prüfgröße

① Bilde die Differenz der verbundenen Wertepaare $d_i = x_{1i} - x_{2i}$.

② Berechne die durchschnittliche Differenz der Wertepaare $\bar{d} = \frac{1}{n}\sum_{i=1}^{n} d_i$.

③ Berechne die Streuung der Differenz der Wertepaare $s_d^2 = \frac{1}{n-1}\sum_{i=1}^{n}\left(d_i - \bar{d}\right)^2$.

Aus diesen beiden Größen ergibt sich die Prüfgröße $t_0 = \sqrt{n}\,\frac{\bar{d}}{s_d}$.

(4) Kritischer Bereich aus der Tabelle der Student-*t*-Verteilung

$K = \langle -\infty, \; -t_{n-1}^{\alpha/2}\,] \cup [\,t_{n-1}^{\alpha/2}, \infty \rangle$.

(5) Entscheidung

H_0 ablehnen, falls $t_0 \in K$.

Beispiel:

Wir gehen davon aus, daß die Studenten in unserem Fragebogen an einem Marathonlauf teilnehmen (z. B. *Kleeblattlauf* vor dem Universitäts-Sportfest). Dazu wird von den Teilnehmern des Marathonlaufes das Gewicht vor- und nach dem Wettkampf gemessen. Da hier das Gewicht von jeweils der gleichen Person betrachtet wird, liegen gepaarte Werte vor. Die Messung erfolgt hier vor- und nach dem Wettkampf. Mit Hilfe des Testverfahrens soll untersucht werden, ob sich das Gewicht nach dem Marathonlauf signifikant verändert hat.

In dem Fragebogen ist diese Variable mit dem Namen *Sport* versehen und wie alle anderen Variablen zufällig generiert worden.

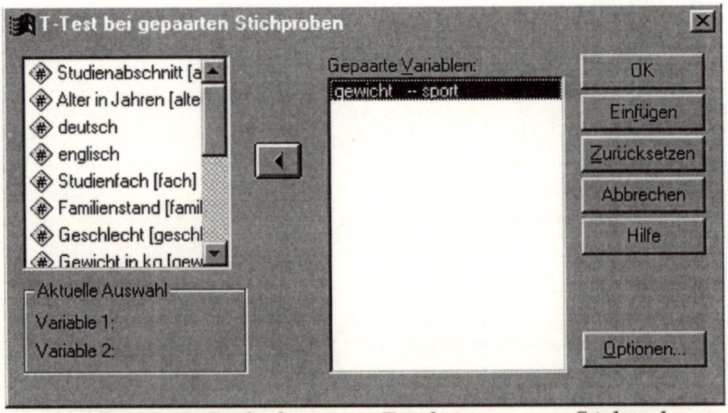

Abbildung 5.42: Dialogbox zum t-Test bei gepaarten Stichproben

In SPSS müssen wenigstens zwei Variable in dem Fenster mit den *Zielvariablen* zu Wertepaaren verknüpft werden, bevor das Variablenpaar in das rechte Fenster übertragen werden kann. Das bedeutet, daß immer zwei Variablen in dem Bereich der *Quellvariablen* durch Anklicken mit der Maus markiert werden müssen, bevor diese beiden Variablen in den Bereich der *Zielvariablen* übertragen werden können.

In dem vorliegenden Beispiel werden die Paare durch das Gewicht vor- und nach dem Lauf an jeweils der gleichen Person gebildet.

Statistik bei gepaarten Stichproben

		Mittelwert	N	Standardabweichung	Standardfehler des Mittelwertes
Paaren	Gewicht in kg	76,19	100	17,60	1,76
	Gewicht nach Sportwettkampf	75,23	100	17,57	1,76

Abbildung 5.43: Statistik zum t-Test bei gepaarten Stichproben

Es erscheint zunächst eine Tabelle mit den Kennziffern der beiden gepaarten Gruppen, d. h. das Gewicht der Studenten vor- und nach dem Kleeblattlauf.

Test bei gepaarten Stichproben

		Gepaarte Differenzen					T	df	Sig. (2-seitig)
		Mittelwert	Standardabweichung	Standardfehler des Mittelwertes	95% Konfidenzintervall der Differenz Untere	95% Konfidenzintervall der Differenz Obere			
Paaren	Gewicht in kg - Gewicht nach Sportwettkampf	,96	,35	3,46E-02	,89	1,03	27,760	99	,000

Abbildung 5.44: Ergebnis zum t-Test bei gepaarten Stichproben

Das Signifikanzniveau *Sig. 2-seitig* mit *,000* weist auf einen signifikanten Gewichtsunterschied vor- und nach dem Sportwettkampf hin.

6.11 Vorzeichenrangtest von WILCOXON für zwei abhängige Stichproben

Wie im Fall der unabhängigen Stichproben, so besteht auch für verbundene Stichproben die Möglichkeit, einen nicht-parametrischen Test durchzuführen, falls diese nicht normalverteilt sind. Als Beispiel für einen Test für verbundene Stichproben ohne die Annahme normalverteilter Merkmale sei hier der Vorzeichenrangtest nach WILCOXON gezeigt. Auch diese nicht-parametrische Test vergibt Rangnoten für die Differenz, die sich bei den beiden Stichproben ergeben haben, und ordnet diese Rangnoten den ursprünglichen Stichproben zu.

(1) Voraussetzungen

- Die beiden Stichproben sind stetig und symmetrisch um das Symmetriezentrum D verteilt.
- Die beiden Stichproben sind abhängig.

(2) Hypothesen (zweiseitig)

H_0: Die beiden Stichproben sind gleich: $\zeta = \zeta_0$.
H_1: Die beiden Stichproben sind ungleich: $\zeta \neq \zeta_0$.

(3) Bestimmung der Prüfgröße

① Bilde die absolute Differenz $|d_i|$ der Stichprobenpaare mit $d_i = x_{1i} - x_{2i}$ und sortiere die absoluten Differenzen in aufsteigender Reihenfolge.

② Vergebe Rangzahlen $\tilde{r}_i$ für die Absolutwerte der Differenzen $|d_i|$. Bei Auftreten von gleichen Rängen vergeben die mittlere Rangzahl der beiden aufeinanderfolgenden Ränge.

③ Die Prüfgröße t_0^+ ist Summe der Rangzahlen, bei denen ursprünglich eine positiven Differenz vorlag .

$$t_0^+ = \sum_{d_i > 0} \tilde{r}_i \; .$$

(4) Kritischer Bereich aus der Tabelle für den WILCOXON Vorzeichenrangtest

a) Im Falle $n \leq 20$ gilt $K = [0,\; w_n^{\alpha/2} \rangle \cup \langle\, w_n^{1-\alpha/2}\,, \infty\rangle$.

b) Im Falle $n > 20$ (oder nicht tabellierter Werte für den WILCOXON-Vorzeichenrangtest) ist die Prüfgröße t_0 näherungsweise normalverteilt.

$$t_0^* = \frac{t_0^+ - \dfrac{n \cdot (n+1)}{4}}{\sqrt{\dfrac{n \cdot (n+1) \cdot (2 \cdot n + 1)}{24}}} \; .$$

Der kritische Bereich für die normalverteilte Prüfgröße ergibt sich dann dazu als

$$K = \langle -\infty\,,\; -\lambda^{\alpha/2}\,] \cup [\,\lambda^{\alpha/2}, \infty\rangle \, .$$

(5) Entscheidung

H_0 ablehnen, falls t_0^+ bzw. $t_0^* \in K$.

<u>Beispiel</u>:

Der Gewichtsunterschied vor- und nach dem Kleeblattlauf soll auch mit Hilfe des Vorzeichenrangtests von WILCOXON nicht-parametrisch getestet werden.

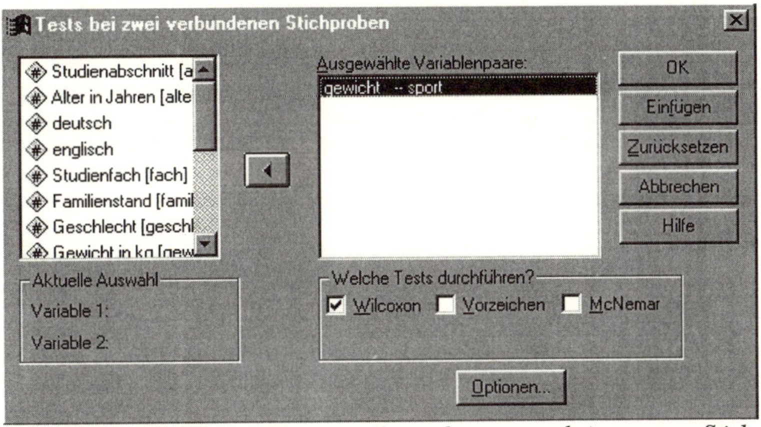

Abbildung 5.45: Dialogbox zum WILCOXON-Vorzeichenrangtest bei gepaarten Stichproben

Zunächst erscheint eine Tabelle mit den Rangdifferenzen und der Anzahl der Bindungen (gleiche Rangzahlen).

Ränge

		N	Mittlerer Rang	Rangsumme
Gewicht nach Sportwettkampf - Gewicht in kg	Negative Ränge	96[a]	49,52	4754,00
	Positive Ränge	2[b]	48,50	97,00
	Bindungen	2[c]		
	Gesamt	100		

a. Gewicht nach Sportwettkampf < Gewicht in kg

b. Gewicht nach Sportwettkampf > Gewicht in kg

c. Gewicht in kg = Gewicht nach Sportwettkampf

Abbildung 5.46: Rangsummen WILCOXON-Vorzeichenrangtest bei gepaarten Stichproben

In dieser Tabelle werden auch die Anzahl der negativen Ränge, der positiven Ränge und der Bindungen (gleiche Differenzen) angegeben. Es folgt das Testergebnis mit der Prüfgröße *Z*, die wieder die in eine normalverteilte überführte darstellt.

Statistik für Test[b]

	Gewicht nach Sportwettkampf - Gewicht in kg
Z	-9,412[a]
Asymptotische Signifikanz (2-seitig)	,000

a. Basiert auf positiven Rängen.

b. Wilcoxon-Test

Abbildung 5.47: Ergebnis zum Wilcoxon-Vorzeichenrangtest bei gepaarten Stichproben

Der Test kommt (erwartungsgemäß) zu keinem eindeutigen Ergebnis. Die Unterschiede sind (hoch)signifikant. Der Wert ist hier *0,000*.

6.12 Einfache Varianzanalyse für mehr als zwei Stichproben (ANOVA)

Liegen mehr als zwei unabhängige Stichproben vor, so ist die Varianzanalyse (Analysis of Variance) ein geeignetes Testverfahren, um einerseits allgemein auf Unterschiede zwischen den Stichproben zu untersuchen, aber auch um gezielt den Einfluß der einzelnen Stichproben auf das Gesamtergebnis zu messen. Im Gegensatz zur Regressionsanalyse, bei der die abhängige Variable und die unabhängige Variablen metrisches Merkmalsniveau besitzen müssen, ist bei der Varianzanalyse die abhängige Variable, bzw. die *Gruppierungsvariable*, nominalskaliert bzw. in manschen Fällen auch ordnialskaliert. Wichtig ist, daß es die Gruppierungsvariable kategoriale Daten enthält, die eine eindeutige Trennung der metrischen Variablen ermöglicht. Die metrischen Variablen müssen aus einer normalverteilten Grundgesamtheit stammen. Die Varianzanalyse ist ein sehr mächtiges Verfahren in der Statistik, für das es ein weites Anwendungsspektrum im Rahmen der statistischen Qualitätskontrolle und der medizinischen Versuchsanordnung gibt. Es lassen sich damit detaillierte Untersuchungen über den Einfluß bestimmter Effekte auf das Gesamtergebnis anstellen.

Beispiele für eine Anwendung in der Betriebswirtschaftslehre wären die Auswirkung des Verkaufserfolges (Umsatz, verkaufte Stückzahlen) in Abhängigkeit vom Marketingistrument oder in Abhängigkeit vom Verkaufsgebiet.

Aus Gründen der Einfachheit wird hier nur der Fall einfachen Varianzanalyse betrachtet, bei dem darum geht, ob sich die Gruppen signifikant voneinander unterscheide.

(1) Voraussetzungen

- Die Merkmale Y_i seien normalverteilt: $Y_i \sim N(\mu_i, \sigma_i^2)$.
- Die Stichproben n_r sind unabhängig.

(2) Hypothesen (zweiseitig)

H_0: Die Mittelwerte sind gleich: $\mu_1 = \mu_2 = ... = \mu_r$.
H_1: Nicht alle Mittelwerte sind gleich ($\approx$ wenigstens zwei μ_i sind verschieden).

(3) Bestimmung der Prüfgrößen

Zur Bestimmung der Prüfgröße werden zunächst die Gruppenmittelwerte, der Gesamtmittelwert, die Streuung zwischen den Gruppen und die Reststreuung benötigt:

① Mittelwerte der i-ten Stichprobe $\quad \bar{x}_i = \frac{1}{n_i}\sum_{k=1}^{n_i} x_{ik}$.

② Gesamtmittelwert $\quad \bar{x} = \frac{1}{n}\sum_{i=1}^{n} x_i$ bzw. $= \frac{1}{n}\sum_{i=1}^{r} n \cdot \bar{x}_i$.

③ Streuung zwischen den Gruppen $\quad SSQ = \sum_{i=1}^{r} n_i\left(\bar{x}_i - \bar{x}\right)^2$.

④ Reststreuung (Streuung in den Gruppen) $SSE = \sum_{i=1}^{r} \sum_{k=1}^{n_i} \left(x_{ik} - \bar{x}_i\right)^2$.

Daraus können die mittleren Quadratsummen gebildet werden:

$$MSQ = \frac{SSQ}{r-1} \text{ und } MSE = \frac{SSE}{n-r} .$$

Mit Hilfe dieser einzelnen Größen wird die Prüfgröße gebildet:

⑤ Prüfgröße $F_0 = \frac{n-r}{r-1} \cdot \frac{SSQ}{SSE}$ bzw. $\frac{MSQ}{MSE}$.

Allgemein kann die Prüfgröße F als Quotient aus der erklärten und nicht-erklärten Streuung interpretiert werden:

Die einzelnen Quadratsummen, Freiheitsgarde, daraus gebildeten mittleren Quadratsummen und die Prüfgröße wird üblicherweise in Form einer standardisierten Varianztabelle dargestellt:

Streuungsursache	Quadratsumme	Freiheitsgrade	mittlere Quadratsumme	Prüfgröße F
Zwischen den Gruppen	SSQ	$r-1$	$MSQ = \frac{SSQ}{r-1}$	$F_0 = \frac{MSQ}{MSE}$
Streuung in den Gruppen	SSE	$n-r$	$MSE = \frac{SSE}{n-r}$	
Gesamt	SST	$n-1$		

Abbildung 5.48: Varianztabelle zum F-Test

In dieser Tabelle wird die gesamte Streuung in einen erklärten Teil (Zwischen den Gruppen) und in einen unerklärten Teil aufgeteilt (in den Gruppen). Der Quotient aus diesen beiden Größen ergibt schließlich die Prüfgröße:

$$F = \frac{\textit{Varianz zwischen den Gruppen}}{\textit{Varianz in den Gruppen}} .$$

(4) Kritischer Bereich aus der Tabelle der *F*-Verteilung

$K = [\, F^{\alpha}_{r-1,n-r} \,, \infty \rangle$.

(5) Entscheidung

H_0 ablehnen, falls $F_0 \in K$.

Beispiel:

Auch wenn das Ergebnis eindeutig sein müßte, so wird als Beispiel das Alter der Studenten als *abhängige Variable* mit dem Studienabschnitt als *Faktor* untersucht. Aus vorangegangenen Tests wissen wir, daß das Alter aller Studenten einer Normalverteilung gehorcht. Der Faktor Studienabschnitt Faktor wird hier als nominalskaliert betrachtet und dient zur Unterscheidung der Gruppen (Gruppierungsvariable).

Bei diesem Test wird von SPSS automatisch eine Gruppentrennung aufgrund der Merkmalsausprägungen des Faktors vorgenommen; es müssen nicht wie beim *t*-Test explizit die Gruppen vorgegeben werden. Zusätzlich können auch über den Menüpunkt *Optionen* deskriptive Statistiken erstellt werden.

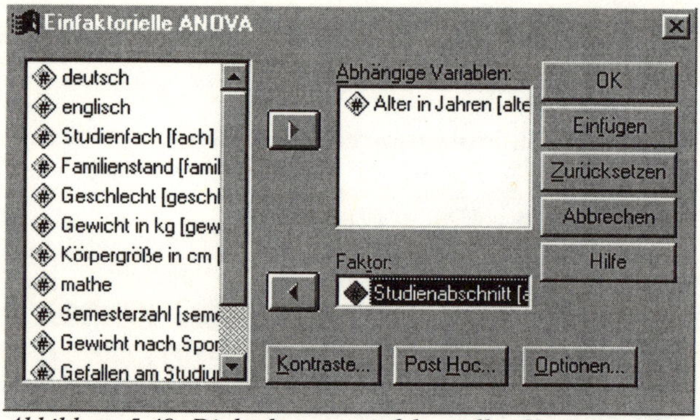

Abbildung 5.49: Dialogbox zur einfaktoriellen Varianzanalyse

Das Ergebnis der Varianzanalyse ist die gezeigte standardisierte Tabelle mit den Quadratsummen, den Freiheitsgraden (*df*), der mittleren Quadratsumme, dem aus diesen beiden Größen gebildeten Quotienten in Form des *F*-Wertes (*F*) und dem Signifikanzniveau.

ANOVA

Alter in Jahren

	Quadratsumme	df	Mittel der Quadrate	F	Signifikanz
Zwischen den Gruppen	114,879	2	57,440	11,379	,000
Innerhalb der Gruppen	489,631	97	5,048		
Gesamt	604,510	99			

Abbildung 5.50: Varianztabelle zur einfaktoriellen Varianzanalyse

Man erkennt in der Spalte *Signifikanz* den Wert *,000*, der darauf hinweist, daß die Nullhypothese („es bestehen keine Unterschiede“) nicht angenommen werden kann. Im Umkehrschluß bedeutet dies, daß die Unterschiede zwischen den Semesterzahlen in den Studienabschnitten hochsignifikant sind.

Eine weitere Dialogbox stellt verschiedene Optionen für eine detailliertere Untersuchung der Gruppen zur Verfügung.

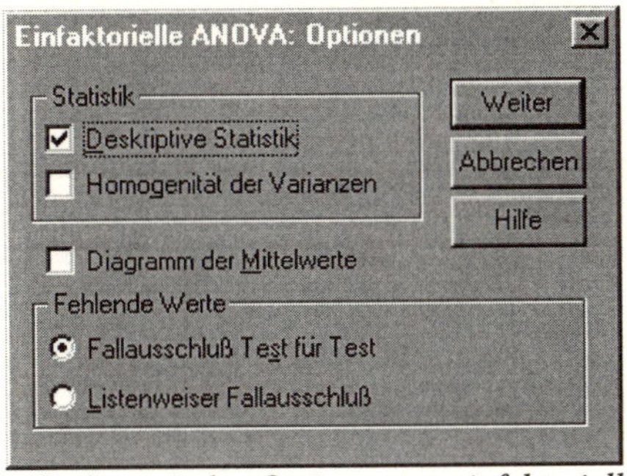

Abbildung 5.51: Dialogbox mit den Optionen zur einfaktoriellen Varianzanalyse

Hier werden nur die Deskriptiven Statistiken und das Diagramm mit den Mittelwerten beispielhaft ausgewählt.

Deskriptive Statistik

Alter in Jahren

	N	Mittelwert	Standardabweichung	Standardfehler	95%-Konfidenzintervall für den Mittelwert		Minimum	Maximum
					Untergrenze	Obergrenze		
1	28	23,21	2,59	,49	22,21	24,22	20	28
2	60	24,75	2,13	,27	24,20	25,30	20	29
3	12	26,83	1,95	,56	25,60	28,07	24	30
Gesamt	100	24,57	2,47	,25	24,08	25,06	20	30

Abbildung 5.52: Dialogbox mit den Optionen zur einfaktoriellen Varianzanalyse

Die deskriptiven Statistiken zeigen in der Reihenfolge von links nach rechts mit *N* den Stichprobenumfang der jeweiligen Gruppe, den Mittelwert, die Standardabweichung, den Standardfehler, ein 95%-Konfidenzintervall mit Unter- und Obergrenze sowie Minima und Maxima.

Das an dieser Stelle nicht abgebildete Diagramm der *Mittelwerte* zeigt nur die Lage der Gruppenmittelwerte, verbunden mit einer durchgezogenen Linie. Mit Hilfe dieser Darstellung soll der Unterschied zwischen den Gruppen visualisiert werden, was sich jedoch auch durch andere Darstellungen wie etwa eines Boxplots oder eines Fehlerbalkendiagrammes erreichen ließe. Bei einem Fehlerbalkendiagramm werden die Gruppenmittelwerte und die zweiseitigen 95%-Konfidenzintervalle jeweils als waagrechte Linien dargestellt.

6.13 KRUSKAL-WALLIS *H*-Test für mehr als zwei Stichproben

Wie bei den Testverfahren für zwei Stichproben, so gibt es auch bei der Varianzanalyse die Möglichkeit, nicht-parametrisch mit Hilfe von Rangzahlen zu testen. Die sogenannte *Rangvarianzanalyse* entspricht dem KRUSKAL-WALLIS *H*-Test. Dieses Verfahren ist vor allem dann sinnvoll einzusetzen, wenn die Daten keinesfalls normalverteilt sind. Wie bei der parametrischen Varianzanalyse benötigt man hier jedoch eine diskrete Gruppierungsvariable und eine metrisch skalierte unabhängige Variable. Dieser Test verwendet Rangzahlen, die den einzelnen Merkmalsausprägungen zugeordnet werden. Daraus wird die Summe der Rangzahlen je Gruppe gebildet. Diese einzelnen Rangsummen werden dann zu einer Prüfgröße zusammengefaßt und auf Signifikanz untersucht.

(1) Voraussetzungen

- Die einzelnen Stichproben sind unabhängig.
- Die Merkmale sind stetig.

(2) Hypothesen (zweiseitig)

H_0: Die Mittelwerte sind gleich: $E(Y_1) = E(Y_2) = ... = E(Y_r)$.
H_1: Nicht alle Mittelwerte sind gleich ($\approx$ wenigstens zwei $E(Y_i)$ sind verschieden).

(3) Bestimmung der Prüfgröße

① Bilde die gemeinsame Stichprobe aller r Stichproben $n = n_1 + n_2 + ... + n_r$ und sortiere die Merkmalsausprägungen in aufsteigender Reihenfolge.

② Vergebe Rangzahlen r_{ij} für die gemeinsame Stichprobe, ordne dann die Merkmalsausprägungen mit ihren Rangnoten den ursprünglichen Stichproben wieder zu und bilde die Summe der Rangzahlen je Stichprobe: $r_i^s = \sum_{j=1}^{n_i} r_{ij}$.

③ Prüfgröße h_0 ergibt sich aus den Rangsummen der einzelnen Stichproben:

$$h_0 = \frac{12}{n \cdot (n+1)} \cdot \left(\sum_{i=1}^{r} \frac{1}{n_i} \cdot \left(r_i^s\right)^2 \right) - 3 \cdot (n+1) \ .$$

Bei Vorliegen von wenigstens 25% gleicher Meßwerte (Bindungen) bzw. $k < 3/4n$ Bindungen ist zusätzlich der Korrekturfaktor B erforderlich, wobei t_j hier für die Häufigkeit gleicher Beobachtungen (Bindungen) steht:

$$B = 1 - \frac{1}{n^3 - n} \sum_{j=1}^{k} \left(t_j^3 - t_j\right) \ .$$

Daraus wird die korrigierte Prüfgröße gebildet: $h_0^* = \frac{1}{B} \cdot h_0$.

(4) Kritischer Bereich aus der Tabelle für den KRUSKAL-WALLIS-Test

a) Im Falle $n_r < 5$ gilt $K = \langle h_{n_r}^{1-\alpha} , \infty \rangle$.

b) Im Falle $n_r \geq 5$ oder fehlenden Werten für den KRUKAL-WALLIS-Test ist die Prüfgröße h_0 näherungsweise Chi-Quadrat-verteilt: $K = [\, \chi^{\alpha}_{r-1} , \infty \rangle$.

(5) Entscheidung

H_0 ablehnen, falls h_0 bzw. $h_0^* \in K$.

<u>Beispiel</u>:

Es soll untersucht werden, ob sich die Studenten in den einzelnen Studienfächern hinsichtlich ihrer Semesterzahl voneinander unterscheiden.

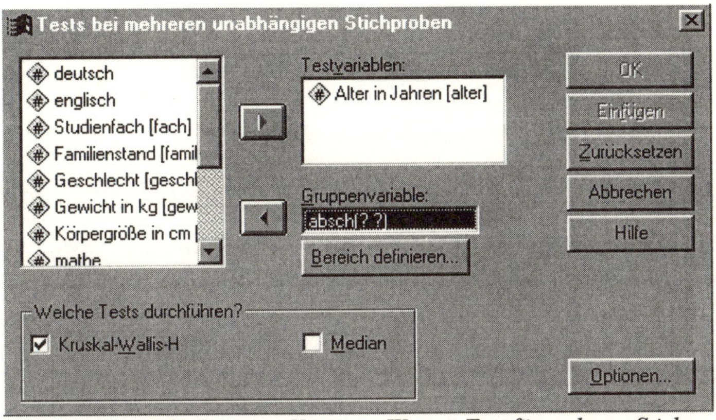

Abbildung 5.53: Dialogbox zum KRUSKAL-WALLIS-Test für mehrere Stichproben

Hier müssen die Gruppen wieder explizit durch eine Gruppierungsvariable definiert werden. Es können auch bestimmte Bereiche aus mehreren Gruppen ausgewählt werden.

Abbildung 5.54: Unterdialogbox zum KRUSKAL-WALLIS-Test für mehrere Stichproben

Es erscheint eine Tabelle mit den Größen der einzelnen Gruppe (hier mit N bezeichnet) und den mittleren Rängen für jedes einzelne Studienfach.

Ränge

	Studienabschnitt	N	Mittlerer Rang
Alter in Jahren	1	28	35,27
	2	60	52,47
	3	12	76,17
	Gesamt	100	

Abbildung 5.55: Rangsummen zum KRUSKAL-WALLIS-Test für mehrere Stichproben

Die Prüfgröße ist hier als *Chiquadrat*-Wert dargestellt. Die Freiheitsgrade *df* ergeben sich aus der Anzahl der Gruppen (Minus Eins).

Statistik für Test[a,b]

	Alter in Jahren
Chi-Quadrat	17,634
df	2
Asymptotische Signifikanz	,000

a. Kruskal-Wallis-Test

b. Gruppenvariable: Studienabschnitt

Abbildung 5.56: Ergebnis zum KRUSKAL-WALLIS-Test für mehrere Stichproben

Der Test kommt zu dem Ergebnis (*Asymptotische Signifikanz ,000*), daß sich die Studienfächer stark von einander unterscheiden, was die Semesterzahl betrifft.

6.14 FRIEDMAN-Test für mehr als zwei abhängige Stichproben

Der FRIEDMAN-Test ist ebenfalls eine Rangvarianzanalyse, jedoch für mehr als zwei abhängige Merkmale. Die Vorgangsweise ist mit derjenigen des KRUKAL-WALLIS-*H*-Test vergleichbar.

(1) Voraussetzungen

- die Merkmale sind stetig und abhängig (verbunden).

(2) Hypothesen

H_0: Die Stichproben sind gleich.
H_1: Die Stichproben sind nicht gleich.

(3) Bestimmung der Prüfgröße

① Vergebe Rangzahlen für die einzelnen Merkmalsträger (Zeilen) über alle betrachteten j Merkmale.

② Bilde die Summe der Rangzahlen über jedes Merkmal (Spalten) $R_j = \sum_{i=1}^{r} r_{ij}$.

③ Prüfgröße $V = \frac{12}{r \cdot p \cdot (p+1)} \sum_{j=1}^{p} R_j^2 - 3 \cdot r \cdot (p+1)$,

mit
p = Anzahl der Gruppen bzw. Messungen
r = Anzahl der Merkmalsträger.

Falls durch gleich große Werte eine eindeutige Zurodnung der Rangzahlen nicht möglich ist, müssen wieder mittlere Rangzahlen vergeben werden. Bei Auftreten von k_i Bindungen an t_{il} gleichen Werten wird die obige Größe V korrigiert:

$$V = \frac{12 \cdot (p-1) \sum_{j=1}^{p} \left(R_j - r \cdot \frac{p+1}{2} \right)^2}{r \cdot p^3 \cdot \sum_{i=1}^{r} \sum_{l=1}^{k_i} t_{il}^3} .$$

(4) Kritischer Bereich aus der Tabelle für den FRIEDMAN-Test

a) Im Falle $p < 6$ gilt und $r < 9$ gilt: $K = \langle V_{p,r}^{1-\alpha}, \infty \rangle$.

b) Im Falle $p \geq 6$ und $r \geq 9$ oder fehlender Tabelle für den FRIEDMAN-Test ist die Prüfgröße näherunsgweise Chi-Quadrat-verteilt: $K = [\chi_{p-1}^{1-\alpha}, \infty \rangle$.

(5) Entscheidung

H_0 ablehnen, wenn $V \in K$.

Beispiel:

Da der Fragebogen für diesen Test kein Beispiel ermöglicht, wird ein neues Beispiel gebildet:

Acht bekannte Autorennfahrer testen nacheinander drei Formel 1 Rennwagen, in dem sie eine Runde auf dem Österreich-Ring auf Zeit fahren. Nachdem ein Rennfahrer die drei Boliden nacheinander getestet hat, ist der nächste Rennfahrer an der Reihe. Es wird unterstellt, daß die Fahrzeuge nach jeder Runde in fahrbereitem Zustand an die Boxen zurückkehren. Die folgende Tabelle zeigt die Ergebnisse der Rundenzeiten (in Minuten). Fraglich ist, ob sich die Rundenzeiten der Fahrzeuge unterscheiden.

Fahrer	Rennwagen		
	A	*B*	*C*
1	2,89	3,32	4,44
2	6,58	5,22	7,76
3	5,38	7,65	8,87
4	9,66	10,32	11,12
5	6,54	7,65	8,76
6	3,67	3,16	3,95
7	2,34	5,43	6,67
8	6,67	6,80	7,01

Da der FRIEDMAN-Test ein Test für abhängige Stichproben ist, müssen die Messungen in separaten Variablen erfaßt werden. Im vorliegenden Beispiel sind das die Messungen der Rundenzeiten für die drei Rennwagen *A*, *B* und *C*.

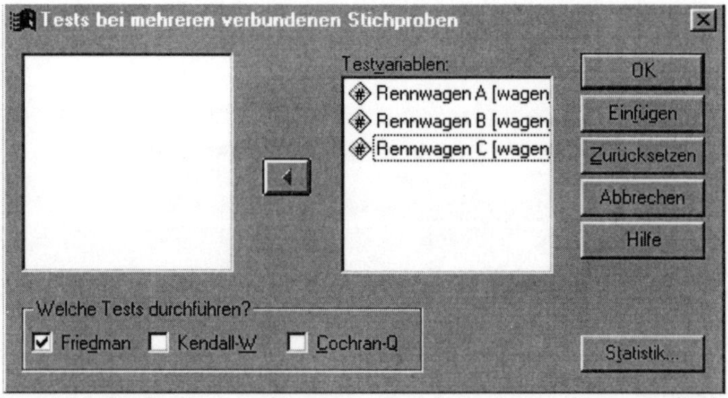

Abbildung 5.57: Dialogbox zum FRIEDMAN-Test für mehrere abhängige Stichproben

Alle diese drei Variablen müssen aus dem Bereich der *Quellvariablen* in den rechten Bereich der *Testvariablen* übertragen werden. Neben dem hier verwendeten FRIEDMAN-Test stehen auch noch Tests nach KENDALL (*Kendall-W*) und COCHRAN (*Cochran-Q*) zur Auswahl.

Eine weitere Dialogbox stellt die Berechnung deskriptiver Statistiken (Mittelwert, Standardabweichung, Minimum, Maximum) und Perzentile zur Auswahl.

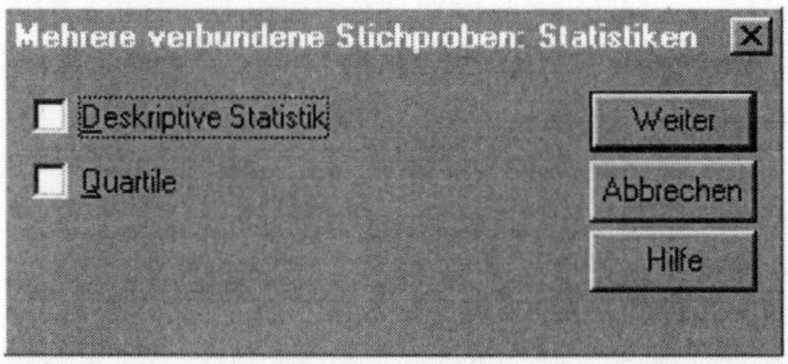

Abbildung 5.58: Unterdialogbox zum FRIEDMAN-Test für mehrere abhängige Stichproben

Wie bei den nicht-parametrischen Testverfahren üblich, werden zunächst die mittleren Ränge der durch die Meßwerte gebildeten Rangzahlen gezeigt (*Ränge*).

Ränge

	Mittlerer Rang
Rennwagen A	1,25
Rennwagen B	1,75
Rennwagen C	3,00

Abbildung 5.59: Rangsummen zum FRIEDMAN-Test für mehrere abhängige Stichproben

Die Rangsummen zeigen, daß der Rennwagen *C* tendenziell hohe Rangzahlen erhalten hat, während die beiden Rennwagen *A* und *B* niedrigere mittlere Ränge aufweisen.

Die Statistik für den Test gibt genauere Auskunft darüber, ob der hier beobachtete Unterschied signifikant ist.

Statistik für Test[a]

N	8
Chi-Quadrat	13,000
df	2
Asymptotische Signifikanz	,002

a. Friedman-Test

Abbildung 5.59: Ergebnis zum FRIEDMAN-Test für mehrere abhängige Stichproben

Man erkennt hier den Stichprobenumfang (*N*), die berechnete Prüfgröße (*Chi-Quadrat*) und die Anzahl der Freiheitsgrade (*df*). Das Signifikanzniveau ist hier mit 0,002 nur unwesentlich von Null verschieden. Das bedeutet, daß die Unterschiede bei den drei Rennwagen signifikant sind.

7. Korrelationsmaße

Der Korrelationskoeffizient ist ein Maß für den linearen Zusammenhang zweier metrisch skalierter Merkmale. Er liegt zwischen −1 und +1. Je näher der Korrelationskoeffizient bei +1 liegt, desto stärker ist der positive Zusammenhang. Das bedeutet, daß die Zunahme der einen Variablen eine Zunahme der zweiten Variablen mit sich bringt. Je näher Korrelationskoeffizient bei −1 desto stärker ist der negative Zusammenhang. Dann wird die eine Variable zunehmen, während die andere Variable abnimmt. Ein Korrelationskoeffizient von Null bedeutet keinen Zusammenhang. Das heißt jedoch nicht, daß es überhaupt keinen Zusammenhang gibt, sondern nur, daß es keinen meßbaren linearen Zusammenhang gibt. Grundsätzlich sollte man vor einer Korrelationsanalyse prüfen, ob ein quantitativ meßbarer Zusammenhang auch sachlich gerechtfertigt ist, denn andernfalls könnte z. B. ein meßbarer linearer Zusammenhang zwischen der Anzahl der Geburten und der Anzahl der Störche zu falschen Schlußfolgerungen führen. Als sinnvolles Beispiel seien hier der Vergleich von Umsatz und Werbeausgaben genannt.

Hilfreich für eine Korrelationsanalyse ist eine graphische Darstellung der gemeinsamen Merkmalsausprägungen im *XY*-Diagramm (Scatterplot).

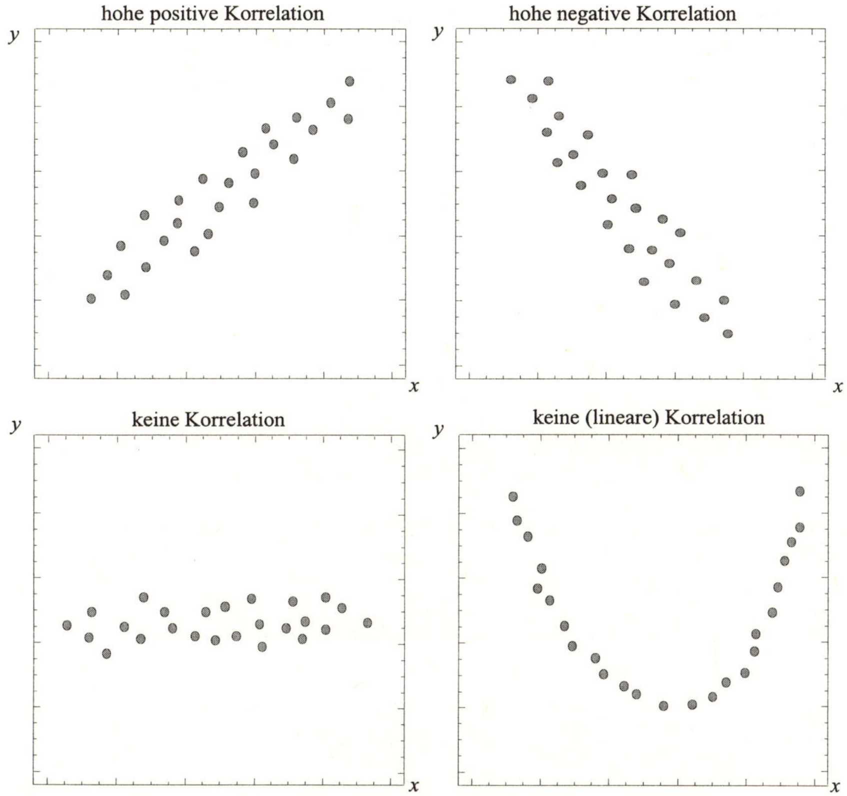

Abbildung 7.1: Streudiagramme mit verschiedenen Korrelationen

Besteht ein meßbarer Zusammenhang zwischen den beiden Variablen X und Y, so stellt sich als nächste Frage, *wie stark* dieser Zusammenhang ist. Dazu kann der Korrelationskoeffizient bezüglich seiner Aussagekraft grob in die folgenden Intervalle eingeteilt werden:

Korrelationskoeffizient	**Zusammenhang**
0	kein Zusammenhang
± <0, 0,2]	sehr gering
± <0,2, 0,5]	gering
± <0,5, 0,7]	mittel
± <0,7, 0,9]	hoch
± <0,9, 1,0>	sehr hoch
± 1	totaler Zusammenhang

Zusätzlich zu dieser Einordnung ist auch zu prüfen, ob der Korrelationskoeffizient signifikant von Null verschieden ist. Mit anderen Worten, es wird überprüft, ob wirklich ein signifikanter Zusammenhang vorliegt, und der Zusammenhang nicht nur zufällig ist. Vor allem bei kleinen Stichprobenumfängen ist dies unbedingt notwendig.

7.1 Korrelationskoeffizient nach BRAVAIS-PEARSON

Der Korrelationskoeffizient nach BRAVAIS-PEARSON bzw. oft auch nur nach PEARSON benannt, setzt voraus, daß die Merkmale normalverteilt und metrisch skaliert sind. Vor allem die Voraussetzung normalverteilter Daten wird oftmals mißachtet.

Für die Berechnung des Korrelationskoeffizienten r_{xy} zwischen den Merkmalen X und Y gilt:

$$r_{xy} = \frac{\sum_{i=1}^{n}(x_i - \bar{x})(y_i - \bar{y})}{\sqrt{\sum_{i=1}^{n}(x_i - \bar{x})^2 \cdot \sum_{i=1}^{n}(y_i - \bar{y})^2}} \text{, mit } -1 \leq r_{xy} \leq 1 \ .$$

Allgemein kann auch formuliert werden: $r_{xy} = \dfrac{Cov(X,Y)}{\sqrt{Var(x)}\sqrt{Var(y)}}$.

Nebenbei sei vermerkt, daß für die praktische Berechnung die Nenner vernachlässigt werden können. Dann gilt:

$$s_{xy} = \sum_{i=1}^{n}(x_i - \bar{x})(y_i - \bar{y}) = \sum_{i=1}^{n} x_i y_i - n \cdot \bar{x} \cdot \bar{y} \text{ für die Kovarianz und}$$

$$s_x = \sqrt{\sum_{i=1}^{n}(x_i - \bar{x})^2} \text{ bzw. } s_y = \sqrt{\sum_{i=1}^{n}(y_i - \bar{y})^2} \text{ für die Varianzen.}$$

Beispiel:

Es wird die Stärke des (linearen) Zusammenhangs zwischen der Körpergröße und dem Gewicht der Studenten untersucht. An dieser Stelle muß angemerkt werden, daß die Körpergröße nach einer Überprüfung bereits als normalverteilt angesehen werden kann. Problematisch erscheint dies jedoch bei dem Gewicht zu sein. Dennoch soll hier aus Gründen der Demonstration diese Variable zur Berechnung herangezogen werden.

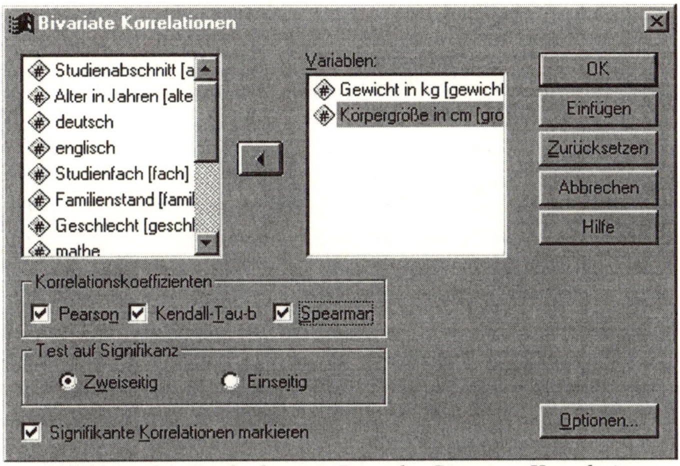

Abbildung 7.2: Dialogbox zur Prozedur Bivariate Korrelation

In der Dialogbox zur Prozedur *Regression* können zwei oder mehrere Variablen übertragen und der gewünschte *Korrelationskoeffizient* in Abhängigkeit von der Verteilung der Daten angeklickt werden. Verglichen werden dann jeweils zwei Variablenpaare in einer Matrix. Beim Test auf Signifikanz wird zwischen *einseitig* und *zweiseitig* unterschieden. Die *Optionen* beziehen sich auf die Behandlung fehlender Werte (Ausschluß oder Ersetzen durch andere Werte).

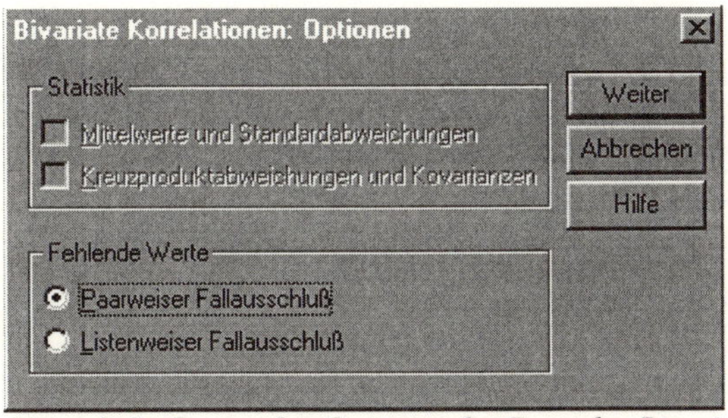

Abbildung 7.3: Unterdialogbox zu den Optionen der Prozedur Bivariate Korrelation

Das Ergebnis wird in Form einer Matrix dargestellt, wobei zusätzlich signifikante Korrelationskoeffizienten durch Sterne und Schraffur markiert werden können.

Korrelationen

		Gewicht in kg	Körpergröße in cm
Gewicht in kg	Korrelation nach Pearson		
	Signifikanz (2-seitig)		
	N		
Körpergröße in cm	Korrelation nach Pearson	,779**	
	Signifikanz (2-seitig)	,000	
	N	100	

**. Die Korrelation ist auf dem Niveau von 0,01 (2-seitig) signifikant.

Abbildung 7.4: Korrelationsmatrix nach Pearson

Die hier abgebildete Korrelationsmatrix zeigt in der ersten Zeile den Korrelationskoeffizienten, Signifikante bzw. hochsignifikante Korrelationskoeffizienten werden durch einen bzw. zwei Sterne gekennzeichnet. Die zweite Zeile zeigt das Signifikanzniveau. Auch hier gilt: Je kleiner die Werte, desto größer ist die Wahrscheinlichkeit dafür, daß der Koeffizient signifikant von Null verschieden ist. Dies bedeutet, daß die Aussagekraft des Koeffizienten sehr hoch ist. Die dritte Zeile zeigt den Stichprobenumfang bzw. die Anzahl der validen Werte. Da es sich um eine symmetrische Matrix handelt, werden die Korrelationen zwischen zwei Variablen nur einmal angezeigt. Die hier gezeigte Korrelation von 0,779 deutet auf einen hohen linearen Zusammenhang hin.

7.1.1 Test auf Signifikanz des Korrelationskoeffizienten

Wie bereits erwähnt, ist es das Ziel, zu überprüfen, ob der diagnostizierte Zusammenhang nicht nur zufälliger Natur ist, sondern ob dieser auch wirklich statistisch signifikant ist. Dazu bedient man sich des folgenden Testverfahrens, das in SPSS automatisch durchgeführt wird.

(1) Voraussetzungen

- Die beiden Merkmale X und Y seien normalverteilt.

(2) Hypothesen (zweiseitig)

H_0: Der Korrelationskoeffizient ist Null: $\rho_{xy} = 0$.
H_1: Der Korrelationskoeffizient ist nicht Null: $\rho_{xy} \neq 0$.

(3) Bestimmung der Prüfgröße

$$t_0 = \sqrt{n-2} \cdot \frac{r_{xy}}{\sqrt{1-r_{xy}^2}} .$$

(4) Kritischer Bereich aus der Tabelle der Student-*t*-Verteilung

$$K = \langle -\infty, -t_{n-1}^{\alpha/2}] \cup [t_{n-1}^{\alpha/2}, \infty\rangle .$$

(5) Entscheidung

H_0 ablehnen, wenn $t_0 \in K$.

7.2 Korrelationskoeffizient nach SPEARMAN

Der Rangkorrelationskoeffizient nach SPEARMAN setzt keine Normalverteilung voraus. Die Merkmale müssen wenigstens ordinalskaliert und stetig sein. Für die Berechnung dieses Korrelationskoeffizienten werden die Merkmale in gleicher Weise mit Rangnoten versehen. Anschließend wird die Differenz dieser Rangnoten gebildet:

$$r_s = 1 - \frac{6 \cdot \sum_{i=1}^{n} d_i^2}{n(n^2 - 1)} \text{ , mit } -1 \le r_s \le 1 \text{ ,}$$

mit d_i^2 = quadrierte Summe der Rangdifferenzen der einzelnen Beobachtungspaare.

Beispiel:

Gegeben seien die Ergebnisse einer Vorprüfung von acht ausgewählten Studenten mit den erreichten Punkten im Fach Mathematik und im Fach Statistik. Fraglich ist es, ob hier ein Zusammenhang zwischen den Ergebnissen in den Fächern besteht?

Student	Punkte Mathe	Punkte Statistik	Rang Mathe	Rang Statistik	Differenz d_i	Differenz quadriert
1	22	17	6	8	–2	4
2	49	43	3	1	2	4
3	44	23	4	6	–2	4
4	50	30	2	4	–2	4
5	57	42	1	2	–1	1
6	10	20	8	7	1	1
7	25	32	5	3	2	4
8	17	28	7	5	2	4
Gesamt						26

Der Korrelationskoeffizient nach SPEARMAN ergibt sich daraus als:

$$r_s = 1 - \frac{6 \cdot 26}{8(64-1)} = 0{,}6905 \text{ .}$$

Offenbar besteht ein mittlerer Zusammenhang zwischen den Ergebnissen bei den acht Studenten. Kritisch anzumerken sei an diesem Beispiel, daß ein Stichprobenumfang in der Größe $n = 8$ natürlich viel zu gering ist, um sinnvolle Aussagen treffen zu können.

7.2.1 Test auf Signifikanz des Korrelationskoeffizienten

(1) Voraussetzungen

- Die Merkmale X und Y seien stetig.

(2) Hypothesen (zweiseitig)

H_0: Der Korrelationskoeffizient ist Null: $\rho_s = 0$.
H_1: Der Korrelationskoeffizient ist nicht Null: $\rho_s \neq 0$.

(3) Bestimmung der Prüfgröße

① Bilde die Rangzahlen $r(x_i)$ und $r(y_i)$ für beide Merkmale in gleicher Art und Weise in jeweils aufsteigender Reihenfolge.

② Daraus werden die Rangdifferenzen für jedes Wertepaar berechnet: $d_i = r(x_i) - r(y_i)$. Die aufsummierten quadrierten Rangdifferenzen ergeben die Prüfgröße:

$$d_0 = \sum_{i=1}^{n} d_i^2 \ .$$

(4) Kritischer Bereich aus der Tabelle der HOTELLING-PABST-Statistik für $n \leq 30$

$$K = [0,\ h_n^{\alpha/2} \rangle \cup \langle \frac{n(n^2-1)}{3} - h_n^{\alpha/2},\ \infty \rangle .$$

Bei $n > 30$ ist die Prüfgröße d_0 näherungsweise normalverteilt. Es gilt dann:

$$d_0^* = \frac{d_0 - \frac{1}{6}(n^3 - n)}{\sqrt{\frac{1}{36}(n-1)(n+1)^2 n^2}} \ .$$

$$K = \langle -\infty,\ -\lambda^{\alpha/2}] \cup [\lambda^{\alpha/2},\ \infty \rangle .$$

(5) Entscheidung

H_0 ablehnen, wenn d_0 bzw. $d_0^* \in K$.

7.3 Korrelationskoeffizient nach KENDALL

Der Rangkorrelationskoeffizient nach KENDALL setzt ebenfalls keine Normalverteilung voraus. Die Merkmale müssen wenigstens ordinalskaliert und stetig sein.

$$\tau = 1 - \frac{4 \cdot \sum_{i=1}^{n} q_i}{n(n-1)} \text{ , mit } -1 \leq \tau \leq 1 \text{ .}$$

Dieser Rangkorrelationskoeffizient ordnet ebenfalls den beiden Merkmalen X und Y Rangzahlen $r(x_i)$ und $r(y_i)$ zu. Die Beobachtungspaare werden nach dem Merkmal X aufsteigend sortiert. Anschließend werden die Rangzahlen $r(y_i)$ der Variablen Y_i betrachtet und mit den sortierten Rangzahlen der Variablen X_i verglichen. Die Größe q_i ist die Anzahl an Rangzahlen $r(y_{n-i})$, die kleiner sind als die gerade betrachtete Rangzahl $r(y_i)$.

Beispiel:

Gegeben seien wieder die Ergebnisse einer Vorprüfung von acht ausgewählten Studenten mit den erreichten Punkten im Fach Mathematik und im Fach Statistik. Fraglich ist, ob hier ein Zusammenhang zwischen den Ergebnissen in den Fächern besteht?

Student	Punkte Mathe	Punkte Statistik	Rang Mathe	Rang Statistik	Anzahl q_i
5	57	42	1	2	1
4	50	30	2	4	2
2	49	43	3	1	0
3	44	23	4	6	2
7	25	32	5	3	0
1	22	17	6	8	2
8	17	28	7	5	0
6	10	20	8	7	0
Gesamt					7

Die Größe q_i ist Anzahl der noch folgenden Rangnoten Statistik, die kleiner sind, als die gerade betrachtete Rangnote Statistik

$$\tau = 1 - \frac{4 \cdot 7}{8(8-1)} = 0{,}5 \text{ .}$$

Bedingt durch die andere Berechnung fällt dieser Koeffizient etwas geringer aus, als der von SPEARMAN. Nach wie vor herrscht ein mittlerer Zusammenhang.

7.3.1 Test auf Signifikanz des Korrelationskoeffizienten

(1) Voraussetzungen

- Die Merkmale *X* und *Y* seien stetig.

(2) Hypothesen (zweiseitig)

H_0: Der Korrelationskoeffizient ist Null: $\tau = 0$.
H_1: Der Korrelationskoeffizient ist nicht Null: $\tau \neq 0$.

(3) Bestimmung der Prüfgröße

① Vergebe Rangzahlen für beide Merkmale $r(x_i)$ und $r(y_i)$ in gleicher Art und Weise.
② Sortiere die Rangzahlen nach $r(x_i)$ in aufsteigender Reihenfolge.
③ Die Anzahl der Rangzahlen von *y*, die gerade noch kleiner sind, als die gerade betrachtete Rangzahl von *y* bildet die Anzahl der Rangzahlen q_i.

$$k_0 = \frac{1}{2}n(n-1) - 2\sum_{i=1}^{n} q_i \ .$$

(4) Kritischer Bereich aus der Tabelle der KENDALLSCHEN Statistik für $n \leq 40$

$K = [0,\ K_n^{1-\alpha/2}\rangle$.

Bei $n > 40$ ist die Prüfgröße k_0 näherungsweise normalverteilt:

$$k_0^* = \frac{d_0}{\sqrt{\frac{n(n-1)(2n+5)}{18}}} \ .$$

$K = [\lambda^{1-\alpha/2}, \infty\rangle$.

(5) Entscheidung

H_0 ablehnen, wenn $|k_0|$ bzw. $|k_0^*| \in K$.

<u>Beispiel</u>:

Schließlich sollen die beiden Rangkorrelationskoeffizienten für den Zusammenhang zwischen dem Gewicht und der Körpergröße betrachtet werden. Der Aufbau der Korrelationsmatrix ist der gleiche, wie bei der bereits gezeigten Korrelationsmatrix für den Korrelationskoeffizient nach BRAVAIS-PEARSON. Zusätzlich ist hier jedoch auch die *Selbstkorrelation* eingetragen. Das ist die Korrelation der Variablen mit sich selbst, die immer den Wert Eins einnimmt.

Korrelationen

			Gewicht in kg	Körpergröße in cm
Kendall-Tau-b	Gewicht in kg	Korrelationskoeffizient	1,000	,610**
		Sig. (2-seitig)	,	,000
		N	100	100
	Körpergröße in cm	Korrelationskoeffizient	,610**	1,000
		Sig. (2-seitig)	,000	,
		N	100	100
Spearman-Rho	Gewicht in kg	Korrelationskoeffizient	1,000	,802**
		Sig. (2-seitig)	,	,000
		N	100	100
	Körpergröße in cm	Korrelationskoeffizient	,802**	1,000
		Sig. (2-seitig)	,000	,
		N	100	100

**. Korrelation ist auf dem Niveau von 0,01 signifikant (2-seitig).

Abbildung 7.5: Korrelationsmatrix nach KENDALL und SPEARMAN

Beide Korrelationskoeffizienten sind für die beiden betrachteten Variablen signifikant von Null verschieden. Durch die unterschiedliche Berechnung ergeben sich die unterschiedlichen Größen der Koeffizienten, wobei sich keine grundlegenden Unterschiede in der Bedeutung des Zusammenhanges ergeben.

8. Streudiagramme

Streudiagramme, auch Scatterplot (*scatter* = verteilen) genannt, sind Diagramme, die die Merkmalsausprägungen von zwei Variablen bzw. drei in Form von Koordinaten in einem *XY*-Koordinatensystem bzw. in einem *XYZ*-Koordinatensystem anzeigen. Jede gemeinsame Merkmalsausprägung stellt einen Punkt dar. Auf diese Weise lassen sich Zusammenhänge und Merkmalsräume sehr gut graphisch darstellen. Die Streudiagramme sind im Menüfenster *Graphiken* enthalten.

Nach Aufruf des Menüpunktes *Streudiagramm* erscheint ein weiteres Fenster, das mehrere Arten von Streudiagrammen in Form eines Menüs anzeigt.

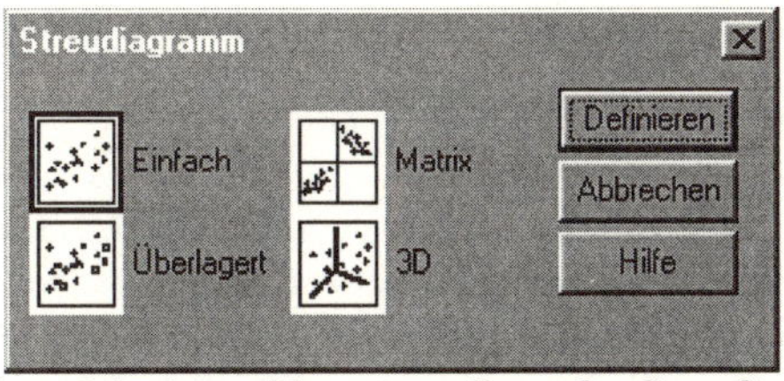

Abbildung 8.1: Auswahlmenü zur Prozedur Streudiagramm

8.1 Einfache Streudiagramme

Im einfachen Streudiagramm werden zwei Variablen mit Werten für die *Y*-Achse und die *X*-Achse benötigt.

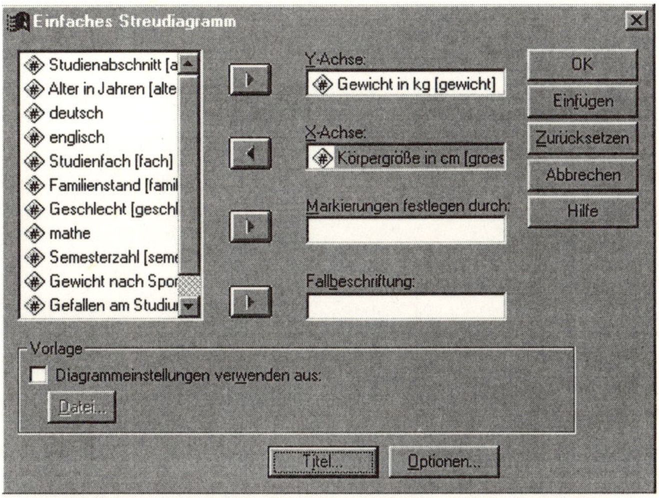

Abbildung 8.2: Dialogbox zum einfachen Streudiagramm

Das Feld *Markierung festlegen durch* erlaubt die Eingabe einer weiteren Variablen, welche die Punkte markiert. Beispielsweise könnte das im vorliegenden Fall das Geschlecht sein, das in dem Scatterplot die Punkte farblich durch zwei Farben unterscheidet. Das könnte aber auch eine andere Gruppenzugehörigkeit wie etwa das Studienfach oder der Familienstand sein.

Das Feld *Fallbeschriftung* ermöglicht das Anzeigen von Namen neben den Punkten im Scatterplot. Dies könnten im vorliegenden Beispiel die Namen der Studenten oder die Matrikelnummern sein. Auf diese Weise ist eine eindeutige Identifizierung der Punkte möglich. Diese Namen können auch individuell für bestimmte Punkte, etwa für die Ausreißer, per Mausklick angezeigt werden. *Diagrammeinstellungen* können auch abgespeichert und in dieser Einstellung aufgerufen werden, um sicherzustellen, daß das neue Diagramm in der gleichen Formatierung gezeichnet wird, wie sie für vorangegangene Diagramme bereits verwendet wurde. Falls ein Diagrammtitel gewünscht wird, so kann er bereits in dieser Einstellung nach dem Anklicken des gleichnamigen Punkts *Titel* eingetragen werden.

Es erscheint das Streudiagramm im Viewer als Objekt und kann durch Doppelklick mit der Maus editiert, d. h. überarbeitet werden. Durch den Doppelklick auf das Diagramm wechselt SPSS in den Editiermodus. Es erscheinen neue Icons und Menüpunkte, die sich auf das Diagramm beziehen. Viele dieser Optionen können alleine dadurch aufgerufen werden, in dem auf das entsprechende Merkmal im Diagramm doppelt geklickt wird.

Die Möglichkeiten der Veränderung der Graphiken sind so vielfältig, daß hier nur auf einige wenige Beispiele eingegangen werden kann.

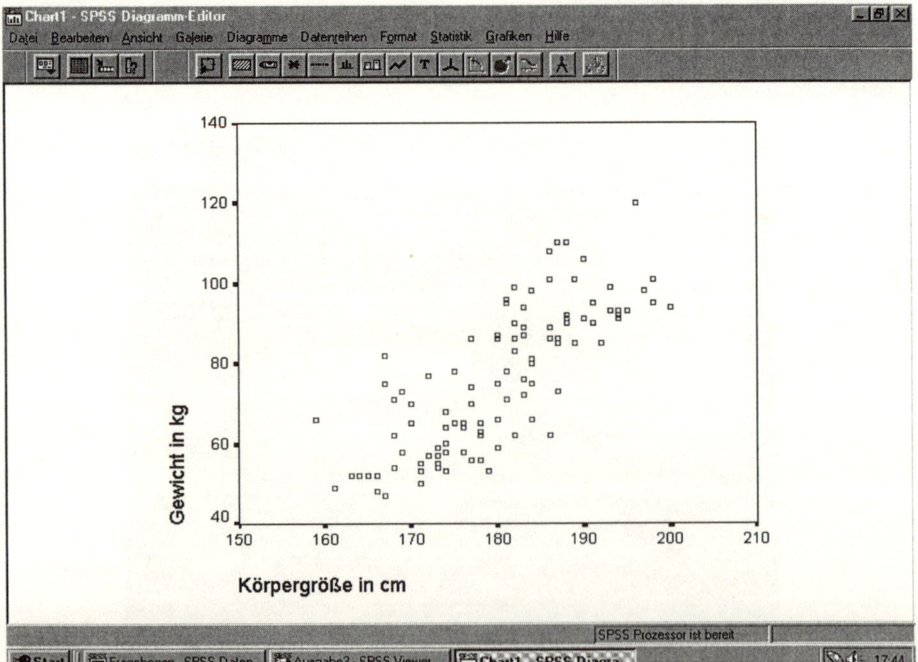

Abbildung 8.3: Einfaches Streudiagramm im Diagramm-Editor

Der Scatterplot auf der folgenden Seite weist eine Besonderheit auf: Zusätzlich zu den strichlierten Linien im Hintergrund, die eine Zuordnung der Punkte zu den Werten auf der Y-Achse und der X-Achse erleichtern, sind Bezugslinien in Höhe der jeweiligen Mittelwerte eingetragen (*Linie(n) für Y-Mittelwert*).

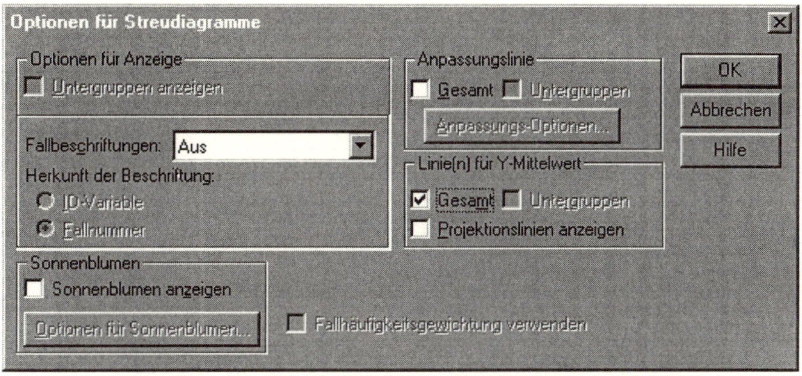

Abbildung 8.4: Unterdialogbox zu den Diagrammoptionen

Eine weitere Möglichkeit der Bezugslinien, besteht in dem Eintragen des Mittelwertes in die Dialogbox *Bezugslinien für Skalenachse*. Dies ist für die *x*-Achse wichtig, denn für diese stellen die Graphikoptionen kein automatisches Einzeichnen der Mittelwertlinie zur Verfügung.

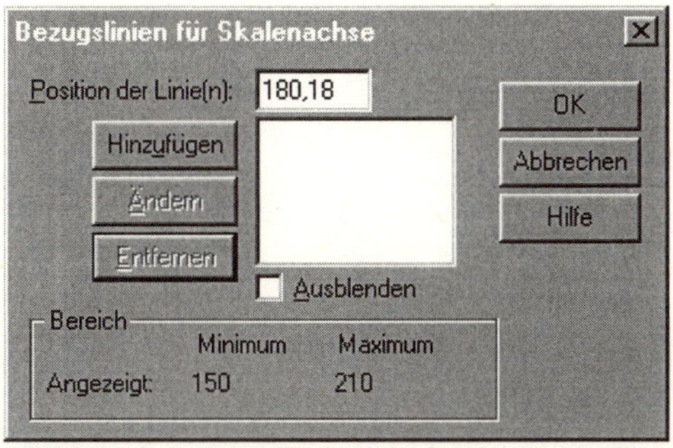

Abbildung 8.5: Unterdialogbox für die Bezugslinien

Durch diese Bezugslinien können Merkmalsräume in Form von Quadranten gebildet werden. Eine Darstellung, die oft in Form von Positionierungsmodellen im Marketing Anwendung findet.

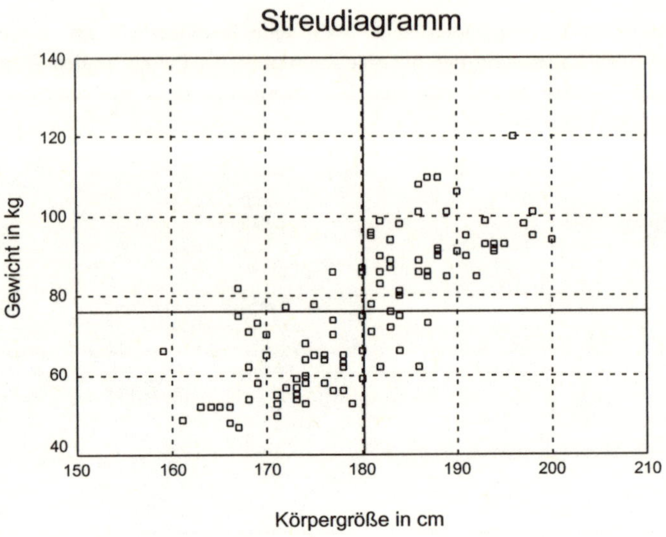

Abbildung 8.6: Streudiagramm mit Bezugslinien

Eine weitere Option ist das Eintragen einer Regressionsgeraden in die Punktwolke. Dies ist mit dem Menü *Anpassungslinie* möglich, das sich unter dem Menüpunkt *Optionen* verbirgt.

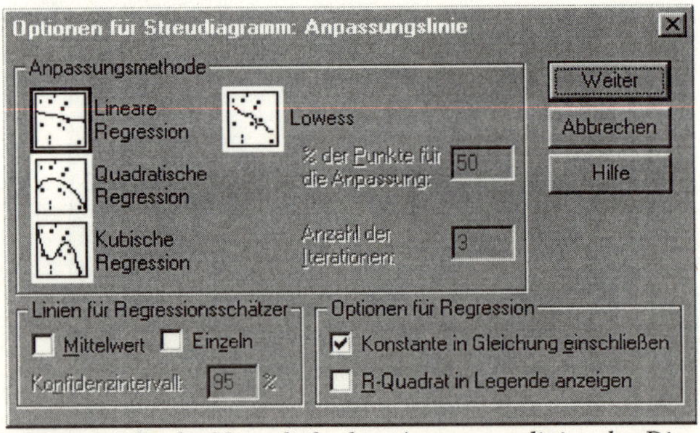

Abbildung 8.7: Optionen für die Unterdialogbox Anpassungslinien der Diagrammoptionen

In dem weiterführenden Menü *Optionen* können verschiedene Arten der Kurven (linear, quadratisch, kubisch) an die Punktwolke angepaßt werden. Zusätzlich können Gütekriterien, wie das lineare Bestimmtheitsmaß, neben dem Diagramm eintragen werden. Es kann auch festgelegt werden, ob das Regressionsmodell eine Konstante enthalten soll.

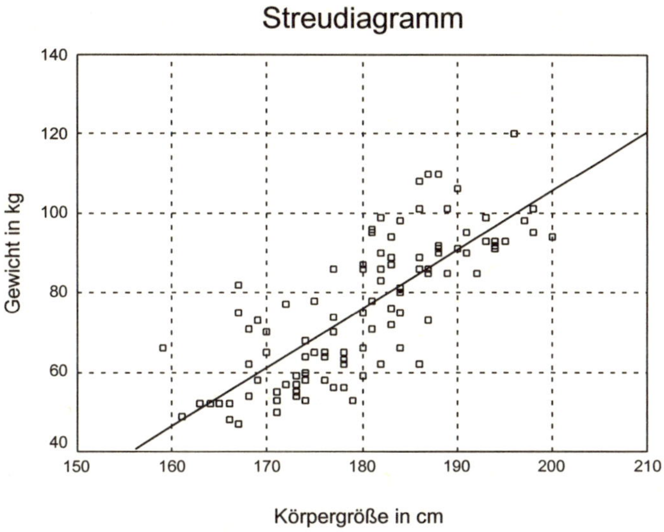

Abbildung 8.8: Streudiagramm mit Regressionsgerade

Das obige Streudiagramm zeigt die Merkmalsausprägungen im Streudiagramm mit der angepaßten linearen Regressionsgeraden. Diese Gerade liegt im Schwerpunkt der Punktwolke. Auf den ersten Blick erscheint ein deutlicher Zusammenhang, der bereits durch den Korrelationskoeffizienten bestätigt wurde. In sofern unterstützt diese Graphik die Berechnung des Korrelationskoeffizienten. Eine weitere sehr nützliche Funktion ist das Identifizieren der Punkte mit Hilfe einer Fallbeschriftungsvariablen. Im vorliegenden Beispiel könnten dies die Namen der Studenten oder die Matrikelnummern sein. Nachdem beide Variablen in der Datei nicht enthalten sind, soll das Studienfach verwendet werden, um einzelne Punkte mit dem Namen des Studienfaches zu belegen.

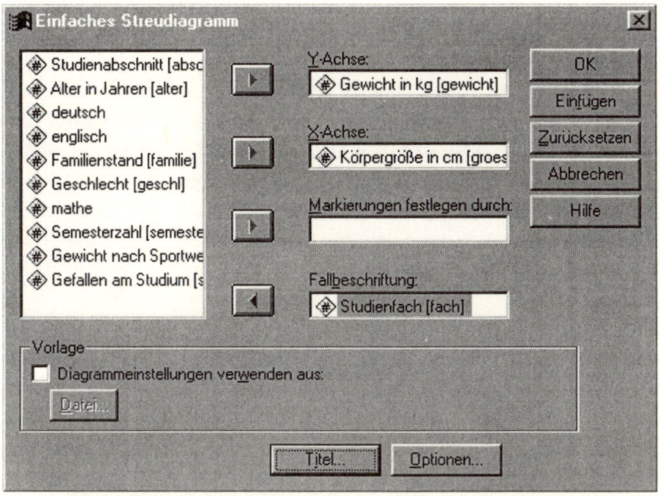

Abbildung 8.9: Dialogbox zum einfachen Streudiagramm

Das Diagramm wird zunächst wie gewohnt mit den Punkten dargestellt. Im *Diagrammeditor* kann aber über das Symbol mit dem Pfeil und dem offenen Quadrat

jeder einzelne Punkt durch Anklicken mit seiner Beschriftung versehen werden, oder es kann in der Dialogbox zu den *Diagrammoptionen* auch die *Fallbeschriftung* generell für alle Fälle eingeschaltet werden.

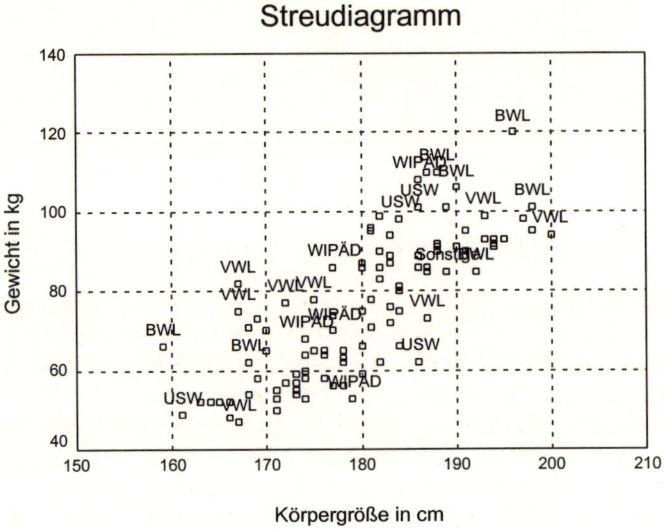

Abbildung 8.10: Streudiagramm mit Fallbeschriftung

8.2 Streudiagramm-Matrix

Eine Möglichkeit, eine Korrelationsmatrix mit mehreren Variablen auch graphisch darzustellen, ist die Streudiagramm-Matrix (*Scatterplotmatrix*). Hier werden für alle in den Zielbereich eingetragenen Variablen die möglichen Kombinationen der Merkmale in einer symmetrischen Matrix gegenübergestellt. Es lassen sich dann die Zusammenhänge zwischen den Merkmalen im Vergleich betrachten. Im Grunde genommen handelt es sich um eine graphische Darstellung einer Korrelationsmatrix,

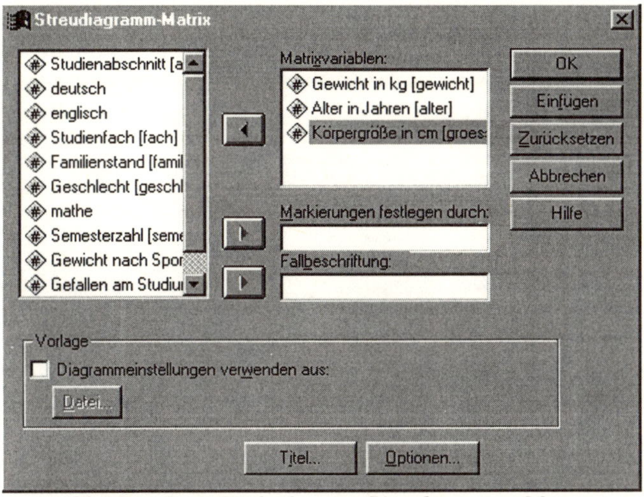

Abbildung 8.11: Dialogbox zur Streudiagramm-Matrix

Die Variablennamen stehen auf der Hauptdiagonalen. Da die Matrix symmetrisch aufgebaut ist, genügt der Blick auf die linken drei Quadranten. Die dort abgebildeten Streudiagramme zeigen das Alter mit dem Gewicht, das Alter mit der Körpergröße und das Gewicht mit der Körpergröße.

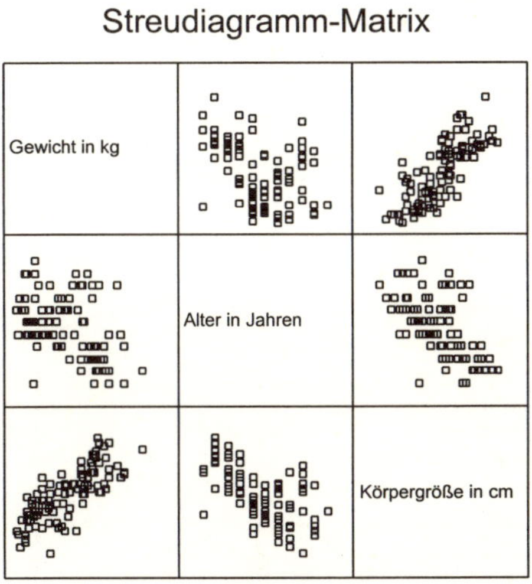

Abbildung 8.12: Streudiagramm-Matrix

Man erkennt in dieser Matrixdarstellung, daß der Zusammenhang zwischen den Variablen Gewicht und Körpergröße stärker ist, als zwischen dem Gewicht und dem Alter sowie zwischen der Körpergröße und dem Alter. Nachdem es sich um eine symmetrische Matrix handelt, brauchen nur die Darstellungen oberhalb der Hauptdiagonalen betrachtet werden.

8.3 3D-Streudiagramm

Die dritte Art der Streudiagramme ist das dreidimensionale Streudiagramm. Hier werden die Merkmalsausprägungen in Form einer Punktwolke in räumlicher Darstellung gezeigt.

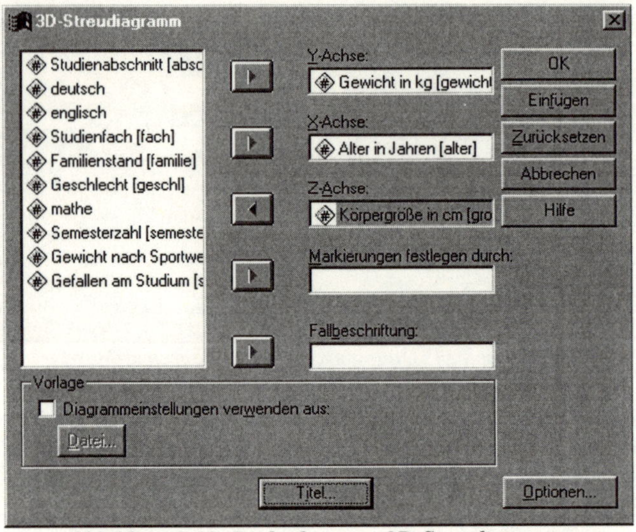

Abbildung 8.13: Dialogbox zum 3D-Streudiagramm

Hier wäre der Zusammenhang als Ebene zu verstehen. In den Diagrammoptionen können auch Referenzlinien eingezeichnet werden, die eine Zuordnung der Koordinaten erleichtern.

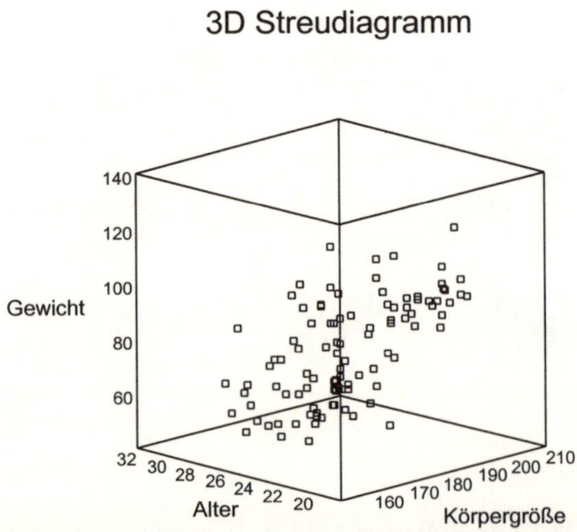

Abbildung 8.14: 3D-Streudiagramm

8.4 Sonnenblumenplots

Falls kategoriale Merkmale in Form eines Streudiagrammes dargestellt werden sollen, tritt das Problem auf, daß mehrere Merkmalsausprägungen auf einem Punkt überlagert dargestellt werden müssen. Es lassen sich dann nicht wirklich Abhängigkeiten oder Strukturen in den Daten erkennen.

Ein Möglichkeit der Überwindung dieser Problematik stellen die Sonnenblumenplots (*Sunflower*) dar, die in den *Streudiagrammen* in Form einer *Diagrammoption* enthalten sind.

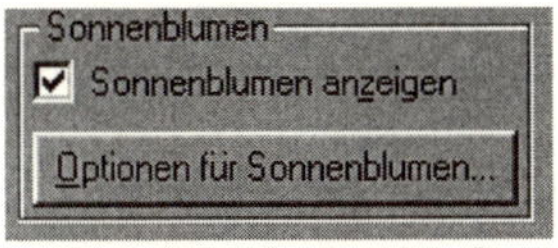

Abbildung 8.15: Schaltfläche für den Sonnenblumenplot

Es erscheinen dann in der Graphik anstelle der einzelnen Punkte *Sonnenblumen*, bei denen jeder Ast eine Beobachtung darstellt.

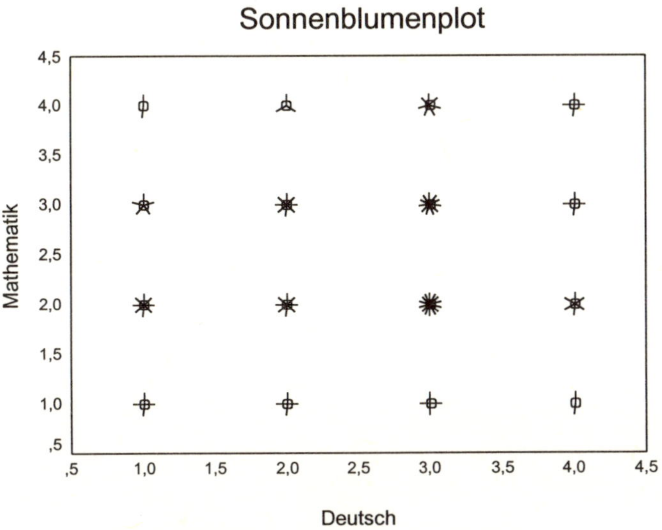

Abbildung 8.16: Sonnenblumenplot

Man erkennt hier die gemeinsamen Merkmalsausprägungen für die diskreten Schulnoten. Die Kombination (1, 1), (2, 2) und (2, 3) tritt am häufigsten auf, denn dort sind die meisten Ausprägungen durch die Linien dargestellt. Es kann hier von einem schwachen Zusammenhang ausgegangen werden, denn tendenziell scheinen gute Noten bzw. schlechte Noten in dem einen Schulfach auch die gleichen guten bzw. schlechten Noten in dem anderen Schulfach zu bedeuten.

9. Regressionsanalyse

9.1 Einführung in die Regressionsanalyse

Während es bei der Korrelation noch um die quantitative Messung des Zusammenhanges zweier Variablen ging, wird bei der Regression dieser Zusammenhang durch eine Modellgleichung bestimmt. Voraussetzung für die lineare Regressionsanalyse sind metrisch skalierte Merkmale. Ziel ist es, den Zusammenhang zwischen zwei (oder mehreren) Merkmalen durch die Anpassung einer Geraden zu beschreiben. Die Gerade soll dabei den Schwerpunkt der durch alle Beobachtungen gebildeten Punktwolke durchqueren. Man unterscheidet bei der Regressionsgleichung zwischen einer abhängigen Variablen, der durch die Regressionsgleichung *zu erklärenden Variablen*, und einer unabhängigen Variablen, der *erklärenden Variablen*. Die folgende Skizze zeigt die für die Regressionsanalyse wichtigen Größen:

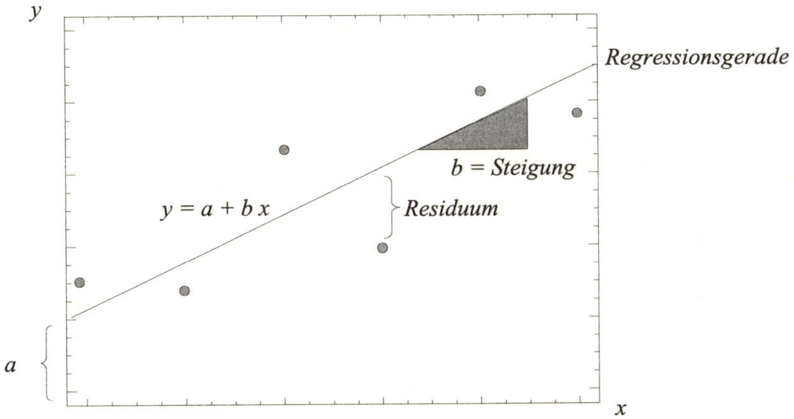

Abbildung 9.1: Regressionsgerade und Regressionsgleichung

Die einfache lineare Regressionsgleichung lautet (vollständig): $y_i = a + b \cdot x_i + e_i$,

mit

y_i .....abhängige bzw. zu erklärende Variable

a.......Sockelbetrag (Absolutglied, Konstante)

b.......Steigung $b = \tan\alpha$

x_i .....unabhängige bzw. erklärende Variable.

Die beiden Parameter a und b sind die Regressionskoeffizienten der Regressionsgleichung. Eine weitere Größe kann mit Hilfe der Regressionsgleichung bestimmt werden:

e_i .....Residuum.

Das Residuum ist die Abweichung der tatsächlichen Beobachtung von der durch die Regressionsgleichung geschätzten Beobachtung, woraus folgt:

$$e_i = y_i - \hat{y}_i \text{ , mit } e_i \approx N(\mu, \sigma^2) \text{ .}$$

Da in der Realität das Residuum e_i vorab nicht bekannt ist, kann der beobachtete Wert y_i durch die Regressionsgleichung nur geschätzt werden; er wird daher mit einem Dach versehen:

$$\hat{y}_i = a + b \cdot x_i \text{ .}$$

Durch Punktschätzung wird daraus die Regressionsgleichung geschätzt. Als Kriterium für die Güte der Schätzung gilt die Minimierung der Abweichungsquadratsumme:

$$s^2 = \sum_{i=1}^{n} (y_i - a - bx_i)^2 \text{ .}$$

Wird diese Gleichung nach ihren Variablen a und b abgeleitet, so ergeben sich die folgenden beiden abgeleiteten Gleichungen:

$$\frac{\partial s^2}{\partial a} = -2\sum_{i=1}^{n} (y_i - a - bx_i) \overset{!}{=} 0 \text{ und } \frac{\partial s^2}{\partial b} = -2\sum_{i=1}^{n} x_i (y_i - a - bx_i) \overset{!}{=} 0 \text{ .}$$

Mit Hilfe dieser beiden Gleichungen kann zunächst die Steigung b bestimmt werden:

$$b = \frac{\sum_{i=1}^{n} (x_i - \bar{x})(y_i - \bar{y})}{\sum_{i=1}^{n} (x_i - \bar{x})^2} \text{ ,}$$

und anschließend das Absolutglied a durch Einsetzten in die folgende Gleichung:

$$a = \bar{y} - b\bar{x} \text{ .}$$

Beispiele für die Anwendung der Regressionsanalyse scheinen zunächst vielfältig zu sein, jedoch darf nicht übersehen werden, daß oftmals die Voraussetzung normalverteilter, metrisch skalierter Daten nicht beachtet wird. Ein weiteres großes Problem liegt in der Monokausalität des einfachen Regressionsmodells. Dies kann durch Hinzunahme weiterer Variablen überwunden werden. Das Hauptproblem erscheint jedoch die Annahme der Linearität, die in der Realität nur in den seltensten Fällen vorkommt. Unter Beachtung dieser Voraussetzungen, können die folgenden Beispiele hier genannt werden:

- Es soll der Zusammenhang zwischen den Werbeausgaben und dem Umsatz über mehrere Perioden modellhaft abgebildet werden, um für die Folgeperioden Schätzwerte für die Auswirkung der Werbeausgaben zu erhalten.
- Es soll anhand der Gesamtkosten und des Outputs versucht werden, die lineare Kostenfunktion $K = K_{Fix} + k_{\text{var}} \cdot x$ zu bestimmen.
- In einem landwirtschaftlichen Betrieb wird der Zusammenhang zwischen Ernteertrag und Kunstdüngereinsatz durch ein lineares Regressionsmodell bestimmt.

Beispiel:

Es wird der Zusammenhang zwischen dem Gewicht (abhängige Variable) und der Körpergröße (unabhängige Variable) der $n = 100$ Studenten untersucht. Zunächst kann dieser Zusammenhang mit Hilfe eines einfachen *XY*-Streudiagrammes visualisiert werden. Es erscheint auf den ersten Blick ein deutlicher Zusammenhang gegeben.

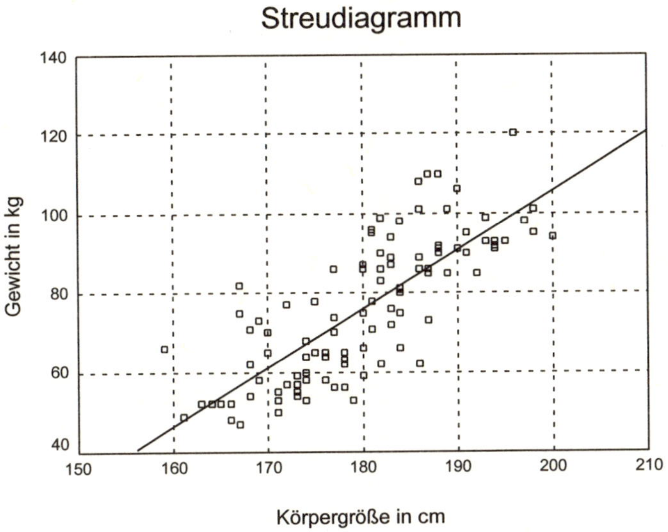

Abbildung 9.2: Streudiagramm mit Regressionsgeraden

Das *XY*-Streudiagramm mit der nachträglich angepaßten Regressionsgerade zeigt zwar einen deutlichen linearen Zusammenhang, aber man erkennt auch eine Streuung zwischen diesen beiden Variablen.

Die *Dialogbox* zur Prozedur *Regression* verlangt entsprechend dem Regressionsmodell eine *abhängige* Variable (zu erklärende Variable) und wenigstens eine *unabhängige* Variable (erklärende Variable). Zusätzlich kann im Feld *Fallbeschriftung* eine Variable eingegeben werden, mit der später die Residuen identifiziert werden können.

Entsprechend der Modellgleichung soll hier die Variable *Größe* als unabhängige Variable das *Gewicht* als abhängige Variable erklären. Zusätzlich können auch weitere unabhängige Variablen eingegeben werden, wodurch dann ein multiples Regressionsmodell entsteht. Man spricht auch von *linearer Mehrfachregression*.

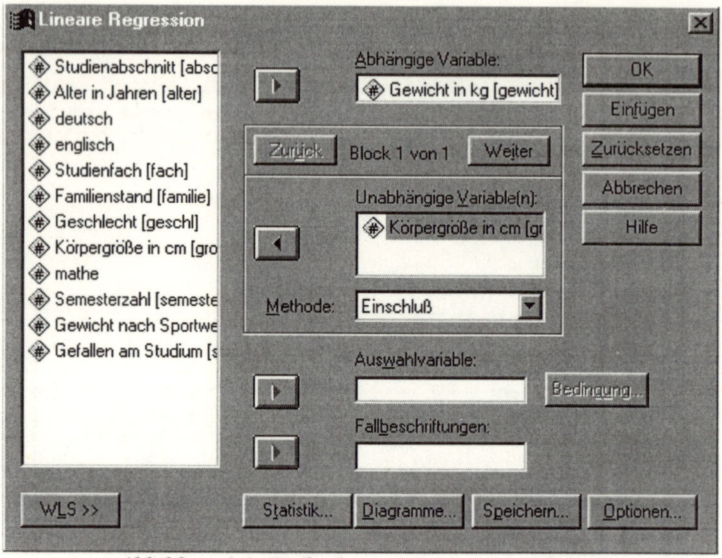

Abbildung 9.3: Dialogbox zur Regressionsanalyse

Die Methode *Einschluß* bedeutet, daß alle (hier nur eine) unabhängigen Variablen in das Modell aufgenommen werden. Es besteht auch die Möglichkeit, über eine schrittweise Regression (*Schrittweise*) die Variablen nacheinander in das Modell aufzunehmen, um die Auswirkung auf das Modell zu überprüfen. Auch kann die Auswahl der aufzunehmenden Variablen dem Programm überlassen werden (*Rückwärts, Vorwärts*).

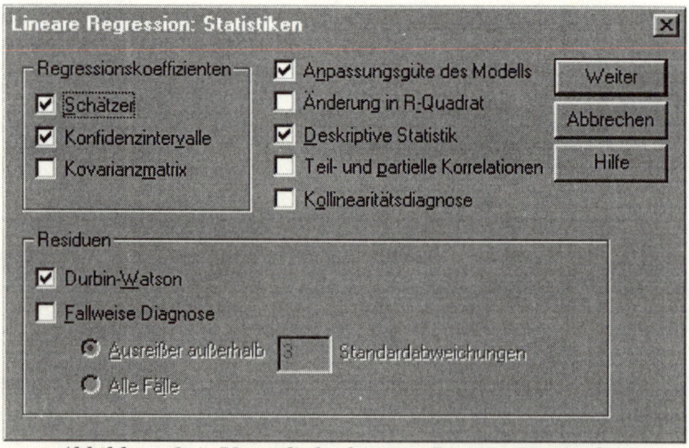

Abbildung 9.4: Unterdialogbox zur Regressionsanalyse

Die oben gezeigte Dialogbox *Statistiken* enthält auch solche Maße, die nur für eine lineare Mehrfachregression mit mehr als zwei Variablen (*Teil- und partielle Korrelation* und *Kollinearitätsdiagnose*) oder für fortlaufende Hinzunahme von Variablen im Rahmen einer schrittweisen Regression (*Änderung in R-Quadrat*) benötigt werden. Die Analyse der Residuen stellt auch den Test nach *Durbin-Watson* zur Verfügung, der auf Autokorrelation der Residuen testet. Eine *fallweise Diagnose* bedeutet eine detaillierte Anzeige der Residuen.

9.2 Die Schätzung der Koeffizienten

Im folgenden werden nur kurz die zur Schätzung verwendeten Größen gezeigt.

Mittelwert der Variablen *X* bzw. *Y*:

$$\bar{x} = \frac{1}{n}\sum_{i=1}^{n} x_i \text{ und } \bar{y} = \frac{1}{n}\sum_{i=1}^{n} y_i \ .$$

Varianz der Variablen *X* bzw. *Y*:

$$s_x^2 = \frac{1}{n-1}\sum_{i=1}^{n}\left(x_i - \bar{x}\right)^2 \text{ und } s_y^2 = \frac{1}{n-1}\sum_{i=1}^{n}\left(y_i - \bar{y}\right)^2 \ .$$

Kovarianz zwischen den beiden Variablen:

$$s_{xy} = \frac{1}{n-1}\sum_{i=1}^{n}\left(x_i - \bar{x}\right)\left(y_i - \bar{y}\right) .$$

Durch die Kürzungen im Nenner können folgende Vereinfachungen erreicht werden:

für die Kovarianz: $s_{xy} = \sum_{i=1}^{n} x_i y_i - n \cdot \bar{x} \cdot \bar{y}$

und die Standardabweichungen: $s_x = \sqrt{\sum_{i=1}^{n}\left(x_i - \bar{x}\right)^2}$ und $s_y = \sqrt{\sum_{i=1}^{n}\left(y_i - \bar{y}\right)^2}$.

Daraus kann die Steigung geschätzte $\hat{b}$ errechnet werden:

$$\hat{b} = \frac{s_{xy}}{s_x^2} \ .$$

Der Sockelbetrag $\hat{a}$ ergibt sich aus der Steigung und den beiden Mittelwerten:

$$\hat{a} = \bar{y} - \hat{b} \cdot \bar{x} \ .$$

Mit Hilfe der beiden Regressionskoeffizienten können die Schätzwerte bestimmt werden:

$$\hat{y}_i = \hat{a} + \hat{b} \cdot x_i \ .$$

Die *Residuen* ergeben sich als Differenz zwischen Beobachtungswert und Schätzwert:

$$e_i = y_i - \hat{y}_i \ .$$

Der Korrelationskoeffizient als Maß für den linearen Zusammenhang wird mit Hilfe der Standardabweichungen und der Kovarianz gebildet:

$$r_{xy} = \frac{s_{xy}}{s_x \cdot s_y}\text{, mit } -1 \leq r_{xy} \leq 1 .$$

Eine für die Regressionsanalyse wichtige Größe ist das **lineare Bestimmtheitsmaß** R^2. Dies ist das Maß für die Güte des Regressionsmodells und liegt zwischen 0 und 1. Interpretiert wird es: „... *Prozent der Varianz wird durch die Regressionsgleichung erklärt*“. Je näher dieser Wert bei Eins liegt, desto besser ist das Regressionsmodell für den unterstellten Zusammenhang geeignet. Das Bestimmtheitsmaß ist die Relation aus den erklärten zu der nicht erklärten Abweichungsquadratsumme.

$$R^2 = \frac{\textit{erklärte Abweichungsquadratsumme}}{\textit{zu erklärende Gesamtabweichungsquadratsumme}}\text{, mit } 0 \leq R^2 \leq 1 .$$

Die für die Berechnung der Regressionsgleichung verwendeten Größen können als Zwischenergebnisse in der Dialogbox unter dem Menüpunkt *Deskriptive Statistik* angefordert werden.

Deskriptive Statistiken

	Mittelwert	Standardabweichung	N
Gewicht in kg	76,19	17,60	100
Körpergröße in cm	180,06	9,27	100

Abbildung 9.5: Deskriptive Statistiken zur Regressionsanalyse

Es erscheint als erstes eine Übersicht mit dem Mittelwert, der Standardabweichung der Stichproben und der die Anzahl der Beobachtungen (hier *N*) für die betrachteten Variablen.

Als nächstes folgt eine Korrelationsmatrix, die hier nur einen Korrelationskoeffizienten zeigt, da nur der Zusammenhang zwischen zwei Variablen gemessen wird.

Korrelationen

		Gewicht in kg	Körpergröße in cm
Korrelation nach Pearson	Gewicht in kg	1,000	,779
	Körpergröße in cm	,779	1,000
Signifikanz (einseitig)	Gewicht in kg	,	,000
	Körpergröße in cm	,000	,
N	Gewicht in kg	100	100
	Körpergröße in cm	100	100

Abbildung 9.6: Korrelationsmatrix

Die Hauptdiagonale zeigt die Eins (Selbstkorrelation) und die Nebendiagonale den Korrelationskoeffizient r_{xy} .

Der hier ausgewiesene Korrelationskoeffizient weist auf einen hohen positiven Zusammenhang hin. Die Zeile darunter zeigt *,000*. Das weist auf einen hochsignifikanten Korrelationskoeffizient hin. Das bedeutet, daß die Nullhypothese „der Korrelationskoeffizient ist Null", **nicht** angenommen werden kann.

Die folgende Statistik zeigt die aufgenommenen Variablen und ist für das verwendete Verfahren unbedeutend, da hier die Variablen nicht schrittweise vom Programm hinzugefügt bzw. entfernt wurden. Bereits zu Beginn wurde darauf hingewiesen, daß auch eine schrittweise Aufnahme von Variablen möglich ist.

Aufgenommene/Entfernte Variablen[b]

Modell	Aufgenommene Variablen	Entfernte Variablen	Methode
1	Körpergröße in cm[a]	,	Eingeben

a. Alle gewünschten Variablen wurden aufgenommen.

b. Abhängige Variable: Gewicht in kg

Abbildung 9.7: Information zur Regressionsanalyse

Die nächste Abbildung zeigt weitere Kenngrößen der Regressionsanalyse in Form einer *Modellzusammenfassung*:

Modellzusammenfassung[b]

Modell	R	R-Quadrat	Korrigiertes R-Quadrat	Standardfehler des Schätzers	Durbin-Watson-Statistik
1	,779[a]	,607	,603	11,08	2,106

a. Einflußvariablen : (Konstante), Körpergröße in cm

b. Abhängige Variable: Gewicht in kg

Abbildung 9.8: Gütekriterien zur Regressionsanalyse

Die Ziffer 1 steht für das erste spezifizierte Modell. Es wäre prinzipiell möglich, mit Hilfe weiterer Variablen noch alternative Regressionsmodelle mit mehreren unabhängigen Variablen zu bilden. *R* ist der Korrelationskoeffizient r_{xy}, der bereits in Form der Korrelationsmatrix erschienen ist. Das lineare Bestimmtheitsmaß *R-Quadrat* kann durch Quadrierung des Korrelationskoeffizienten, oder auch durch die folgende Beziehung berechnet werden:

$$R^2 = \frac{\sum_{i=1}^{n}(\hat{y}_i - \bar{y})^2}{\sum_{i=1}^{n}(y_i - \bar{y})^2} .$$

Das Bestimmtheitsmaß von 0,607 bedeutet, daß 60,7% der Streuung durch die Regressionsgleichung, in diesem Beispiel durch die Körpergröße, erklärt werden. Im Umkehrschluß bleiben 39,3% unerklärt, was auch ein Hinweis auf eine weitere Einflußgröße sein kann, die in dem einfachen Modell nicht berücksichtigt wurde.

Das *korrigierte R-Quadrat* ist das mit der Anzahl der n Werte und r Variablen gewichtete lineare Bestimmtheitsmaß:

$$R^2_{korr} = 1 - \frac{\left(1 - R^2\right)(n-1)}{r-1} = R^2 - \frac{r\left(1 - R^2\right)}{n-r-1} .$$

Der *Standardfehler des Schätzers* entspricht dem Standardfehler der Residuen SE mit

$$SE = \sqrt{\frac{1}{n-2} e_i^2}$$

$$= \sqrt{\frac{1}{n-2} \sum_{i=1}^{n} \left(y_i - \hat{y}_i\right)^2}$$

$$= \sqrt{\frac{1}{n-2} \left(\sum_{i=1}^{n} \left(y_i - a - bx_i\right)^2 \right)} .$$

9.3 Test auf den Zusammenhang zwischen den Variablen *X* und *Y*

Eine Möglichkeit, die Hypothese zu testen, daß kein Zusammenhang zwischen den beiden Variablen besteht, ist der F-Test im Zusammenhang mit der Varianzanalyse. Überprüft wurde dabei, ob der Zusammenhang signifikant von Null verschieden ist.

(1) Hypothesen

H_0: Der Regressionskoeffizient ist Null: $b = 0$.
H_1: Der Regressionskoeffizient nicht Null: $b \neq 0$.

(2) Bestimmung der Prüfgröße

Wie bei der Varianzanalyse werden wieder die Abweichnugsquadratsummen in Relation zueinander gesetzt:

① Erklärte Streuung (*Sum of Squares Regression*): $SSQ = \sum_{i=1}^{n} \left(\hat{y}_i - \bar{y}\right)^2$.

② nicht erklärte Streuung (*Sum of Squares Error*): $SSE = \sum_{i=1}^{n} \left(y_i - \hat{y}\right)^2 = \sum_{i=1}^{n} e_i^2$.

③ Gesamte Streuung (*Sum of Squares Total*): $SST = \sum_{i=1}^{n} \left(y_i - \bar{y}\right)^2 = SSQ + SSE$.

Daraus werden die mittleren Abweichungsquadratsummen gebildet, das ist die jeweilige Streuung geteilt durch die Freiheitsgrade:

$$MSQ = \frac{SSQ}{r-1} \text{ und } MSE = \frac{SSE}{n-r} .$$

Als Prüfgröße erhalten wir:

$$F_0 = (n-2) \cdot \frac{SSQ}{SSE} = \frac{MSQ}{MSE} .$$

Das Ergebnis dieses Tests kann wieder in Form einer verkürzten Varianztabelle dargestellt werden:

Streuungsursache	Quadratsumme	Freiheitsgrade	mittlere Quadratsumme	Prüfgröße F
Erklärende Variable	SSQ	$r-1$	$MSQ = \frac{SSQ}{r-1}$	$F_0 = \frac{MSQ}{MSE}$
Residuen	SSE	$n-r$	$MSE = \frac{SSE}{n-r}$	
Gesamt	SST	$n-1$		

Abbildung 9.9: Varianztabelle zum F-Test

(3) Kritischer Bereich

$K = [\, F^{\alpha}_{r-1,n-r}, \infty\rangle$.

(4) Entscheidung

H_0 ablehnen, falls $F_0 \in K$.

Die folgende Tabelle zeigt die Varianztabelle aus der vorliegenden Auswertung für das Regressionsmodell (*Modell 1*).

ANOVA[b]

Modell		Quadratsumme	df	Mittel der Quadrate	F	Signifikanz
1	Regression	18613,348	1	18613,348	151,529	,000[a]
	Residuen	12038,042	98	122,837		
	Gesamt	30651,390	99			

a. Einflußvariablen : (Konstante), Körpergröße in cm

b. Abhängige Variable: Gewicht in kg

Abbildung 9.10: F-Test zur Regressionsanalyse

Im vorliegenden Fall weist die Zahl *,000* in dem Feld *Signifikanz* darauf hin, daß die Koeffizienten des Regressionsmodells signifikant von Null verschieden sind.

Das nächste Bild zeigt die *Koeffizienten*, die in der Dialogbox zur Prozedur *Regression* unter dem Menüpunkt *Schätzer* angegeben waren:

Koeffizienten[a]

Modell		Nicht standardisierte Koeffizienten		Standardisierte Koeffizienten	T	Signifikanz	95%-Konfidenzintervall für B	
		B	Standardfehler	Beta			Untergrenze	Obergrenze
1	(Konstante)	-190,018	21,654		-8,775	,000	-232,990	-147,046
	Körpergröße in cm	1,478	,120	,779	12,310	,000	1,240	1,717

a. Abhängige Variable: Gewicht in kg

Abbildung 9.11: Koeffizienten, Teststatistiken und Konfidenzintervalle

Diese Aufstellung zeigt unter der Spalte *B* die Regressionskoeffizienten. Die Konstante *a* steht unter gleichem Namen in der ersten Zeile, während die Steigung *b* darunter in Form des Variablenlabels aufgeführt ist. Die Regressionsgleichung lautet demnach (gerundet)

$$y = -190 + 1{,}5 \cdot x\,.$$

Während das Absolutglied *a* hier nicht sinnvoll zu interpretieren ist, bedeutet die Steigung *b* eine Zunahme um 1,5 *kg* bei einer Zunahme der Körpergröße um 1 cm.

In der nächsten Spalte stehen die Standardfehler der Regressionskoeffizienten SE_a und SE_b mit

$$SE_b = \frac{SE}{\sqrt{\sum_{i=1}^{n}(x_i - \bar{x})^2}} \quad \text{und}$$

$$SE_a = SE \cdot \sqrt{\frac{\sum_{i=1}^{n} x_i^2}{n\sum_{i=1}^{n}(x_i - \bar{x})^2}}\,.$$

Die weiteren Felder zeigen die Größe *Beta*, das ist der standardisierte Regressionskoeffizient der Steigung *b*. Dieser Wert entspricht dem *standardisierten Regressionskoeffizienten*.

$$\beta = \frac{s_x}{s_y} \cdot b\,.$$

Unter der Spalte *T* sind die *t*-Werte für den Test auf Signifikanz der Regressionskoeffizienten aufgeführt, wobei das Ergebnis in der nächsten Spalte unter *Signifikanz* angegeben ist.

9.4 Test für die Steigung *b*

Der Test für die Steigung versucht zu klären, ob die geschätzten Regressionskoeffizienten signifikant von Null verschieden sind. Dies ist gleichbedeutend mit der Frage, ob ein Zusammenhang zwischen den Variablen besteht.

(1) Hypothesen

H_0: Die Steigung ist Null: $b = 0$.
H_1: Die Steigung ist nicht Null: $b \neq 0$.

(2) Bestimmung der Prüfgröße

$$t_0 = \frac{\hat{b}}{SE_b}\text{, mit}$$

$$SE_b = \frac{SE}{\sqrt{\sum_{i=1}^{n}(x_i - \bar{x})^2}} \text{ und}$$

$$SE = \sqrt{\frac{1}{n-2}\left(\sum_{i=1}^{n}(y_i - a - bx_i)^2\right)}\ .$$

(3) Kritischer Bereich aus der Tabelle der Student-*t*-Verteilung

$$K = \langle -\infty, -t_{n-2}^{\alpha/2}] \cup [t_{n-2}^{\alpha/2}, \infty\rangle\ .$$

(4) Entscheidung

H_0 ablehnen, falls $t_0 \in K$.

9.5 Test für die Konstante *a*

(1) Hypothesen

H_0: Die Konstante ist Null: $a = 0$.
H_1: Die Konstante ist nicht Null: $a \neq 0$.

(2) Bestimmung der Prüfgröße

$$t_0 = \frac{\hat{a}}{SE_a} \text{ , mit}$$

$$SE_a = SE \sqrt{\frac{\sum_{i=1}^{2} x_i^2}{n\sum_{i=1}^{n}\left(x_i - \bar{x}\right)^2}} \; .$$

(3) Kritischer Bereich aus der Tabelle der Student-*t*-Verteilung

$$K = \langle -\infty, \, -t_{n-2}^{\alpha/2}\,] \cup [\, t_{n-2}^{\alpha/2}, \, \infty \rangle \, .$$

(4) Entscheidung

H_0 ablehnen, falls $t_0 \in K$.

9.6 Konfidenzintervalle

Schließlich sind in der Ausgabe *Koeffizienten* in der letzten Spalte 95%-Konfidenzintervalle für die geschätzten Regressionskoeffizienten $\hat{a}$ und $\hat{b}$ angegeben.

Konfidenzintervall für das **Absolutglied** a:

$$Konf = \left\{ \hat{a} - t_{n-2}^{\alpha/2} \cdot SE_a \le a \le \hat{a} + t_{n-2}^{\alpha/2} \cdot SE_a \right\} \text{ , mit}$$

$$SE_a = SE \cdot \sqrt{\frac{\sum_{i=}^{1} x_1^2}{n\sum_{i=1}^{n}\left(x_i - \bar{x}\right)^2}} \; .$$

Konfidenzintervall für die **Steigung** b:

$$Konf = \left\{ \hat{b} - t_{n-2}^{\alpha/2} \cdot SE_b \le b \le \hat{b} + t_{n-2}^{\alpha/2} \cdot SE_a \right\} \text{ , mit}$$

$$SE_b = \frac{SE}{\sqrt{\sum_{i=1}^{n}\left(x_i - \bar{x}\right)^2}} \; .$$

Konfidenzintervall für den **Einzelwert** (individueller Prognosewert) y_0:

$$Konf = \left\{ \hat{y}_0 - t_{n-2}^{\alpha/2} \cdot SE_F \le y_0 \le \hat{y}_0 + t_{n-2}^{\alpha/2} \cdot SE_F \right\} \text{ , mit}$$

$$SE_F = SE\sqrt{1+\frac{1}{n}+\frac{(x_0-\bar{x})^2}{\sum_{i=1}^{n}(x_i-\bar{x})^2}}\ .$$

Konfidenzintervall für den **durchschnittlichen Prognosewert** $E(y_0)$:

$$Konf = \left\{\hat{y}_0 - t_{n-2}^{\alpha/2}\cdot SE_{Y_0} \le E(y_0) \le \hat{y}_0 + t_{n-2}^{\alpha/2}\cdot SE_{Y_0}\right\}\text{ , mit}$$

$$SE_{Y_0} = SE\sqrt{\frac{1}{n}+\frac{(x_0-\bar{x})^2}{\sum_{i=1}^{n}(x_i-\bar{x})^2}}\ .$$

Die hier berechneten Konfidenzintervalle für den individuellen Prognosewert und den durchschnittlichen Prognosewert können in der folgenden Abbildung beispielhaft gezeigt werden. Die mittlere Linie zeigt die Regressionsgerade. Die jeweils inneren Intervalle sind die Konfidenzintervalle für den Mittelwert und die jeweils äußeren Intervalle sind die Konfidenzintervalle für den Einzelwert.[12] Das engere innere Intervall bedeutet, daß die Wahrscheinlichkeit für den durchschnittlichen Prognosewert größer ist, als für einen individuellen Einzelwert. Die Werte außerhalb der Intervalle können auch als *Ausreißer* interpretiert werden.

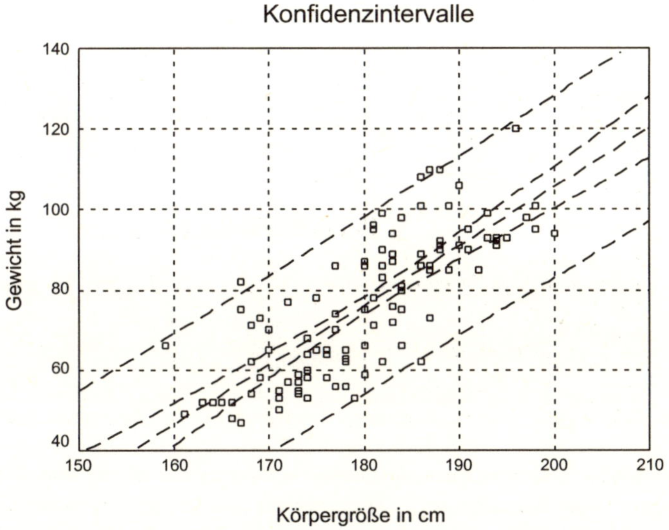

Abbildung 9.12: Konfidenzintervalle zur Regressionsanalyse

[12] Dieses Streudiagramm wurde mit der gleichnamigen Prozedur *Streudiagramme* erzeugt. Die Konfidenzintervalle können dort über die *Diagrammoptionen* und die Unterdialogbox *Anpassungslinie* eingezeichnet werden.

Es folgt eine Statistik mit statistischen Kennziffern für die Residuen des Regressionsmodells. Bei dem Vergleich mehrerer Modelle wäre hier zu prüfen, in wie weit es zu einer Verbesserung der Schätzung kommt.

Residuenstatistik[a]

	Minimum	Maximum	Mittelwert	Standardabweichung	N
Nicht standardisierter vorhergesagter Wert	45,05	105,67	76,19	13,71	100
Nicht standardisierte Residuen	-22,97	25,12	1,22E-14	11,03	100
Standardisierter vorhergesagter Wert	-2,271	2,150	,000	1,000	100
Standardisierte Residuen	-2,073	2,266	,000	,995	100

a. Abhängige Variable: Gewicht in kg

Abbildung 9.13: Residualstatistik zur Regressionsanalyse

9.7 Graphiken zur Prozedur Regression

Im Rahmen der Prozedur *Lineare Regression* werden temporäre Variablen gebildet, die sich auch graphisch darstellen lassen. Grundsätzlich lassen sich jedoch die meisten dieser Graphiken auch außerhalb der Prozedur Regression unter Zuhilfenahme der einzelnen Graphikprozeduren anfertigen.

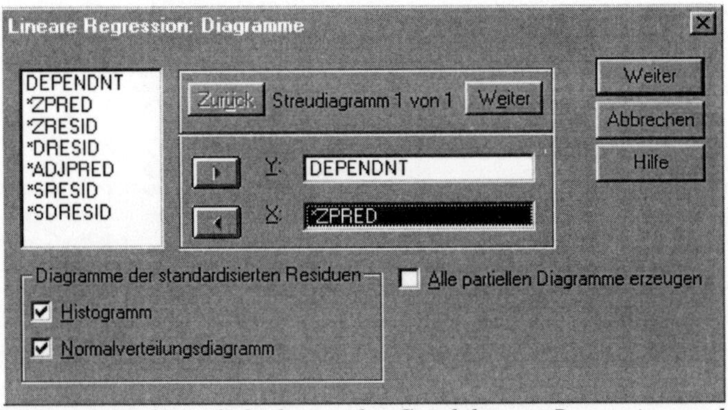

Abbildung 9.14: Unterdialogbox zu den Graphiken zur Regressionsanalyse

Die in dem linken Quellbereich aufgeführten Hilfsvariablen tragen von SPSS vergebene Bezeichnungen. Diese Bezeichnungen stammen noch aus der Großrechnerepoche und wirken etwas antiquiert. Mit diesen Variablen werden im Rahmen der Prozedur *Regression* automatisch Streudiagramme erstellt.

In das Feld *Y* wird diejenige Variable übertragen, die in dem Streudiagramm an der *Y*-Achse abgetragen wird, während die *X*-Variable aus einer der darunter aufgeführten Variablen ausgewählt werden muß.

Die Bedeutung der Variablen ist in der folgenden Tabelle aufgeführt.

Variable	Bedeutung
DEPENDENT	abhängige Variable
*ZPRED	standardisierte Schätzwerte bzw. Prognosewerte
*ZRESID	standardisierte Residuen
*DRESID	ausgeschlossene Residuen
*ADJPRED	adjustierte Schätzwerte
*SRESID	*t*-Werte zu den Residuen
*SDRESID	Standardfehler der Residuen

Der folgende Scatterplot zeigt die beobachteten Werte (Gewicht in kg) in Abhängigkeit von den standardisierten geschätzten Werten (*ZPRED*).

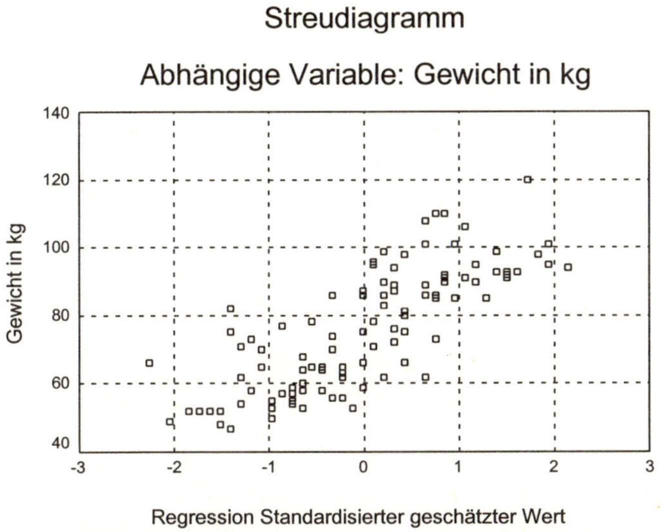

Abbildung 9.15: Streudiagramm zur Regressionsanalyse

Im Falle einer perfekten Anpassung müßten alle Punkte auf einer winkelhalbierenden Geraden liegen. Dann entspricht der Prognosewert genau dem beobachteten Wert. Je mehr die Werte abweichen, desto größer ist die Streuung und desto schwächer der Zusammenhang.

Das auf der folgenden Seite gezeigte Diagramm der klassifizierten Residuen ist ein *Histogramm*, das die standardisierten Residuen in Häufigkeitsklassen einteilt. Darüber wird die Normalverteilung als Linie eingezeichnet. Auf diese Weise läßt sich visuell anhand des Verlaufes der Histogrammflächen überprüfen, ob die Residuen der geforderten Annahme der Normalverteilung entsprechen. Je größer die Abweichungen zwischen den Flächen und der Kurve ist, desto weniger erscheint die Annahme normalverteilter Residuen gerechtfertigt. Es muß angemerkt werden, daß diese graphische Überprüfung keinen statistischen Test ersetzt.

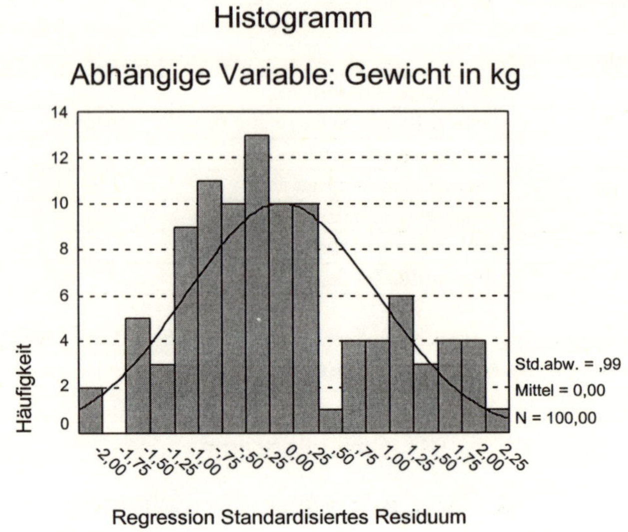

Abbildung 9.16: Diagramm standardisierter Residuen

Das *Normalverteilungsdiagramm* der Residuen (*P-P-Diagramm*) zeigt die in aufsteigender Reihenfolge sortierten Residuen neben der linearisierten Normalverteilung.

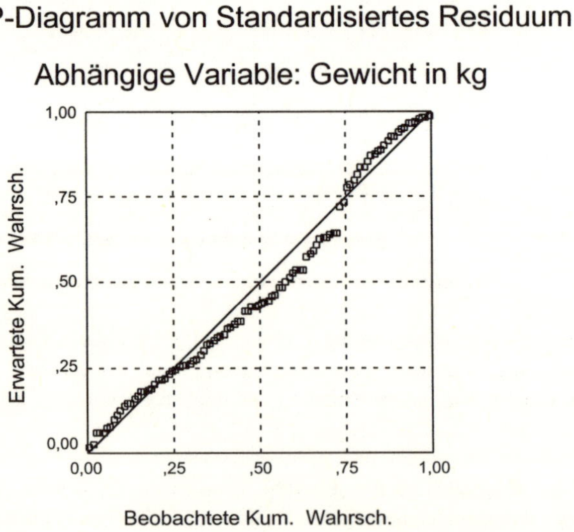

Abbildung 9.17: Normalverteilungsdiagramm der Residuen

Auch bei dieser Darstellung wird der Verlauf der kumulierten Residuen mit der linearisierten Normalverteilung verglichen, um Hinweise auf starke Abweichungen zu erhalten. [13]

---

[13] Die Diagrammüberschirft ist zwar grammatikalisch falsch, aber SPSS in dieser Form eingefügt worden.

Die Dialogbox zur Speicherung von Variablen ermöglicht neben der Abspeicherung der Schätzwerte (*vorhergesagte Werte*) auch das Abspeichern der Residuen, um sie später auch graphisch darstellen zu können. Hier besteht auch die Möglichkeit, die unstandardisierten Residuen zu speichern.

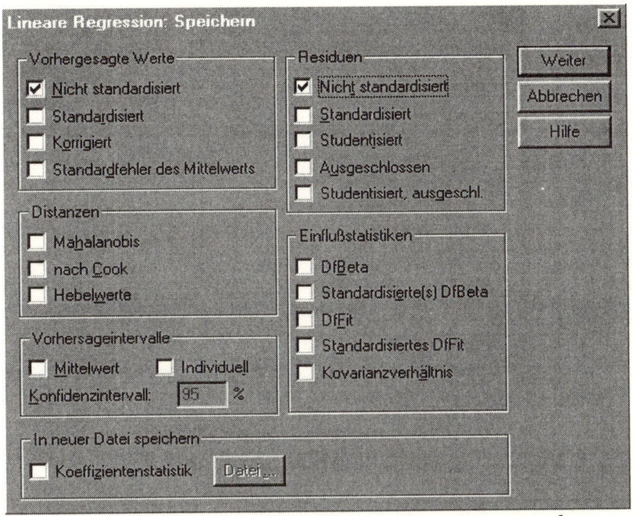

Abbildung 9.18: Unterdialogbox zur Regressionsanalyse

Mit Hilfe der abgespeicherten unstandardisierten Residuen und der Prozedur *Streudiagramm* lassen sich weitere Diagramme zur Untersuchung der Regression erzeugen. Die folgende Abbildung zeigt ein Streudiagramm mit den Residuen an der *Y*-Achse und den Werten der unabhängigen Variablen Größe an der *X*-Achse.

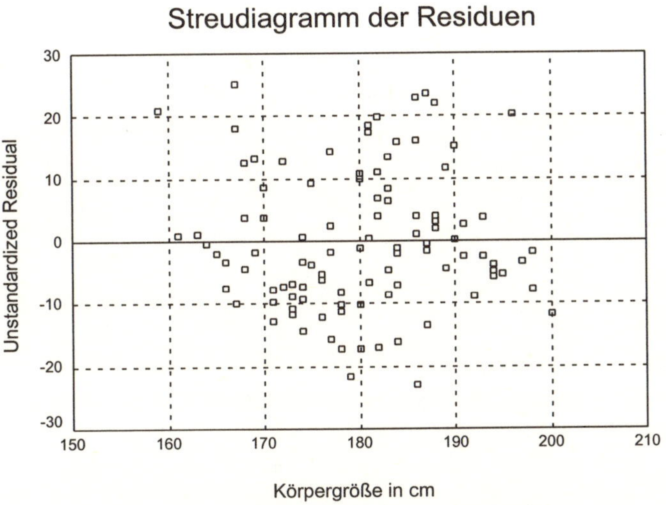

Abbildung 9.19: Streudiagramm der Residuen

Die Abweichungen erscheinen mehr oder weniger zufällig verstreut. Wichtig hierbei ist, daß sich kein deutliches Muster in irgendeiner Form ergibt. Dies wäre ein Hinweis darauf, daß der gewählte Regressionsansatz *falsch spezifiziert* ist. Das würde bedeuten, daß ein anderes, evtl. nicht-lineares Regressionsmodell für die vorliegenden Daten besser geeignet wäre. Eine Grundannahme bei der linearen Regression ist die der *Homoskedastizität*. Das bedeutet, daß die Residuen einen Mittelwert um Null haben sollen, eine konstante Streuung und nicht miteinander korreliert sein dürfen:

Homoskedastizität	
(1) $E(U_i)=0$	Mittelwert ist Null
(2) $Var(U_i)=\sigma_u^2$	Streuung ist konstant
(3) $Cov(U_i,U_j)=0$	Residuen sind miteinander nicht korreliert

Die folgenden vier Abbildungen zeigen mögliche Verläufe von Residuen, wobei nur das erste linke obere Bild einen Verlauf zeigt, der eine konstante Streuung um einen Mittelwert von Null aufweist. Alle weiteren Abbildungen zeigen deutliche Muster, die auf eine Verletzung der Annahme der Homoskedastizität hinweisen.

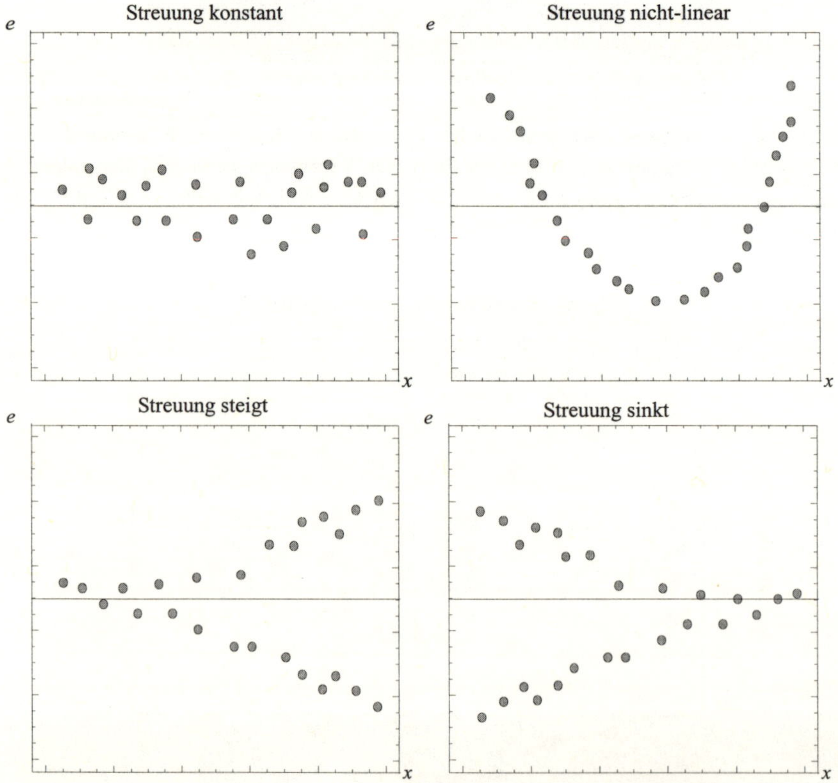

Abbildung 9.20: Verschiedene Diagramme von Residuen

9.8 Der Test von DURBIN und WATSON

Wie bereits oben erwähnt, ist neben der graphischen Überprüfung der Unkorreliertheit der Residuen, das ist die Forderung (3) der Homoskedastizität, auch durch den Test von DURBIN-WATSON zu überprüfen.

(1) Hypothesen

H_0: Es besteht keine Autokorrelation: $\rho = 0$.
H_1: Es besteht Autokorrelation: $\rho \neq 0$.

(2) Bestimmung der Prüfgröße

$$d = \frac{\sum_{i=2}^{n}(e_t - e_{t-1})^2}{\sum_{t=1}^{n} e_i^2} \text{, mit}$$

$$e_i = y_i - \hat{y}_i \ .$$

(3) Kritischer Bereich aus der Tabelle der DURBIN-WATSON-Teststatistik[14]

Intervall	Grenzwerte	Entscheidung
1	$d < d_{u;n,k}^{\alpha/2}$ oder $d > 4 - d_{u;n,k}^{\alpha/2}$	H_0 ablehnen
2	$d_{o;n,k}^{\alpha/2} < d < 4 - d_{o;n,k}^{\alpha/2}$	H_0 annehmen
3	$d_{u;n,k}^{\alpha/2} \leq d \leq d_{o;n,k}^{\alpha/2}$ oder $4 - d_{o;n,k}^{\alpha/2} \leq d \leq 4 - d_{u;n,k}^{\alpha/2}$	keine Entscheidung

mit
$d_{u;n,k}^{\alpha/2}$ = unterer Grenzwert bei n Residuen und k unabhängigen Variablen
$d_{o;n,k}^{\alpha/2}$ = oberer Grenzwert bei n Residuen und k unabhängigen Variablen .

(4) Entscheidung

In Ergänzung der oben angegebenen Teststatistik nach DURBIN und WATSON kann für die Interpretation der Ergebnisse in SPSS die folgende *Faustregel* verwendet werden:

Der Wert *d* bewegt sich um ...	Bedeutung	Entscheidung
0	positive Autokorrelation	H_0 ablehnen
2,0	keine Autokorrelation	H_0 annehmen
4	negative Autokorrelation	H_0 ablehnen

[14] Vgl. DURBIN, J., WATSON, G. S., Testing for Serial Correlation in Least Squares Regression, Biometrica, Vol 38, 1951, S. 159 - 177.

10. Trendanalysen und Kurvenanpassung

10.1 Linearer Trend

Die Prozedur *Kurvenanpassung* dient der Anpassung von Trendfunktionen an vorgegebene Daten und findet sich in SPSS unter dem Menüpunkt *Regression.*

Die Werte für die Kurvenanpassung können auch zeitabhängige Werte sein, um einen Trend zu schätzen. Hier stehen eine große Anzahl an vorgefertigten linearen- und nichtlinearen Regressionsgleichungen zur Verfügung. Die Auswahl der gewünschten Trendfunktion geschieht durch Mausklick auf die vorgegebenen Modelle im gleichnamigen Bereich.

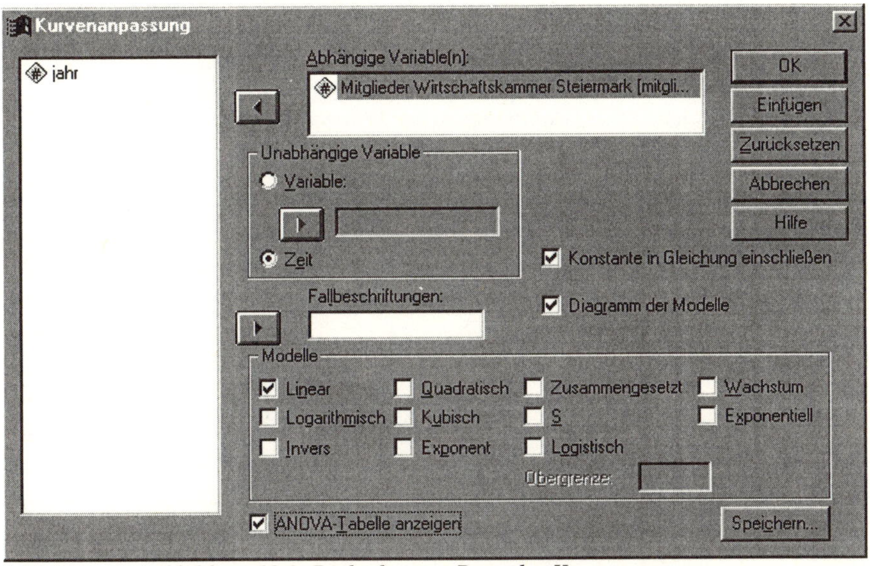

Abbildung 10.1: Dialogbox zur Prozedur Kurvenanpassung

Es kann wahlweise ein beliebiger Zeitindex (*Zeit*) oder eine Datumsvariable (*Variable*) als unabhängige Variable verwendet werden. Bei dem Zeitindex handelt es sich um eine einfache Durchnumerierung der Werte, was bei vielen Trendfunktionen allerdings auch aus rechentechnischen Gründen notwendig ist.

Auch können hier *Fallbeschriftungen* vorgegeben und die Modelle mit oder ohne einen konstanten Term geschätzt werden (*Konstante in Gleichung einschließen*). Wahlweise können nur die geschätzten Gleichungen oder die Gleichungen und Graphiken erzeugt werden (*Diagramm der Modelle*).

Die Überprüfung der Güte der Modellanpassung kann - wie bei der linearen Regression gezeigt - mit Hilfe einer einfachen Varianzanalyse (*ANOVA-Tabelle anzeigen*) erfolgen.

Die Schaltfläche *Speichern* erlaubt das Abspeichern der Prognosewerte (*Vorhergesagte Werte*), der Abweichungen der Prognosewerte von den beobachteten Werten (*Residuen*) und von Vorhersageintervallen mit einem beliebigen Signifikanzniveau.

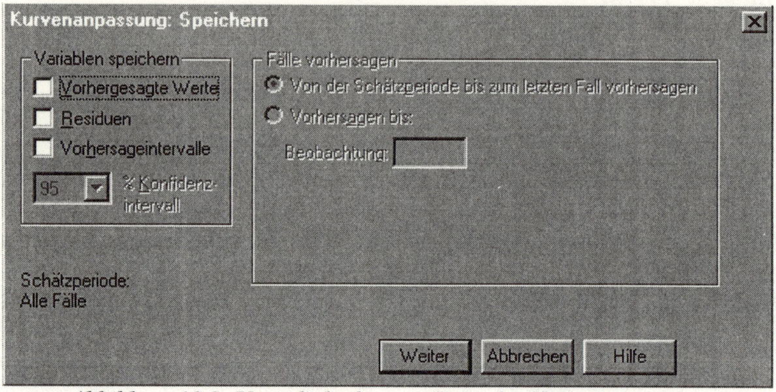

Abbildung 10.2: Unterdialogbox zur Prozedur Kurvenanpassung

Das hier nur als Hologramm dargestellte Dialogfeld *Fälle vorhersagen* ermöglicht die Prognose von Werten mit Hilfe der durch die Trendgleichung geschätzten Parameter. Diese Prognose kann für den Zeitraum der Beobachtungswerte geschehen. In diesem Fall kann man die durch das Modell geschätzten Werte mit den (realen) beobachteten Werten vergleichen. Möglich ist auch die Prognose in die Zukunft mit Hilfe des Trendmodells.

Die einzelnen Trendtypen und die entsprechenden Modellgleichungen sind hier aufgeführt:

Trendtyp	**Gleichung**
Linear	$y_t = b_0 + b_1 \cdot t$
Quadratisch	$y_t = b_0 + b_1 \cdot t + b_2 \cdot t^2$
Zusammengesetzt	$y_t = b_0 \cdot b_1^t$
Wachstum	$y_t = e^{b_0 + b_1 \cdot t}$
Logarithmisch	$y_t = b_0 + b_1 \cdot \ln(t)$
Kubisch	$y_t = b_0 + b_1 \cdot t + b_2 \cdot t^2 + b_3 \cdot t^3$
S-Kurve	$y_t = e^{\left(b_0 + \frac{b_1}{t}\right)}$
Exponentiell	$y_t = b_0 \cdot e^{b_1 \cdot t}$
Invers	$y_t = b_0 + \frac{b_1}{t}$
Exponent	$y_t = b_0 \cdot t^{b_1}$
Logistisch	$y_t = \frac{1}{\frac{1}{u} + b_0 \cdot b_1^t}$

Beispiel:

Die hier verwendete Zeitreihe zeigt die jährlichen Mitgliederzahlen der Wirtschaftskammer Steiermark.[15]

Jahr	Mitglieder	Jahr	Mitglieder
1985	31.600	1991	37.197
1986	32.341	1992	37.978
1987	33.298	1993	39.315
1988	34.218	1994	39.985
1989	35.322	1995	40.862
1990	36.304	1996	42.975

An diese Daten wird aufgrund des Verlaufes ein linearer Trend $y_t = b_0 + b_1 \cdot t$ mit den Schätzwerten

$$\hat{b}_0 = \frac{\sum_{i=1}^{n} t_i \sum_{i=1}^{n} y_i - \sum_{i=1}^{n} t_i \sum_{i=1}^{n} t_i y_i}{n\sum_{i=1}^{n} t_i^2 - \left(\sum_{i=1}^{n} t_i\right)^2} \quad \text{und} \quad \hat{b}_1 = \frac{n\sum_{i=1}^{n} t_i y_i - \sum_{i=1}^{n} t_i \sum_{i=1}^{n} y_i}{n\sum_{i=1}^{n} t_i^2 - \left(\sum_{i=1}^{n} t_i\right)^2}$$

nach der Methode der kleinsten Quadrate angepaßt.

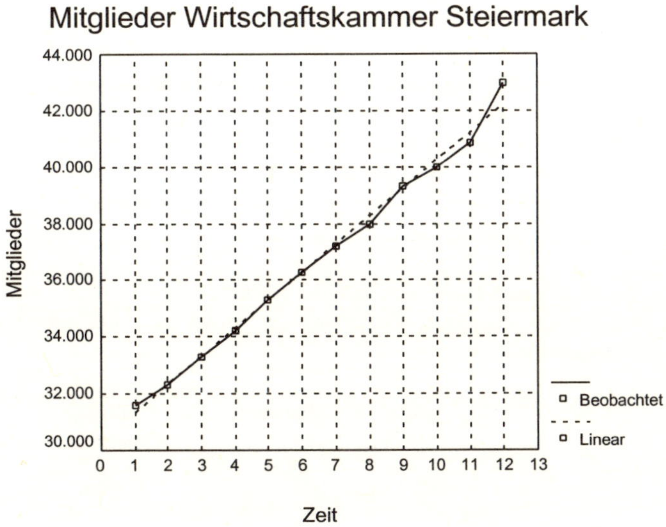

Abbildung 10.3: Liniendiagramm mit linearer Trendgeraden

[15] Quelle: WALDHÖR, L., KARNER, B., Die steirische Wirtschaft in Zahlen, Wirtschaftskammer Steiermark (Hrsg.), Graz 1997 und ältere Jahrgänge.

Zusätzlich können auch eine Varianzanalyse zur Überprüfung des Zusammenhanges (siehe dazu das Kapitel zur Regressionsanalyse) und Kennziffern für die Güte der Anpassung ausgegeben werden.

```
MODEL:  MOD_1.

Dependent variable.. MITGLIED              Method.. LINEAR

Listwise Deletion of Missing Data

Multiple R              ,99661
R Square                ,99324
Adjusted R Square       ,99256
Standard Error       308,41395

            Analysis of Variance:

               DF   Sum of Squares      Mean Square

Regression      1      139767477,3      139767477,3
Residuals      10         951191,6          95119,2

F =     1469,39345       Signif F =  ,0000

------------------ Variables in the Equation ------------------

Variable                B          SE B         Beta          T  Sig T

Time           988,632867   25,790870      ,996615     38,333  ,0000
(Constant)   30358,469697  189,815664                 159,937  ,0000
```

Abbildung 10.4: Ergebnisausgabe zur Prozedur Kurvenanpassung

Standardmäßig zeigt SPSS zunächst das Modell. Im vorliegenden Fall ist das Modell 1 dasjenige mit dem linearen Trend mit der abhängigen Variablen der Flugpassagiere. Es folgt das Bestimmtheitsmaß (*Multiple R* und *R Square* und *Adjusted R Square*) und der Standardfehler der Schätzung (*Standard Error*).

Der nächste Ausgabeblock bezieht sich auf die Varianzanalyse für den Zusammenhang der abhängigen und der unabhängigen Variablen, der wieder in Form einer standardisierten Varianztabelle dargestellt ist.

Streuungsursache	Freiheitsgrade	Quadratsumme	mittlere Quadratsumme
Erklärt	$r-1$	SSQ	$MSQ = \frac{SSQ}{r-1}$
Residuen	$n-r$	SSE	$MSE = \frac{SSE}{n-r}$
Prüfgröße	$F_0 = \frac{MSQ}{MSE}$	$Sig\ F$	

Abbildung 10.5: Varianztabelle mit F-Test

Die Tabelle zeigt die Freiheitsgrade (*DF*), die Abweichungsquadratsummen (*Sum of Squares*) und die mittleren Quadratsummen (*Mean Square*). Darunter ist der *F*-Wert (*F*) und die Signifikanz (*Signif F*) für den Zusammenhang abgebildet. Je näher der Wert bei Null ist, desto stärker ist der Zusammenhang. Dies ist bei dem linearen Modell der Fall, denn der Wert ist wieder *,0000*.

Schließlich wird die Modellgleichung dargestellt (*Variables in the Equation*). Auch hier ist der Aufbau der Ausgabe wie bei der linearen Einfachregression. Die Koeffizienten sind in der Spalte *B* aufgeführt, anschließend die Standardfehler der Koeffizienten (*SE B*), der Beta-Wert, der *t*-Wert und das zugehörige Signifikanzniveau. Auch hier spricht die *t*-Statistik für die Signifikanz der gewählten Parameter, da beide signifikant von Null verschieden sind.

10.2 Nicht-linearer Trend

Für das nächste Beispiel soll ein quadratischer Trend berechnet werden:

$$y_t = b_0 + b_1 \cdot t + b_2 \cdot t^2 ,$$

mit den geschätzten Parametern $\hat{b}_0$, $\hat{b}_1$ und $\hat{b}_2$.

Zur Schätzung dieser Parameter kann die Methode der kleinsten Quadrate verwendet werden.

$$\begin{array}{lllllll} \hat{b}_0 \cdot n & + & \hat{b}_1 \sum t & + & \hat{b}_2 \sum t^2 & = & \sum y_t \\ \hat{b}_0 \sum t & + & \hat{b}_1 \sum t^2 & + & \hat{b}_2 \sum t^3 & = & \sum t \cdot y_t \\ \hat{b}_0 \sum t^2 & + & \hat{b}_1 \sum t^3 & + & \hat{b}_2 \sum t^4 & = & \sum t^2 \cdot y_t \end{array} .$$

Durch geeignete Operationen kann dieses Gleichungssystem gelöst werden, und in weiterer Folge die Parameter geschätzt werden.

Beispiel

Die hier verwendete Zeitreihe zeigt wieder die jährlichen Mitgliederzahlen der Wirtschaftskammer Steiermark, jedoch diesmal zwischen 1970 und 1996.

Jahr	Mitglieder	Jahr	Mitglieder	Jahr	Mitglieder
1970	32.467	1979	30.656	1988	34.218
1971	32.098	1980	30.694	1989	35.322
1972	31.976	1981	30.746	1990	36.304
1973	31.541	1982	30.759	1991	37.197
1974	30.998	1983	30.982	1992	37.978
1975	30.710	1984	31.094	1993	39.315
1976	30.811	1985	31.600	1994	39.985
1977	30.817	1986	32.341	1995	40.862
1978	30.760	1987	33.298	1996	42.975

Man erkennt bereits an den Daten, daß die Mitgliederzahlen seit Beginn der 70er Jahre sinken, im Jahre 1979 ihr Minimum erreicht haben, und seit dem wieder ansteigen.

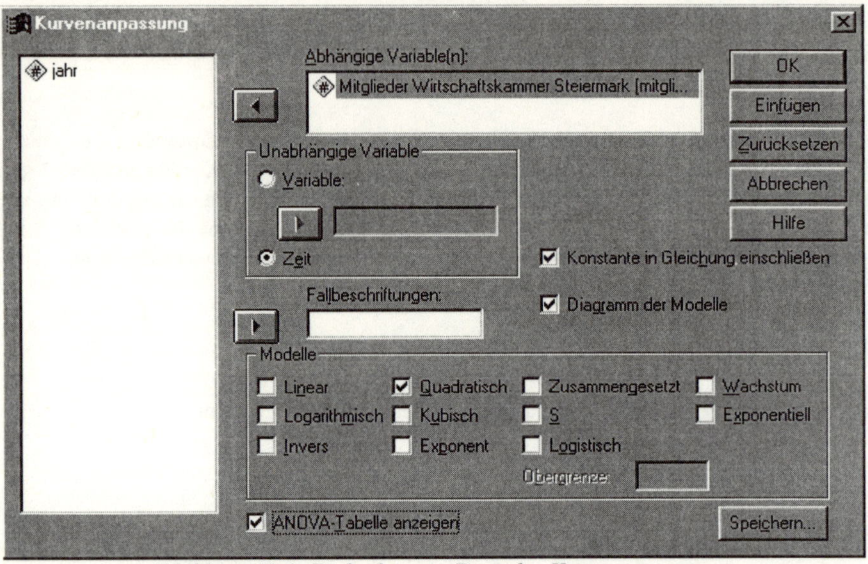

Abbildung 10.6: Dialogbox zur Prozedur Kurvenanpassung

Als abhängige Variable wird die Anzahl der Mitglieder in den Bereich der *Zielvariablen* übertragen. Als unabhängige Variable empfiehlt es sich hier, nicht die Variable mit den Jahreszahlen zu verwenden, sondern den von SPSS verwendeten Zeitindex anzuklicken. Als Trendmodell wird hier *Quadratisch* ausgewählt.

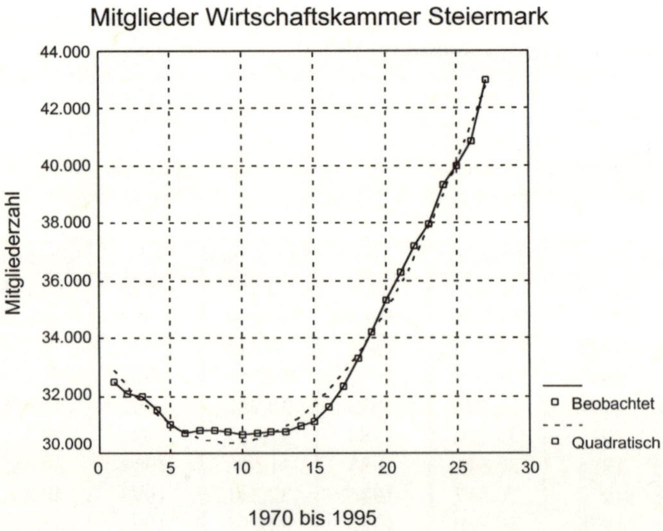

Abbildung 10.7: Zeitreihendiagramm mit quadratischem Trend

Das Ergebnis ist ein Liniendiagramm, das eine sehr gute Übereinstimmung der beobachteten Daten mit der Trendfunktion zeigt. Die Abszisse trägt nur den Zeitindex, und nicht die, in der Arbeitsdatei enthaltenen Jahresangaben. Dieses Manko könnte nur dadurch überwunden werden, indem über die Prozedur *Sequenzdiagramm* und mit Hilfe der abgespeicherten *Vorhersagewerte* ein neues Diagramm gezeichnet wird. Auf die Darstellung dieser Vorgangsweise soll hier verzichtet werden. Am Schluß wird die Statistik des geschätzten Trendmodells gezeigt.

```
MODEL:  MOD_2.

Dependent variable.. MITGLIED              Method.. QUADRATI

Listwise Deletion of Missing Data

Multiple R              ,99595
R Square                ,99192
Adjusted R Square       ,99124
Standard Error       347,21286

            Analysis of Variance:

               DF   Sum of Squares        Mean Square

Regression      2      355050026,5        177525013,3
Residuals      24        2893362,4           120556,8

F =     1472,54291       Signif F =  ,0000

------------------ Variables in the Equation ------------------

Variable                  B          SE B         Beta          T  Sig T

Time            -702,353240   35,601158  -1,502468    -19,728  ,0000
Time**2           38,660924    1,234001   2,386001     31,330  ,0000
(Constant)     33559,011966  216,287187               155,160  ,0000
```

Abbildung 10.8: Ergebnisausgabe zur Prozedur Kurvenanpassung

Die beiden Beispiele haben auch das große Problem der Auswahl der richtigen Stichprobe bei der Analyse zeitabhängiger Trends. Je nach dem, ob hier 12 Jahre oder 27 Jahre verwendet werden, ergeben sich ein linearer bzw. ein quadratischer Trend.

11. Zeitreihenanalyse

Unter dem Begriff *Zeitreihenanalyse* fallen zahlreiche statistische Verfahren zur Auswertung zeitabhängiger Daten wie etwa Aktienkurse, Umsätze im Zeitablauf oder Arbeitslosenzahlen.

Im vorausgegangenen Kapitel wurde bereits mit dem Verfahren der Trendanalyse eine Möglichkeit gezeigt, den Trend als langfristige Entwicklung einer Zeitreihe, herauszuarbeiten.

Bei stark saisonabhängigen Daten wie etwa Arbeitslosenzahlen oder auch Tourismuszahlen würden diese Trendverfahren nur eine sehr grobe Beschreibung dessen darstellen, was in den einzelnen Perioden tatsächlich geschehen ist. Viele Zyklen wiederholen sich zwar, oft mit unterschiedlicher Intensität, bzw. verstärken sich auch im Zeitablauf. Sie überlagern den Trend und verzerren daher die wahre Entwicklung. Außerdem gibt es auch außerzyklische, irreguläre Schwankungen in einer Zeitreihe, die auf bestimmte Einflüsse hinweisen (z. B.: fiskalpolitische Maßnahmen wirken sich auf den Absatz von Benzin aus, ausbleibender Schnee wirkt sich auf den Wintertourismus aus), die bei einem einfachen Trend ignoriert würden.

Nicht eingegangen wird hier auf bestimmte Verfahren der Zeitreihenanalyse, wie die verschiedenen Verfahren der exponentiellen Glättung und auf den Bereich der ARIMA-Modelle nach dem Verfahren von BOX und JENKINS, die umfangreiche Vorkenntnisse von autoregressiven- und Moving-Average-Prozessen voraussetzen.

Die Verfahren der Saisonbereinigung zerlegen eine Zeitreihe in drei Komponenten:

- glatte Komponente g_t (das entspricht dem Trend)
- saisonale Komponente s_t (regelmäßig wiederkehrende zyklische Schwankungen)
- irreguläre Komponente u_t (außergewöhnliche Abweichungen).

Die Art der Verknüpfung dieser drei Komponenten kann entweder *additiv* oder *multiplikativ* werden, wie es auch die folgende Abbildung beispielhaft zeigt.

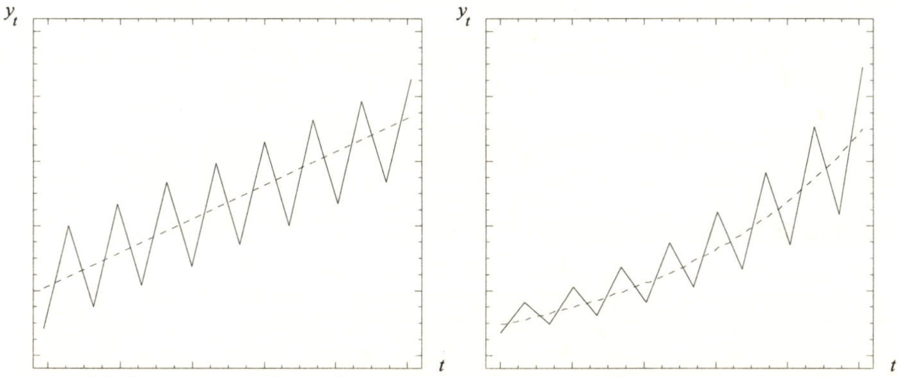

Abbildung 11.1: Additive (links) und multiplikative (rechts) saisonale Zeitreihe

Im einfachsten Fall setzen sich diese Komponenten additiv, das bedeutet linear zusammen:

$$y_t = g_t + s_t + u_t \ .$$

Diese Verknüpfung unterstellt, daß sich die saisonalen Schwankungen bei zunehmendem Trend oder abnehmendem Trend jeweils konstant verhalten. Für das Beispiel der Arbeitslosenzahlen würde dies bedeuten, daß trotz eines Rückganges der Arbeitslosigkeit nach wie vor die saisonabhängige Arbeitslosigkeit mit gleicher Intensität auftritt.

Eine multiplikative Verknüpfung dieser Komponenten ist auch möglich:

$$y_t = g_t \cdot s_t \cdot u_t \ .$$

Das multiplikative Modell würde unterstellen, daß sich die saisonalen Schwankungen im Zeitablauf mit zunehmendem Trend verstärken bzw. umgekehrt mit abnehmenden Trend abschwächen.

11.1 Gleitende Durchschnitte

Um die einzelnen Komponenten aus der Zeitreihe herauszurechnen, werden gleitende Durchschnitte über die gesamte Zeitreihe berechnet. Dabei ist entscheidend, ob die Saisonalität eine gerade oder eine ungerade Ordnung hat. Monatsdaten, wie die Arbeitslosenzahlen, haben eine gerade Ordnung von $p = 12$, d.h. es wiederholt sich der Zyklus alle 12 Monate.

Gleitender Durchschnitt der Ordnung $2k + 1$ (ungerade Ordnung)

$$y_t^{(2k+1)} = \frac{1}{2k+1} \sum_{t=t-k}^{t+k} y_t \quad \text{für } t = k+1, k+2, ..., N-k \ .$$

Gleitender Durchschnitt der Ordnung $2k$ (gerade Ordnung)

$$y_t^{(2k)} = \frac{1}{2k} \left(\sum_{t=t-k}^{t+k} y_t + \frac{1}{2}\left(y_{t-k} + y_{t+k}\right) \right) \quad \text{für } t = k+1, k+2, ..., N-k \ .$$

Mit diesen gleitenden Mittelwerten wird die glatte Komponente geschätzt: $\hat{g}_t$.

11.2 Die saisonale Komponente

Zunächst werden Schätzwerte für die Saisonkomponente berechnet. Die glatte Komponente (Trendkomponente) ist bereits geschätzt. Es gilt nun für die Differenzen d_t (Residuen):

$$d_t = y_t - \hat{g}_t \ .$$

Daraus werden die Mittelwerte der jeweils gleichen Periode genommen. Bei Monatsdaten ist dies der Mittelwert für alle Abweichungen des Monats Jänner für alle vorliegenden Jahre:

$$\bar{d}_\lambda = \frac{1}{p}\sum_{i=1}^{p} d_i \quad \text{für } \lambda = 1, 2, \ldots, p \, .$$

Allgemein gilt, daß sich die saisonale Komponente aus dem Durchschnitt der periodischen Abweichungen, dem Mittel der glatten Komponente zusammensetzen:

$$\hat{s}_\lambda = \bar{d}_\lambda - \frac{1}{p}\sum_{i=1}^{p} \bar{d}_i \; .$$

Nachdem aber die Summe über alle Mittelwerte der saisontypischen Abweichungen Null ist:

$$\sum_{i=1}^{p} \bar{d}_i = 0 \; ,$$

kann die Saisonkomponente alleine aus dem Mittel der saisonalen (periodischen) Abweichungen geschätzt werden:

$$\hat{s}_\lambda = \bar{d}_\lambda \; .$$

Beispiel:

Gegeben sei die Verteilung der absoluten Zahlen der Arbeitslosen (männlich und weiblich zusammen) in Österreich im Zeitraum Jänner 1984 bis Dezember 1993.

Arbeitslose in Österreich

		JAHR									
		1984	1985	1986	1987	1988	1989	1990	1991	1992	1993
MONAT	1	190708	198166	205592	234103	226815	207826	211468	235645	249619	274310
	2	189261	194261	202355	225319	214690	199426	200183	235900	235278	268173
	3	157980	170650	182097	204615	187891	158914	163510	201970	198957	239105
	4	132882	142758	153599	167231	163433	148028	156064	185541	184597	223013
	5	110042	114444	122648	140713	137369	128911	142042	163743	168446	201230
	6	92302	96353	107266	121804	118653	112026	131049	148168	152669	185442
	7	91403	97016	108456	120060	118370	113062	134064	148346	152886	185416
	8	91659	97777	112978	119483	118819	114819	138965	150861	156732	186342
	9	96375	103687	120485	126004	123978	119264	143565	152361	165041	190992
	10	117064	123449	140950	146845	141085	138077	164074	176669	188889	211032
	11	138861	151569	165361	166231	163442	160917	188074	196776	212909	233102
	12	157140	183202	201875	201225	189031	188851	216480	224365	251157	269017

Zunächst wird für die Saisonbereinigung eine Systemvariable benötigt, die das Datum in Form von Jahren und Monaten enthält. Das Datum wird über die Prozedur *Daten* und *Datum definieren* generiert.

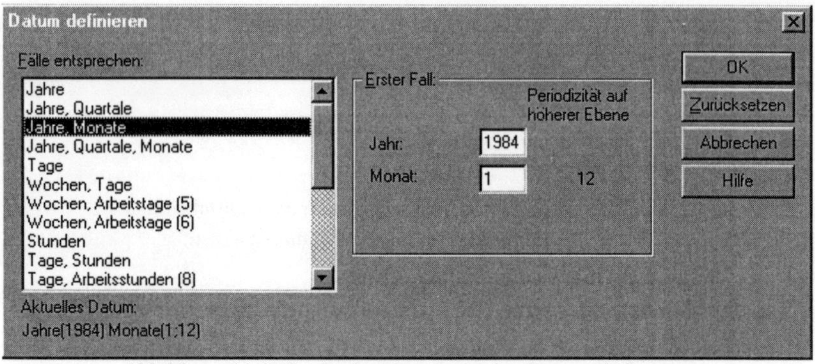

Abbildung 11.2: Dialogbox zur Prozedur Datum definieren

Als Startwert wird der Jänner 1984 vorgegeben. SPSS erweitert die Arbeitsdatei um drei weitere Variablen mit dem Jahr, dem Monat und der Kombination aus beidem.

Die Prozedur *Saisonale Zerlegung* unter dem Menüpunkt *Zeitreihenanalyse* erfordert lediglich den Variablennamen mit den Arbeitslosenzahlen. Das Datum wird SPSS selbst erkennen. Bei dem Modell kann zwischen *additiv* und *multiplikativ* unterschieden werden. Dies hängt vom Verlauf der Zeitreihe ab. Die vorliegende Zeitreihe zeigt alle Merkmale einer additiven Verknüpfung der Komponenten (konstanter Verlauf der Amplituden, unabhängig vom Trendverlauf).

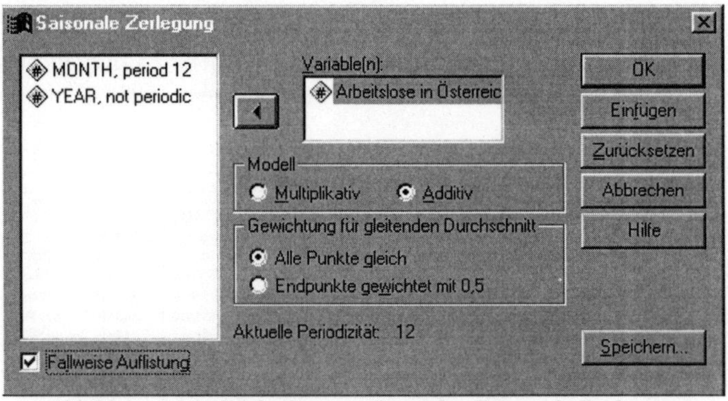

Abbildung 11.3: Dialogbox zur Prozedur Saisonale Zerlegung

Unter der Schaltfläche befinden sich Möglichkeiten zum Abspeichern der Ergebnisse.

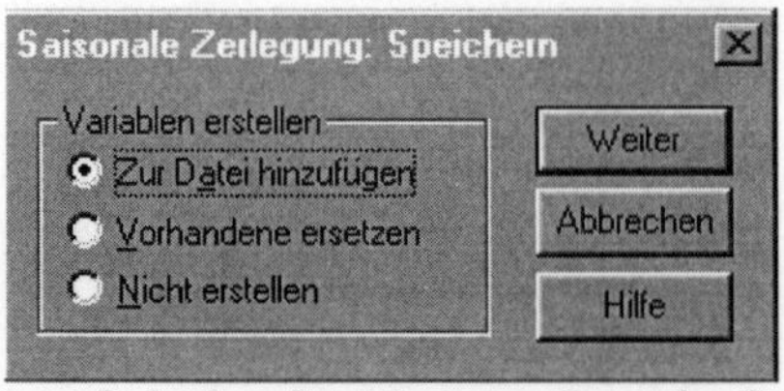

Abbildung 11.4: Unterdialogbox Speichern zur Prozedur Saisonale Zerlegung

Der Output in SPSS zeigt (von links nach rechts) die folgenden Größen:

Variable	**Bedeutung**
DATE_	Zeitindex t
ARBLOS	Arbeitslosenzahlen y_t
Moving Averages	Gleitender Durchschnitt der Ordnung 12, $\hat{g}_t$
Ratios	Differenzen d_t
Seasonal factors	Saisonkomponente $\hat{s}_\lambda$
Seasonally adjusted series	Saisonbereinigte Reihe $y_t - \hat{s}_\lambda$
Smoothed trend-cycle	geglättete Trendkomponente
Irregular component	irreguläre Komponente

```
MODEL:  MOD_1.

Results of SEASON procedure for variable ARBLOS.
Additive Model.  Equal weighted MA method.  Period = 12.

                                                 Seasonally Smoothed
                        Moving         Seasonal    adjusted   trend-  Irregular
   DATE_      ARBLOS  averages   Ratios  factors      series    cycle  component
JAN 1984  190708,0        ,        ,   62110,93    128597,1  132012,8   -3415,74
FEB 1984  189261,0        ,        ,   53689,44    135571,6  133033,3   2538,265
MAR 1984  157980,0        ,        ,   23048,74    134931,3  133176,3   1754,941
APR 1984  132882,0        ,        ,   1789,883    131092,1  132631,6   -1539,44
MAY 1984  110042,0        ,        ,   -21826,6    131868,6  131787,7     80,948
JUN 1984  92302,00        ,        ,   -38934,3    131236,3  131162,1     74,209
JUL 1984  91403,00  130473,1 -39070,1  -39492,1    130895,1  130828,6     66,462
AUG 1984  91659,00  131094,6 -39435,6  -38471,6    130130,6  130518,2   -387,536
SEP 1984  96375,00  131511,3 -35136,3  -33794,8    130169,8  130445,5   -275,622
OCT 1984  117064,0  132567,1 -15503,1  -13841,3    130905,3  129333,1   1572,216
NOV 1984  138861,0  133390,1 5470,917  8328,337    130532,7  128791,8   1740,833
DEC 1984  157140,0  133756,9 23383,08  37393,56    119746,4  129321,3   -9574,86
JAN 1985  198166,0  134094,5 64071,50  62110,93    136055,1  134103,9   1951,167
```

Abbildung 11.5: Ergebnisausgabe zur Prozedur Saisonale Zerlegung

Das Ergebnis kann mit Hilfe eines *Sequenzdiagrammes*, das ist ein Liniendiagramm speziell für Zeitreihen, dargestellt werden.

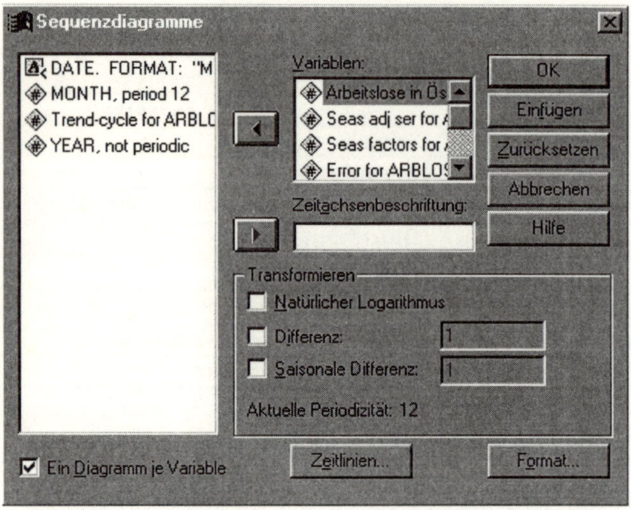

Abbildung 11.6: Dialogbox zur Prozedur Sequenzdiagramme

Zunächst werden die Ausgangszeitreihe (*arblos*), die saisonbereinigte Zeitreihe (*sas_1*), die Residuen (*err_1*) und die Saisonkomponenten (*saf_1*) ausgewählt.

Man kann unter dem Menüpunkt *Ein Diagramm je Variable* zwischen einer gemeinsamen Darstellung aller Linien in einem Diagramm, oder zwischen einer separaten Darstellung der einzelnen Linien in jeweils einem eigenen Diagramm wählen.

Die Schaltknöpfe *Zeitlinien* und *Format* erlauben die Modifizierung weiterer Gestaltungsmerkmale. Dazu zählen unter anderem Bezugslinien zur Zeitachse.

Das Ergebnis zeigt zunächst die Zeitreihe der Arbeitslosen und daneben die saisonbereinigte Reihe (*SAS*). Man erkennt, daß die Amplituden geglättet sind, und die Zeitreihe von saisonalen Einflüssen bereinigt wurde. Der Anstieg der Arbeitslosen ist in dem Zeitraum ab 1990 offensichtlich sehr stark gewesen.

Darunter ist die konstante Saisonkomponente und die irreguläre Komponente, die nicht erklärten Abweichungen, dargestellt. So kann man erkennen, welche Monate eine außergewöhnlich hohe bzw. niedrige Arbeitslosigkeit aufgewiesen haben.

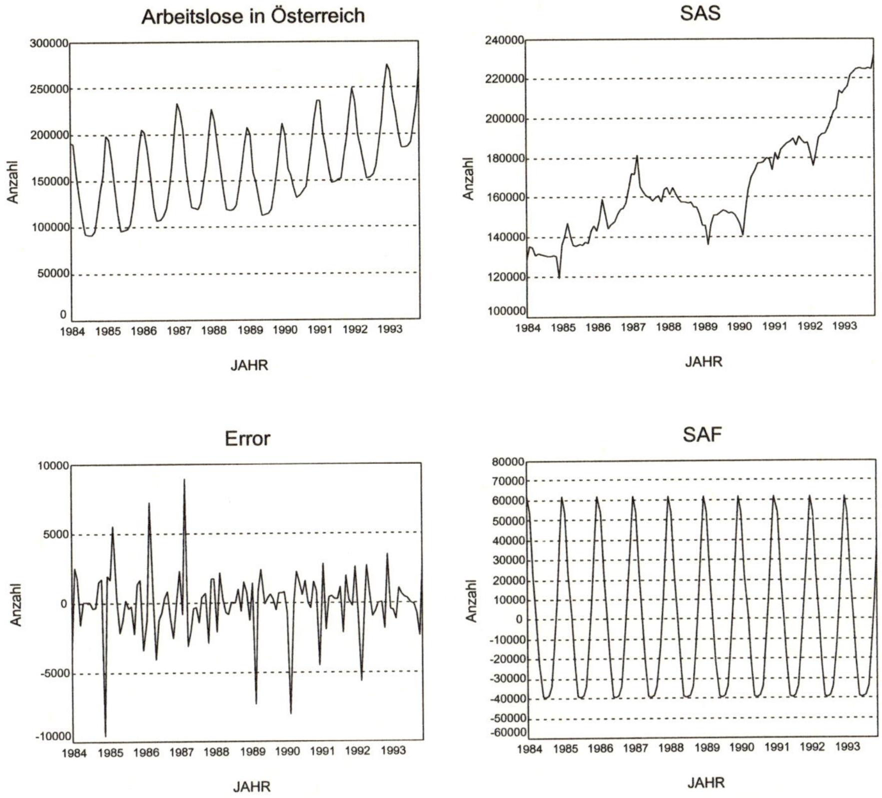

Abbildung 11.7: Zeitreihendiagramme mit den beobachteten Werten, den saisonbereinigten Werten (SAS), den Residuen(Error) und den Saisonfaktoren (SAF)

12. Faktorenanalyse

12.1 Einführung in die Faktorenanalyse

Ziel der Faktorenanalyse ist, eine gegebene Anzahl von Variablen mit redundanten Informationen auf weniger Variablen, den sogenannten *Faktoren*, zu reduzieren. Das zeigt auch die folgende Abbildung am Beispiel von Personenkraftwagen für sechs verschiedene Variablen, die sich einerseits auf die Leistung des Motors, und andererseits auf die Größe bzw. das Fassungsvolumen des Fahrzeugs reduzieren lassen.

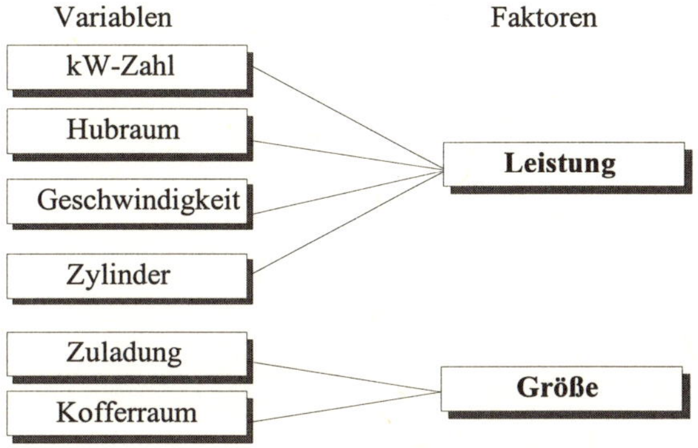

Abbildung 12.1: Schematische Darstellung zur Faktorenanalyse

Allgemeine Vorgehensweise

1. Berechnung der Korrelationsmatrix auf Basis standardisierter Ausgangsdaten
2. Berechnung der reduzierten Korrelationsmatrix mit den Kommunalitäten auf der Hauptdiagonalen
3. Extraktion unabhängiger Faktoren
4. Ermittlung der Faktorladungen und Interpretation der Faktoren
5. Ermittlung der Faktorwerte.

Grundbegriffe der Faktorenanalyse

Korrelation	Der Korrelationskoeffizient gibt die Stärke des Zusammenhangs zwischen zwei Variablen an.
Kommunalität	Die Kommunalität einer Variablen gibt an, welchen Beitrag alle Faktoren gemeinsam zur Erklärung der Varianz einer Variablen liefern.
Eigenwert	Der Eigenwert eines Faktors gibt an, welchen Beitrag dieser Faktor zur Erklärung der Gesamtvarianz liefert.
Faktorladung	Die Faktorladung einer Variablen gibt an, wie stark diese Variable mit einem Faktor korreliert ist.
Faktorwert	Die Faktorwerte sind die Ausprägung der Objekte im Faktorraum und ermöglichen eine Interpretation jedes einzelnen Objektes.

Ausgangspunkt für die Faktorenanalyse ist die Korrelationsmatrix zwischen den p betrachteten Variablen. Ziel ist, weniger Faktoren als Variable zu extrahieren.

$$\mathbf{R} = \begin{bmatrix} 1 & r_{12} & \cdots & r_{1p} \\ r_{21} & 1 & \cdots & r_{2p} \\ \vdots & \vdots & \cdots & \vdots \\ r_{p1} & r_{p2} & \cdots & 1 \end{bmatrix}.$$

Nach der Grundannahme des Faktorenmodells läßt sich eine standardisierte Ausgangsvariable x_s durch die Faktoren F_l mit den Faktorladungen a_j und einen unerklärbaren Rest ε mit $\varepsilon = e_j U_j$ erklären.

$$\begin{array}{lcccccccccccc} x_{s1} & = & a_{11}F_1 & + & \cdots & + & a_{1l}F_l & + & \cdots & + & a_{1r}F_r & + & e_1U_1 \\ \vdots & & \vdots & & & & \vdots & & & & & & \vdots \\ x_{sj} & = & a_{j1}F_1 & + & \cdots & + & a_{jl}F_l & + & \cdots & + & a_{jr}F_r & + & e_jU_j \\ \vdots & & \vdots & & & & \vdots & & & & & & \vdots \\ x_{sp} & = & a_{p1}F_1 & + & \cdots & + & a_{pl}F_l & + & \cdots & + & a_{pr}F_r & + & e_pU_p \end{array}.$$

In Matrixschreibweise bedeutet dies:

$$\mathbf{X_s} = \mathbf{F} \cdot \mathbf{A'} + \mathbf{U} \cdot \mathbf{E}.$$

Durch geeignete Umformung der obigen Gleichung kann die Korrelationsmatrix **R** durch das Faktorenmuster **A**, das sich aus den Faktorladungen a_{jl} zusammensetzt, und durch die Einzelrestfaktoren **E** reproduziert werden.

$$\mathbf{R} = \mathbf{A} \cdot \mathbf{A'} + \mathbf{E} \cdot \mathbf{E}.$$

Diese Gleichung wird auch als *Fundamentaltheorem* der Faktorenanalyse bezeichnet. Nachdem weniger Faktoren als Variable extrahiert werden sollen, wird ein Teil der Streuung durch die Restfaktoren zwangsläufig unerklärt bleiben. Es soll dabei möglichst viel Streuung durch die Faktorladungen erklärt werden. Alle Faktorladungen zusammen ergeben dann die *Kommunalität* h_j^2:

$$h_j^2 = \sum_{l=1}^{r} a_{jl}^2 = 1 - e_j^2 .$$

Diese Kommunalität ersetzt den Korrelationskoeffizienten zwischen den Variablen und wird im Zuge der Faktorenanalyse geschätzt. Man erhält die sogenannte reduzierte Korrelationsmatrix mit den geschätzten Kommunalitäten auf der Hauptdiagonalen der Korrelationsmatrix **R**. Durch fortlaufende Zusammenfassung der reduzierten Korrelationsmatrix erhält man die Faktorladungen und immer weniger Faktoren als ursprünglich Variablen vorhanden waren. Die Entscheidung, wieviel Faktoren extrahiert werden sollen, wird an späterer Stelle noch erörtert.

Der gesamte Ablauf soll noch einmal durch die folgende Abbildung schematisiert werden.[17]

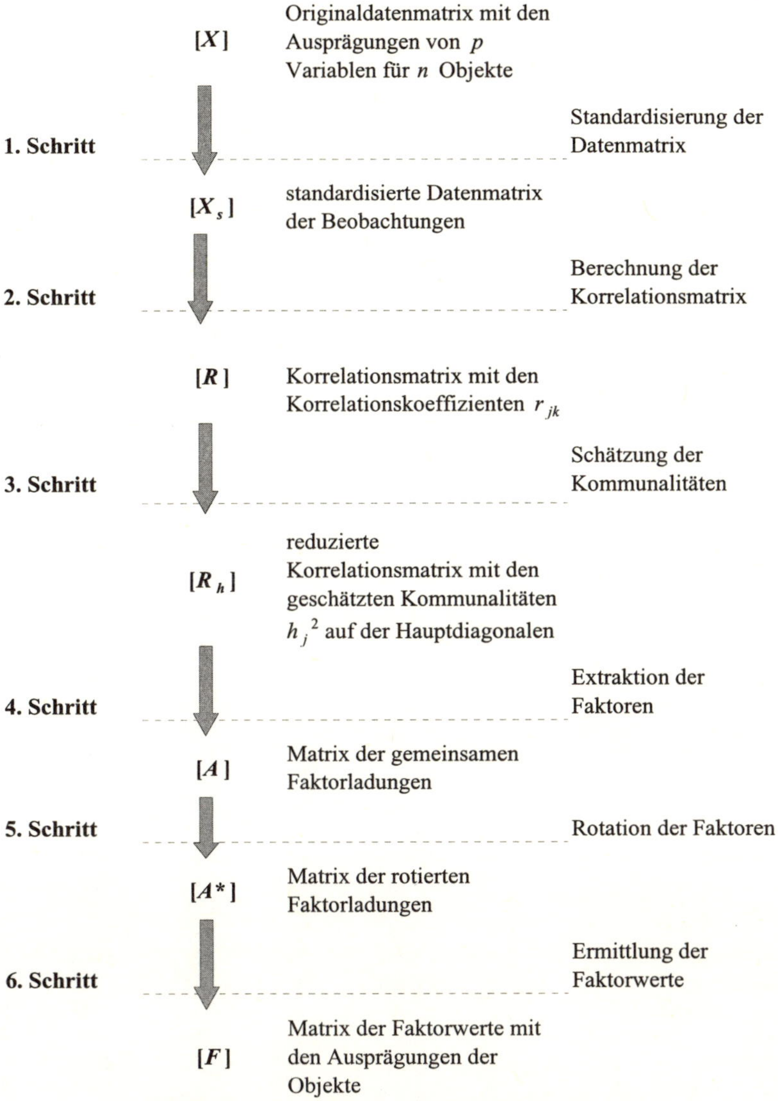

Abbildung 12.2: Arbeitsschritte zur Faktorenanalyse

[17] Vgl. BLEYMÜLLER, J., Multivariate Analyse für Wirtschaftswissenschaftler, Münster 1989, S. 88.

Beispiel:

Für das Beispiel mit SPSS soll eine Stichprobe von $n = 40$ Personenkraftwagen dienen, die im Jahre 1998 neu auf dem österreichischen Markt erschienen sind. Als Variable werden die Größen Hubraum (*ccm*) Geschwindigkeit (*km_h*) Leistung (*kw*), das maximale Kofferraumvolumen in Liter (*Koffer*) und die zulässige Zuladung in *kg* (*Zuladung*) verwendet.[18]

Fabrikat	Zylinder	ccm	kW	km/h	Koffer	Zuladung
Alfa 156 2,5 V6	6	2.492	140	230	380	500
Alfa Spider 3,0 V6	6	2.959	141	225	110	260
Audi A4 1,8	4	1.781	92	205	440	550
Audi S8 Allrad	8	4.172	250	250	525	600
Bentley Arnage	8	4.398	260	240	374	450
BMW 750i	12	5.379	240	250	500	535
BMW Z3 Coupé	6	2.793	142	231	410	270
Chrysler Voyager	4	2.499	85	175	4.140	625
Chrysler 300 M	6	3.518	187	230	530	535
Citroen Saxo 1,1i X	4	1.124	40	162	953	430
Citroen Xantia 1,9 T	4	1.950	66	175	1.405	534
Ferrari F 355	8	3.469	280	290	220	190
Fiat Punto 60 SX	4	1.242	44	160	1.080	458
Fiat Coupé 1,8 16V	4	1.747	96	205	295	420
Ford Ka 1,3	4	1.299	44	155	451	300
Ford Galaxy 2,3 GLX	4	2.295	107	192	2.610	760
Honda Civic 1,4i	4	1.396	66	177	600	464
Honda Shuttle 2,3i	4	2.254	110	185	1.237	635
Jaguar XJ 8 3,2	8	3.248	174	225	430	550
Jeep Grand Cherokee	8	4.701	175	200	2.050	520
Maserati Quattroporte	8	3.217	247	270	435	388
Mazda 323 F 1,5	4	1.498	65	177	760	515
Mazda MX 5	4	1.598	81	191	144	235
Smart	3	599	33	135	260	260
Mercedes C 220 T	4	2.151	92	195	1.510	505
Mercedes S 300	6	3.199	165	240	500	530
Mitsubishi Pajero	4	2.835	92	150	2.050	635
Nissan Patrol 2,8	6	2.826	95	155	2.287	730
Opel Corsa 1.0	3	973	40	150	1.150	463
Opel Vectra CDX	4	1.994	74	195	500	530
Peugeot 206	4	1.868	51	161	1.130	516
Peugeot 406 SV 2,0	4	1.998	97	203	430	532
Porsche 911 Carrera	6	3.387	221	280	130	400
Puch G 500	8	4.966	218	190	2.250	620
Renault Twingo	4	1.149	43	151	1.069	410
Renault Espace V6	6	2.946	140	203	3.100	790
Toyota Landcruiser	6	4.164	150	175	2.210	640
Volvo C 70 T5	5	2.319	176	250	405	340
VW Polo SDI	4	1.896	47	160	975	475
VW Beetle	4	1.984	85	180	209	445

[18] Vgl. ALLES AUTO, Sonderausgabe Test Extra '99, ohne Jg., Perchtolsdorf 1999.

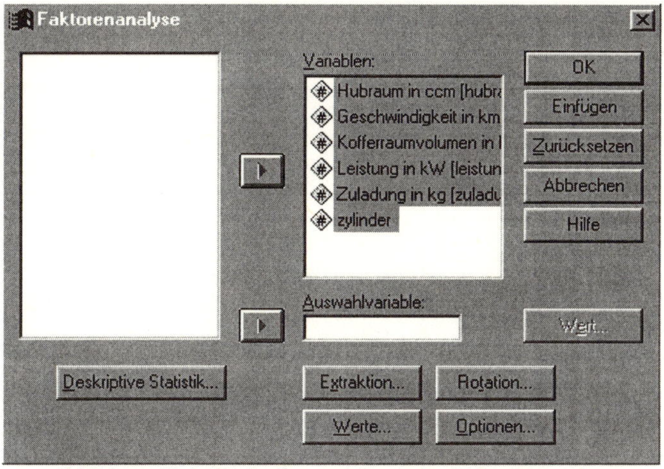

Abbildung 12.3: Dialogbox zur Prozedur Faktorenanalyse

Als deskriptive Statistik können univariate Statistiken, die Korrelationsmatrix und weitere Zwischenergebnisse der Faktorenanalyse angefordert werden.

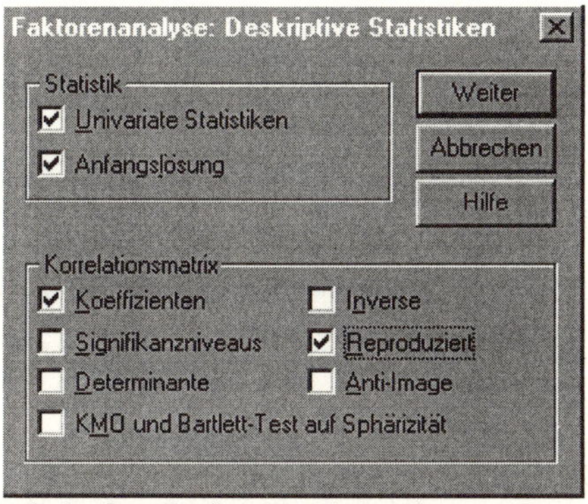

Abbildung 12.4: Unterdialogbox Deskriptive Statistiken zur Prozedur Faktorenanalyse

Zunächst werden die angeforderten deskriptiven Statistiken für die verwendeten Variablen gezeigt.

Deskriptive Statistiken

	Mittelwert	Standardabweichung	Analyse N
ZYLINDER	5,33	1,93	40
Leistung in kW	123,79	71,13	40
Geschwindigkeit in km/h	199,33	39,18	40
Hubraum in ccm	2.557,07	1.156,88	40
Kofferraumvolumen in Liter	1.006,10	924,30	40
Zuladung in kg	488,63	139,63	40

Abbildung 12.5: Deskriptive Statistiken zur Prozedur Faktorenanalyse

Der Zusammenhang zwischen diesen 5 Variablen wird durch die Korrelationsmatrix deutlich, die den linearen Zusammenhang zwischen den Wertepaaren zeigt.

Korrelationsmatrix

		ZYLINDER	Leistung in kW	Geschwindigkeit in km/h	Hubraum in ccm	Kofferraum volumen in Liter	Zuladung in kg
Korrelation	ZYLINDER	1,000	,868	,679	,892	-,085	,055
	Leistung in kW	,868	1,000	,872	,862	-,150	-,013
	Geschwindigkeit in km/h	,679	,872	1,000	,599	-,393	-,219
	Hubraum in ccm	,892	,862	,599	1,000	,149	,271
	Kofferraumvolumen in Liter	-,085	-,150	-,393	,149	1,000	,705
	Zuladung in kg	,055	-,013	-,219	,271	,705	1,000

Abbildung 12.6: Korrelationsmatrix zur Prozedur Faktorenanalyse

Man erkennt bereits, daß die Variablen km/h, kw, ccm und Zylinder stärker miteinander korrelieren, während die Variablen Zuladung und Kofferraum nur miteinander korreliert sind, aber nicht mit einer der anderen Variablen. Hier liegt es nahe, diese sechs Variablen auf zwei Faktoren zu reduzieren.

Als Ergebnis der Faktorenanalyse wird die durch die Faktoren erklärte Gesamtvarianz aufgeschlüsselt.

Erklärte Gesamtvarianz

	Anfängliche Eigenwerte			Summen von quadrierten Faktorladungen für Extraktion		
Faktor	Gesamt	% der Varianz	Kumulierte %	Gesamt	% der Varianz	Kumulierte %
1	3,417	56,952	56,952	3,297	54,951	54,951
2	1,883	31,379	88,330	1,617	26,946	81,897
3	,321	5,355	93,685			
4	,263	4,382	98,067			
5	8,093E-02	1,349	99,416			
6	3,505E-02	,584	100,000			

Extraktionsmethode: Hauptachsen-Faktorenanalyse.

Abbildung 12.7: Eigenwerte und Varianzen zur Prozedur Faktorenanalyse

Der Eigenwert ist der Anteil des Faktors l an der Varianz aller betrachteten Variablen:

$$Eigenwert = \frac{v_l}{p} = \frac{1}{p}\sum_{j=1}^{p} a_{jl}^2 \quad .$$

Der erklärte Varianzanteil an der Gesamtvarianz ist

$$Erklärte\ Varianz = \frac{\sum_{l=1}^{r} v_l}{p} = \frac{1}{p}\sum_{j=}^{p} h_j^2 = \frac{1}{p}\sum_{j=1}^{p}\sum_{l=1}^{r} a_{jl}^2 \quad .$$

In der Tabelle zeigt sich, daß bereits bei der Extraktion von 2 Faktoren 73,75% der Varianz erklärt sind (*Kumulierte %*). Der Eigenwert des zweiten Faktors ist über 1,0 (*Gesamt*). Es bietet sich nach dem **Eigenwertkriterium** (Eigenwerte größer als 1) an, zwei Faktoren zu extrahieren. Das Extrahieren weiterer Faktoren würde nur noch zu einer marginalen Verbesserung der durch die Faktoren erklärten Varianz führen. Man erkennt aber auch im Umkehrschluß, wie durch fortlaufende Verdichtung der sechs Ausgangsvariablen auf immer weniger Faktoren der Anteil der erklärbaren Streuung abnimmt. Die folgende Tabelle zeigt die Kommunalitäten dieser beiden Faktoren vor- und nach der Extraktion.

Kommunalitäten

	Anfänglich	Extraktion
ZYLINDER	,853	,820
Leistung in kW	,945	,985
Geschwindigkeit in km/h	,868	,756
Hubraum in ccm	,912	,929
Kofferraumvolumen in Liter	,611	,796
Zuladung in kg	,550	,628

Extraktionsmethode: Hauptachsen-Faktorenanalyse.

Abbildung 12.8: Kommunalitäten zur Prozedur Faktorenanalyse

Am Beginn der Auswertung sind diese 1,0. Sie entsprechen dann der Eigenkorrelation, also dem Wert 1,0 auf der Hauptdiagonalen der Korrelationsmatrix **R**. Die Kommunalitäten nach der Extraktion sind die durch das Modell geschätzten Kommunalitäten.

12.2 Die Faktorenextraktion

Die Entscheidung, wieviele Faktoren extrahiert werden sollen, kann durch die Angabe der entsprechenden Anzahl im Feld *Anzahl der Faktoren* oder durch das **Eigenwertkriterium** unter dem Feld *Eigenwerte größer als ...* erfolgen.

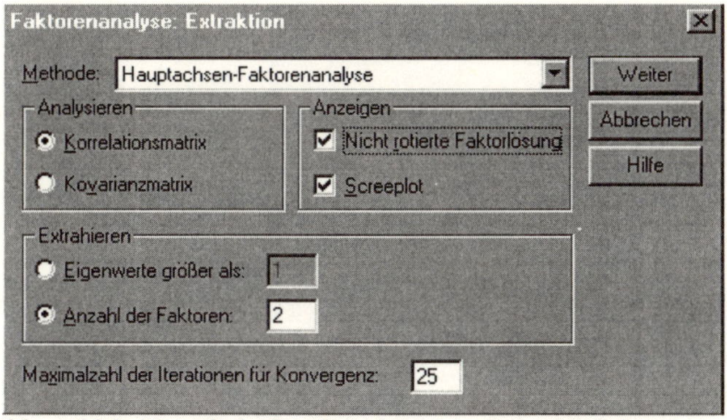

Abbildung 12.9: Unterdialogbox Extraktion zur Prozedur Faktorenanalyse

Neben der hier ausgewählten *Hauptachsen-Faktorenanalyse* stehen weitere Extraktionsmethoden zur Verfügung. Diese versuchen auf verschiedene Art, die nicht erklärbare Varianz durch ein Modell zu schätzen.

- Hauptkomponentenanalyse (es werden keine Einzelrestfaktoren geschätzt)
- Hauptachsen-Faktorenanalyse
- Maximum-Likelihood-Methode
- Alpha-Faktorenanalyse
- Image-Faktorenanalyse
- Ungewichtete Kleinste-Quadrate-Methode
- Verallgemeinerte Kleinste-Quadrate-Methode.

Die Entscheidung über die Anzahl der zu extrahierenden Faktoren kann mit Hilfe verschiedener Techniken erfolgen, die sich an der in SPSS nicht darstellbaren Residualmatrix, der erklärten Varianz oder an den Eigenwerten orientieren.

Verfahren	**Kriterium**
Varianzkriterium	ein erklärter Varianzprozentanteil von mindestens 85% ist ausreichend
Kaiser-Kriterium	Eigenwerte größer als Eins
Scree-Test	graphische Beurteilung der Eigenwerte
Beurteilung der Residualmatrix	Absolutbeträge kleiner als 0,05

Die Beurteilung der Eigenwerte nach dem Scree-Test ist ein rein graphisches Verfahren, bei dem in einem Koordinatensystem die Eigenwerte der Faktoren in absteigender Reihenfolge aufgetragen werden. An der Stelle, an der es durch die signifikante Abnahme der Eigenwerte zu einem „Knick" kommt, kann auf der Abszisse die entsprechende Anzahl der Faktoren abgelesen werden. Zusätzlich ist in der unten abgebildeten Skizze auch das Kaiser-Kriterium eingezeichnet. Nach dieser *Faustregel* wären so viele Faktoren zu extrahieren, wie deren Eigenwerte größer als eins sind.

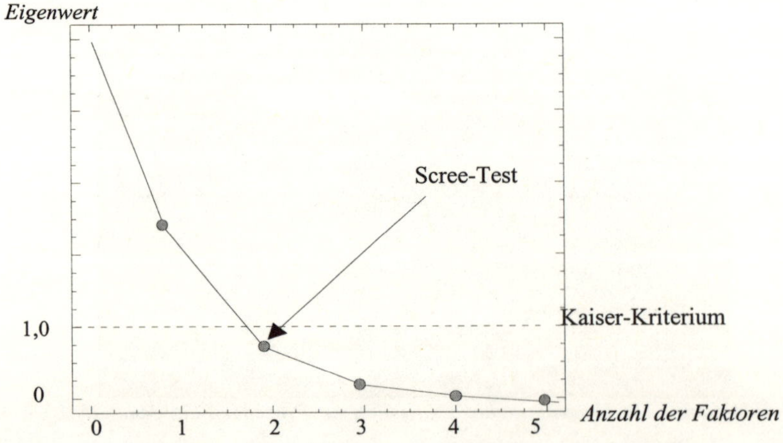

Abbildung 12.10: Schematische Darstellung des Scree-Tests

Bezogen auf das Beispiel könnte man nach dem *Scree-Test* auch drei Faktoren extrahieren, da es dort zu einem Knick in der in absteigender Reihenfolge aufgetragenen Eigenwerte der Faktoren kommt.

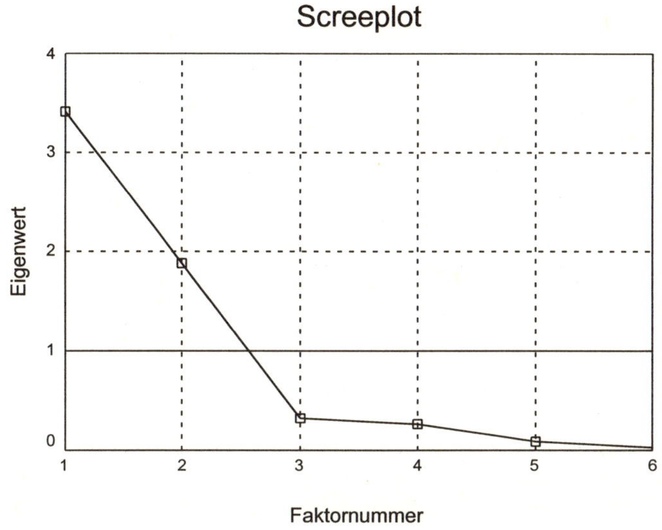

Abbildung 12.11: Scree-Plot zur Prozedur Faktorenanalyse

Als nächstes wird die reduzierte reproduzierte Korrelationsmatrix betrachtet: Nach der Meldung in der Fußzeile gibt es zwei nicht redundante Residuen mit einem Betrag von weniger als 0,05.

Reproduzierte Korrelationen

		ZYLINDER	Leistung in kW	Geschwindigkeit in km/h	Hubraum in ccm	Kofferraumvolumen in Liter	Zuladung in kg
Reproduzierte Korrelation	ZYLINDER	,820[b]	,892	,709	,841	-6,672E-02	6,997E-02
	Leistung in kW	,892	,985[b]	,816	,885	-,177	-1,684E-02
	Geschwindigkeit in km/h	,709	,816	,756[b]	,630	-,393	-,237
	Hubraum in ccm	,841	,885	,630	,929[b]	,161	,275
	Kofferraumvolumen in Liter	-6,672E-02	-,177	-,393	,161	,796[b]	,696
	Zuladung in kg	6,997E-02	-1,684E-02	-,237	,275	,696	,628[b]
Residuum[a]	ZYLINDER		-2,382E-02	-3,043E-02	5,074E-02	-1,792E-02	-1,452E-02
	Leistung in kW	-2,382E-02		5,605E-02	-2,222E-02	2,707E-02	3,572E-03
	Geschwindigkeit in km/h	-3,043E-02	5,605E-02		-3,138E-02	8,336E-05	1,858E-02
	Hubraum in ccm	5,074E-02	-2,222E-02	-3,138E-02		-1,215E-02	-4,645E-03
	Kofferraumvolumen in Liter	-1,792E-02	2,707E-02	8,336E-05	-1,215E-02		9,102E-03
	Zuladung in kg	-1,452E-02	3,572E-03	1,858E-02	-4,645E-03	9,102E-03	

Extraktionsmethode: Hauptachsen-Faktorenanalyse.

a. Residuen werden zwischen beobachteten und reproduzierten Korrelationen berechnet. Es gibt 2 (13,0%) nichtredundante Residuen mit Absolutwerten > 0,05.

b. Reproduzierte Kommunalitäten

Abbildung 12.12: Reduzierte Korrelationsmatrix zur Prozedur Faktorenanalyse

Die im folgenden abgebildete Faktorenmatrix hilft bei der Interpretation der zwei extrahierten Faktoren. Hier ist entscheidend, bei welchem Faktor die Faktorladungen der Variablen hoch oder niedrig sind.

Faktorenmatrix[a]

	Faktor	
	1	2
ZYLINDER	,900	9,592E-02
Leistung in kW	,992	-1,29E-02
Geschwindigkeit in km/h	,819	-,292
Hubraum in ccm	,896	,355
Kofferraumvolumen in Liter	-,167	,877
Zuladung in kg	-6,68E-03	,792

Extraktionsmethode: Hauptachsen-Faktorenanalyse.

a. 2 Faktoren extrahiert. Es werden 18 Iterationen benötigt.

Abbildung 12.13: Faktorladungen zur Prozedur Faktorenanalyse

Die leistungsbezogenen Variablen ccm, km/h, kw und Zylinder weisen jeweils hohe Faktorladungen auf, was auf die Motorleistung zurückzuführen ist. Die beiden Variablen Zuladung und Kofferraum laden hoch auf den zweiten Faktor. Dadurch könnten die beiden Faktoren mit „Leistung“ und „Größe“ beschrieben werden.

12.3 Die Faktorenrotation

Die Rotation der Faktoren soll eine Interpretation erleichtern. Es wird dabei das Achsensystem in der Form gedreht, daß die Faktorladungen näher an den Achsen liegen. Es gibt dabei verschiedene Verfahren der Rotation (rechtwinklig, schiefwinklig).

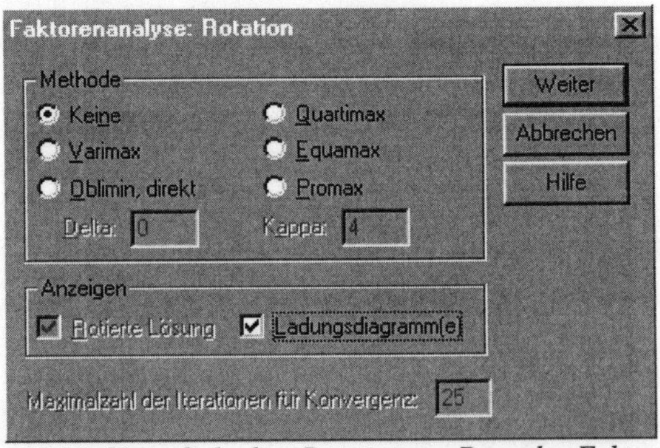

Abbildung 12.14: Unterdialogbox Rotation zur Prozedur Faktorenanalyse

SPSS bietet unter dem Menüpunkt *Methode* verschiedene Methoden für die Rotation an, wobei mit *Oblimin* eine schiefwinklige Rotation mit Angabe der Winkel für *Delta* und *Kappa* steht.

- Quartimax
- Varimax
- Equamax
- Promax
- Oblimin (Δ, K).

Im allgemeinen stellt eine rechtwinklige Rotation nur eine Drehung des Achsenkreuzes dar, während bei der schiefwinkligen Rotation der rechte Winkel der Faktoren nicht erhalten bleibt. Dies ist nicht unproblematisch, da dies gegen die Annahme der Unkorreliertheit der Faktoren verstößt.[19]

Die Rotation kann auch unterbleiben und nur das unrotierte Faktorenmuster als *Ladungsdiagramm* angezeigt werden, dann muß der Punkt *Keine* unter *Methode* angeklickt werden.

Die folgende Abbildung zeigt das unrotierte Faktorenmuster mit den Faktorladungen der Variablen.

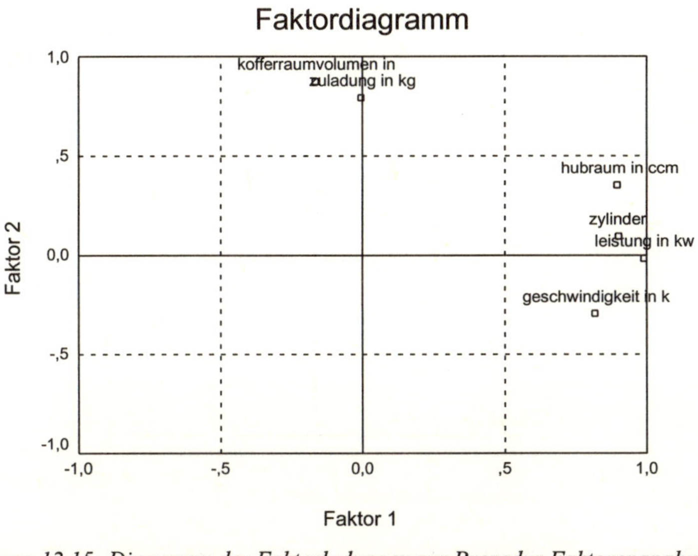

Abbildung 12.15: Diagramm der Faktorladungen zur Prozedur Faktorenanalyse

Der Faktorladungsplot visualisiert die Ladungsmatrix: Zuladung und Kofferraum laden hoch auf Faktor 2, während die leistungsbezogenen Variablen kw, km/h, ccm und Zylinder hoch auf den ersten Faktor laden. Eine Rotation würde hier keine Verbesserung der Interpretation bringen.

[19] Vgl. BLEYMÜLLER, J., Multivariate Analyse für Wirtschaftswissenschaftler, Münster 1989, S. 115.

12.4 Bestimmung der Faktorwerte

Die Faktorwerte (*Factorscores*) werden mittels Linearkombinationen gebildet. Sie entsprechen den neu durch die zwei Faktoren gebildeten Merkmalswerten.

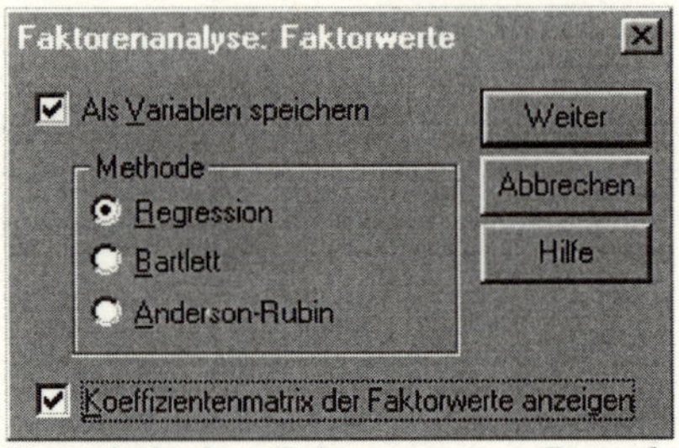

Abbildung 12.16: Unterdialogbox Faktorwerte zur Prozedur Faktorenanalyse

Es stehen drei Verfahren zur Bestimmung der Faktorwerte zur Verfügung:

- Regressionsschätzung
- Schätzung nach BARLETT
- Schätzung nach ANDERSON-RUBIN.

Diese Koeffizienten können als neue Variable abgespeichert werden, und auf diese Weise in die Arbeitsdatei übernommen werden.

Koeffizientenmatrix der Faktorwerte

	Faktor	
	1	2
ZYLINDER	,030	-,091
Leistung in kW	1,039	-,385
Geschwindigkeit in km/h	-,232	,003
Hubraum in ccm	,130	,619
Kofferraumvolumen in Liter	-,125	,555
Zuladung in kg	,007	,234

Extraktionsmethode: Hauptachsen-Faktorenanalyse.

Methode für Faktorwerte: Regression.

Abbildung 12.17: Schätzwerte für die Faktorwerte zur Prozedur Faktorenanalyse

Die Berechnung der Faktorwerte erfolgt mit Hilfe der durch die Regressionsschätzung ermittelten Koeffizienten, wie sie in der obigen Matrix als Gewichtungen für die einzelnen Faktoren dargestellt sind. Mit Hilfe der Faktorwerte und einem *Streudiagramm* können nun die Objekte an den Faktoren abgetragen werden.

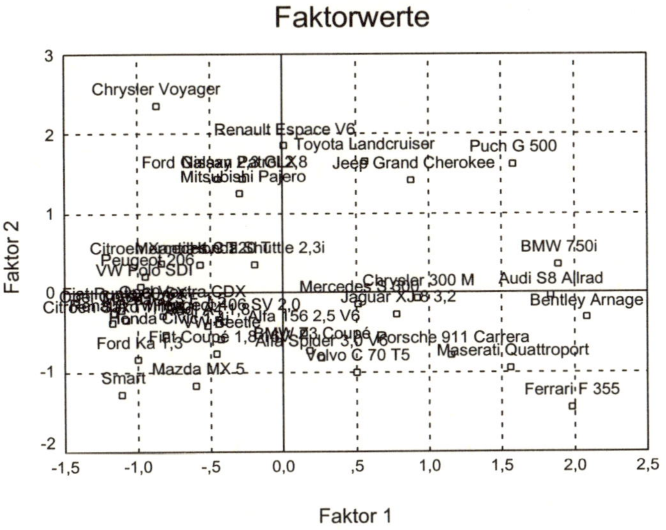

Abbildung 12.18: Streudiagramm mit den Faktorwerten

Diese Graphik zeigt den Faktor 2 an der *Y*-Achse und den Faktor 1 an der *X*-Achse. Offenbar steht der 1. Faktor für die Leistung und der zweite Faktor für die Fahrzeuggröße. Wenn die Lage der einzelnen Fahrzeugtypen in Bezug auf diese zwei extrahierten Faktoren dargestellt werden, zeigt sich, daß die sportlichen Fahrzeuge überdurchschnittliche Ausprägungen am ersten Faktor haben, wie es zweifellos der Ferrari F 355 zeigt. Der zweite Faktor zeigt Fahrzeuge, wie der Chrysler Voyager mit überdurchschnittlicher Ausprägungen in bezug auf die *Größe* der Fahrzeuge. Es zeigt sich, daß es schwierig ist, Marktnischen zu entdecken, nachdem der Puch G 500 bereits ein sehr großes Fahrzeug mit überdurchschnittlicher Leistung repräsentiert.

13. Clusteranalyse

13.1 Einführung in die Clusteranalyse

Ziel der Clusteranalyse (*Cluster = Büschel, Häufung*) ist, bei simultaner Betrachtung von mehreren (mehr als zwei) Variablen die einzelnen Objekte (Merkmalsausprägungen) so zu Gruppen zusammenzufassen, daß die Ähnlichkeit der Objekte in den Gruppen möglichst groß, die Ähnlichkeit zwischen den Gruppen aber möglichst gering ist. In SPSS sind zwei verschiedene Verfahren der Clusteranalyse implementiert:

- Hierarchische Clusteranalyse.
- Clusterzentrenanalyse.

Bei der hierarchischen Clusteranalyse wird mit Hilfe verschiedener Algorithmen die gegebene Objektmenge fortlaufend fusioniert, so daß am Ende alle Cluster ein Objekt bilden. Der Anwender muß entscheiden, ab welcher Clusterzahl die beste Anzahl an Clustern vorliegt.

Die Clusterzentrenanalyse ist ein iteratives Verfahren, bei dem eine Startpartition in Form von vorläufigen Gruppenmittelwerten vorgegeben wird. Anschließend werden die Objekte durch Umgruppierung so zu diesen zuvor bestimmten Clusterzentren zugeordnet, bis es zu keiner weiteren Abnahme der Streuung durch die Umgruppierung kommt.

Allgemeine Vorgehensweise der Clusteranalyse

1) Auswahl des Distanz- oder Ähnlichkeitsmaßes.
2) Auswahl des Clusteralgorithmus.
3) Festlegung der Clusterzahl.
4) Benennung der Cluster.

Es wird oft empfohlen, anstelle der Datenmatrix der Originaldaten eine standardisierte Datenmatrix mit den standardisierten Merkmalsausprägungen zu verwenden, um eine Verzerrung durch die unterschiedlichen Dimensionen zu vermeiden. Die Standardisierung der Ausgangsdaten erfolgt anhand der sogenannten z-Transformation, wie sie auch in der Prozedur *Deskriptive Statistiken* als Option zur Verfügung steht:

$$x_{sij} = \frac{x_{ij} - \bar{x}_j}{s_j} \text{, mit}$$

$$s_j = \sqrt{\frac{1}{n-1}\sum_{i=1}^{n}\left(x_{ij} - \bar{x}_j\right)^2} \quad \text{und}$$

$$\bar{x}_j = \frac{1}{n}\sum_{i=1}^{n} x_{ij} \ .$$

13.2 Distanzmaße und Ähnlichkeitsmaße

Je nach Art des Merkmals, wird zwischen Distanzmaßen (metrisch- und ordinal skalierte Merkmale) und Ähnlichkeitsmaßen (nominal skalierte Merkmale) unterschieden.

13.2.1 Distanzmaße für metrisch skalierte Merkmale

Die Distanzmaße berechnen die statistische Entfernung zwischen den einzelnen Objekten. Die folgende Skizze verdeutlicht der Berechnung der Distanz zwischen zwei Objekten:

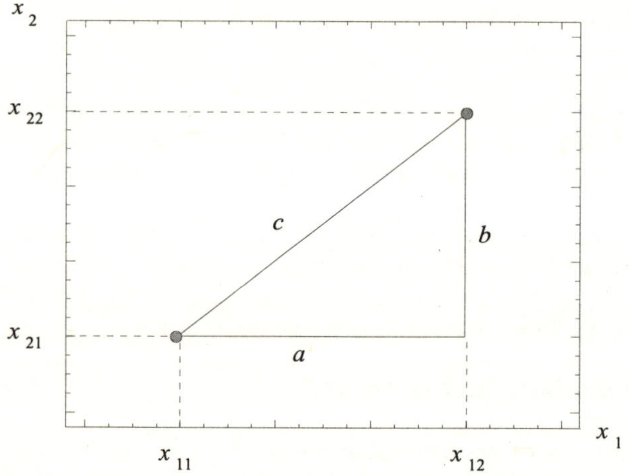

Abbildung 13.1: Geometrische Darstellung der Distanz zwischen zwei Objekten

Für die verschiedenen Berechnungen der Distanz zwischen den Objekten seien die folgenden Distanzmaße stellvertretend für die Vielzahl der in SPSS implementierten Distanzmaße für metrisch skalierte Merkmale genannt.

Distanzmaß	Formel	Beispiel
Euklidische Distanz	$d_{ik} = \sqrt{\sum_{j=1}^{p}\left(x_{ij} - x_{kj}\right)^2}$	$c = \sqrt{a^2 + b^2}$
Quadrierte Euklidische Distanz	$d_{ik} = \sum_{j=1}^{p}\left(x_{ij} - x_{kj}\right)^2$	$c^2 = a^2 + b^2$
City-Block-Distanz	$d_{ik} = \sum_{j=1}^{p}\left\lvert x_{ij} - x_{kj}\right\rvert$	$c = \lvert a\rvert + \lvert b\rvert$
Maximums-Metrik	$d_{ik} = \max_j\left\{\left\lvert x_{ij} - x_{kj}\right\rvert\right\}$	$c = \max\{\lvert a\rvert, \lvert b\rvert\}$

Alle diese Distanzmaße gehören zu der sogenannten MINKOWSKI-Metrik bzw. $l\mu$-Norm, mit der sich durch Gewichtung des Faktors μ neben den oben gezeigten Distanzmaßen auch weitere Distanzmaße bilden lassen.

$$d_{ik} = \left(\sum_{j=1}^{p} \left| x_{ij} - x_{kj} \right|^{\mu} \right)^{\frac{1}{\mu}},$$

mit μ = 2 (Euklidische Distanz), μ = 1 (City-Block-Distanz) und μ = ∞ (Maximums-Metrik).

13.2.2 Distanzmaße für ordinal skalierte Merkmale

Ein Distanzmaß für ordinalskalierte Merkmale (Rangdaten x_{rik}) wäre die Canberra-Metrik.

$$d_{ik} = \frac{\left| x_{rij} - x_{rkj} \right|}{x_{rij} - x_{rkj}}.$$

Diese ist leider in SPSS nicht implementiert Es bietet sich eine Behandlung, wie bei metrisch skalierten Merkmalen an.

13.2.3 Distanzmaße für nominal skalierte Merkmale

Für die Berechnung der Distanz zwischen nominalskalierten Merkmalen verwendet man Ähnlichkeitsmaße (*similarity*). Es gilt dabei für die Überführung eines Ähnlichkeitsmaßes in ein Distanzmaß:

$$d_{ik} = 1 - s_{ik}.$$

Für die Bestimmung der Ähnlichkeit zwischen nominalskalierten Merkmalen kann eine 4-Felder-Tafel zur Verdeutlichung herangezogen werden:

Ausprägung bei Objekt *i*	Ausprägung bei Objekt *k*	
	1	0
1	*a*	*b*
0	*c*	*d*

Je nach der Berücksichtigung der Übereinstimmung bzw. Nicht-Übereinstimmung können die folgenden Ähnlichkeitsmaße stellvertretend für die 26 verschiedenen Ähnlichkeitsmaße genannt werden, die in SPSS implementiert sind.[20]

20 Vgl. dazu auch STEINHAUSEN, D., LANGER, K., Clusteranalyse, Berlin, New York 1977, S. 53 ff.

Distanz- bzw. Ähnlichkeitsmaß	Formel
Euklidische Distanz	$d_{ik} = b + c$
Koeffizient von TANIMOTO	$s_{ik} = \dfrac{a}{a+b+c}$
Simple-Matching-Koeffizient	$s_{ik} = \dfrac{a+d}{a+b+c+d}$
Koeffizient von DICE	$s_{ik} = \dfrac{2a}{2a+(b+c)}$
Koeffizient von SOKAL & SNEATH	$s_{ik} = \dfrac{2a}{a+2(b+c)}$
Koeffizient von RUSSEL & RAO	$s_{ik} = \dfrac{a}{a+b+c+d}$.

13.3 Cluster-Algorithmen

Bei den Verfahren zur Clusteranalyse (Cluster-Algorithmen) unterscheidet man zwischen hierarchischen Verfahren und partitionierenden bzw. iterativen Verfahren. Bei den hierarchischen Verfahren erfolgt die Gruppierung durch eine fortlaufende Zusammenfassung der Objekte. Am Start des Algorithmus bildet jedes Objekt einen Cluster. Bei den partitionierenden Verfahren wird eine Startpartition (provisorische Clusterlösung) vorgegeben und die Objekte werden dann nach einem Algorithmus nach bestimmten Optimalitätskriterien zugeordnet.

Die hierarchischen Verfahren der Clusteranalyse unterscheiden sich in der Art, wie die Cluster A_l und A_m fusioniert werden. Diese Fusionierung kann aufgrund der geringsten Distanz d_{lm} zum nächsten Objekt geschehen (*Single Linkage*), oder aufgrund der größten Distanz zum nächsten Objekt (*Complete Linkage*).

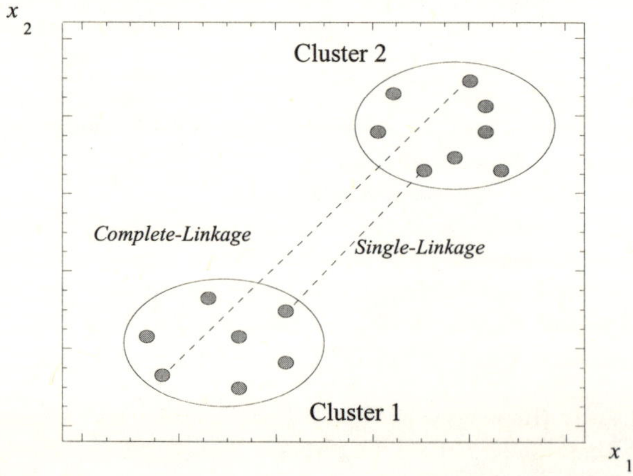

Abbildung 13.2: Schematische Darstellung der Fusionierung zweier Cluster

Im Gegensatz zu diesen beiden grundlegenden Verfahren berücksichtigt das Verfahren von WARD zusätzlich die Zunahme der Streuung bei der Fusionierung zweier Cluster.

Algorithmus	Berechnung	Eigenschaft
Single-Linkage	$d_{lm} = \min\{d_{ik} / i \in A_l, k \in A_m\}$	kontrahierend, neigt zu Ketten-bildung
Complete-Linkage	$d_{lm} = \max\{d_{ik} / i \in A_l, k \in A_m\}$	dilatierend, neigt zur Bildung kleiner Gruppen
Average-Linkage	$d_{lm} = \frac{1}{2}(d_s + d_c)$	konservativ
Centroid-Verfahren	$d_{lm} = d(\bar{x}_l, \bar{x}_m)$	konservativ
Median-Verfahren	$d_{lm} = d(x_{0.5l}, x_{0.5m})$	konservativ
Verfahren von WARD	$d_{lm} = \frac{n_l \cdot n_m}{n_l + n_m} \sum_{j=1}^{p} (\bar{x}_{lj} - \bar{x}_{mj})^2$	neigt zur Bildung gleich großer Gruppen

Die Größen bedeuten
d_s = minimale Distanz nach dem Single-Linkage-Algorithmus
d_c = maximale Distanz nach dem Complete-Linkage-Algorithmus
d_{lm} = Distanz zwischen zwei Elementen der Cluster A_l und A_m .

Die Charakteristik und Leistungsfähigkeit der einzelnen Verfahren ist bereits ausführlich untersucht worden. Zusammenfassend seien die folgenden Punkte hier genannt:

Dilatierende Algorithmen neigen dazu, die Objekte zu sehr in viele einzelne gleich große Gruppen zusammenzufassen, während *kontrahierende* Algorithmen dazu tendieren, zunächst wenige große Gruppen zu bilden, denen viele kleine Gruppen gegenüberstehen. Kontrahierende Verfahren sind dadurch besonders geeignet, Ausreißer zu identifizieren. Weist ein Algorithmus weder die eine noch die andere Eigenschaft auf, so wird er mit *konservativ* bezeichnet. Unter *Kettenbildung* versteht man die Eigenschaft, Brücken zwischen eng aneinanderliegenden Objekten zu bilden, und diese dann zu einer Gruppe zusammenzufassen, obgleich sich auch zwei Gruppen daraus hätten bilden lassen können. Das Verfahren von WARD gilt als sehr gut geeignet, gute Partitionen zu finden.[21]

13.4 Festlegung der Clusterzahl

Die Festlegung der optimalen Anzahl an Clustern ist oft nur nach mehreren Versuchen möglich. Hilfreich zur Entscheidung sind neben sachlichen Überlegungen auch Graphiken in Form des *Dendrogrammes*. Das Dendrogramm zeigt die Abnahme der Streuung in Form eines Homogenitätsmaßes durch die zunehmende Fusion der einzelnen Cluster.

Im Extremfall bildet jedes Objekt einen eigenen Cluster (Homogenität = 0) bzw. alle Objeke nur noch einen Cluster (Homogenität = Max). Der Anwender muß selbst entscheiden, ab welcher Stufe der Abnahme der Varianz die „richtige“ Anzahl an Clustern festzulegen ist.

[21] Vgl. BACKHAUS, u. a., Multivariate Analysemethoden (5. Auflage), Berlin a. a. O., 1989, S. 148.

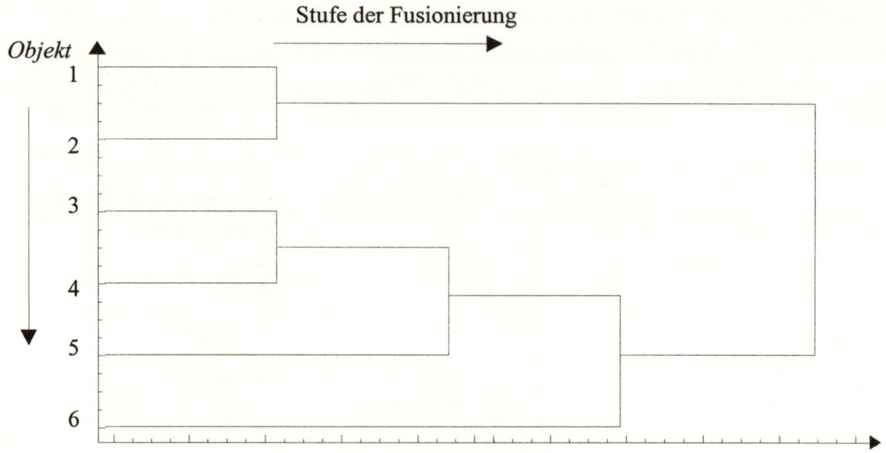

Abbildung 13.3: Dendrogramm

Eine andere Darstellungsart des Fusionierungsprozesses sind die Eiszapfenplots. Diese zeigen ebenfalls horizontal bzw. vertikal die Abnahme der Streuung durch die fortlaufende Fusion der einzelnen Objekte zu Clustern.

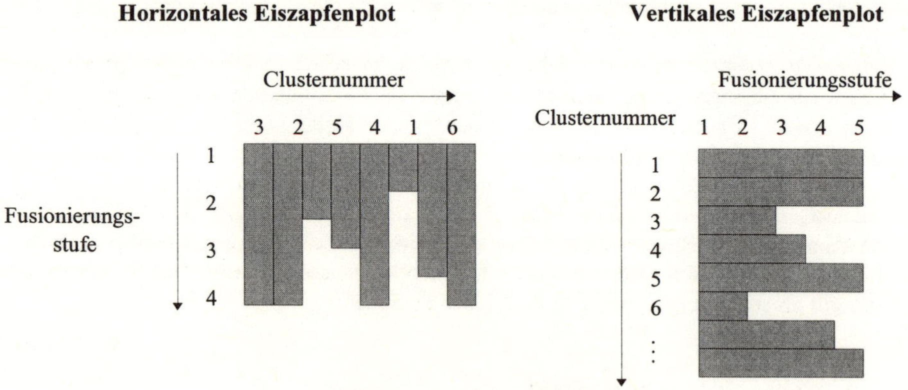

Abbildung 13.4: Eiszapfenplots

Eine weitere Möglichkeit bietet sich durch ein sogenanntes *Struktogramm* an. In diesem Diagramm wird an der Ordinate die Abnahme der Streuung (Homogenitätsmaß) und an der Abszisse die Anzahl der Objekte eingezeichnet. Werden die Punkte durch eine Linie verbunden, so könnte man an der Stelle, an der ein optisch signifikanter *Knick* (*Elbow*) entsteht, die „richtige“ Anzahl an Clustern festlegen. Dieses Verfahren ist jedoch in SPSS nicht vorgesehen, obgleich sich mit Hilfe der in Abbildung 13.7 gezeigten *Koeffizienten* ein derartiges Liniendiagramm zeichnen ließe.

Beispiel:

Aus den 40 ausgewählten Kraftfahrzeugen werden die Variablen Hubraum (*ccm*), Leistung (*kw*) und Geschwindigkeit (*km_h*) zur Analyse übertragen. Als *Fallbeschriftung* wird hier der Fahrzeugtyp (*fabrikat*) verwendet.

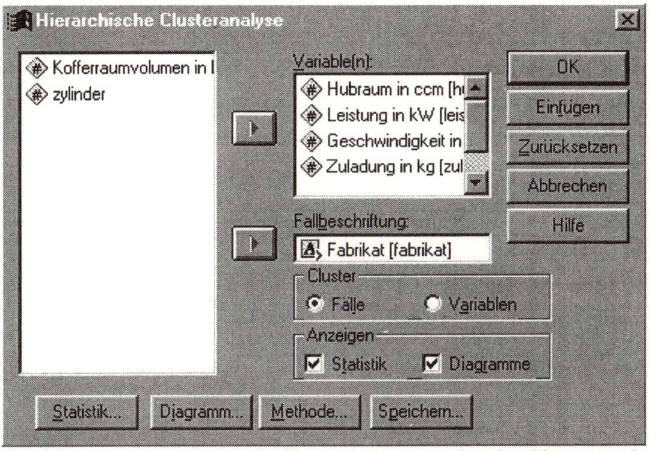

Abbildung 13.5: Dialogbox zur Prozedur Hierarchische Clusteranalyse

Der Umfang der Auswertung wird in der Dialogbox *Statistik* festgelegt. Die *Zuordnungsübersicht* zeigt eine Art Protokoll der fortlaufenden Fusionierung der Objekte. Die *Distanzmatrix* zeigt die Matrix mit den Distanzen.

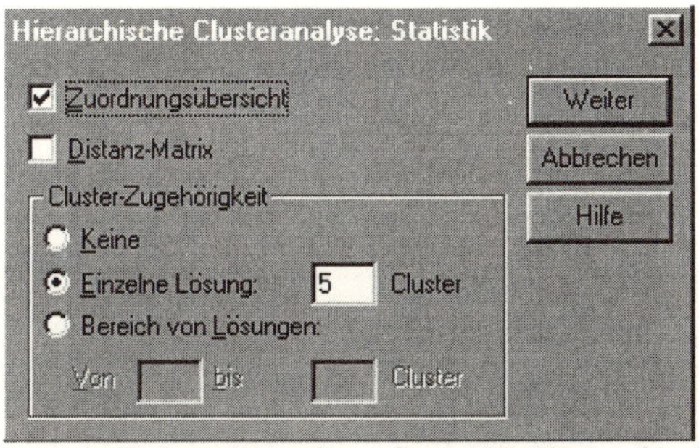

Abbildung 13.6: Unterdialogbox Statistik zur Prozedur Hierarchische Clusteranalyse

Die folgende *Zuordnungsübersicht* zeigt aus Platzgründen nur die ersten 12 Schritte. Dort wird angezeigt, bei welchem Schritt welche Fahrzeuge als Cluster zusammengefaßt wurden.

Zuordnungsübersicht

Schritt	Zusammengeführte Cluster		Koeffizienten	Erstes Vorkommen des Clusters		Nächster Schritt
	Cluster 1	Cluster 2		Cluster 1	Cluster 2	
1	3	32	3,014E-02	0	0	9
2	10	13	6,778E-02	0	0	7
3	31	39	,127	0	0	18
4	9	19	,191	0	0	10
5	2	7	,268	0	0	23
6	17	22	,354	0	0	18
7	10	35	,440	2	0	8
8	10	29	,539	7	0	26
9	3	30	,643	1	0	24
10	9	26	,765	4	0	20

Abbildung 13.7: Zuordnungsübersicht der Prozedur Hierarchische Clusteranalyse

Mit Hilfe des hier abgebildeten *Koeffizienten* besteht eine weitere Möglichkeit, die Clusterzahl festzulegen. Wenn diese Koeffizienten, die als Maß für die Abnahme der Streuung durch die fortlaufende Fusionierung stehen, in einem Diagramm in absteigender Reihenfolge eingetragen werden, kann anhand des sogenannten *Elbow-Kriteriums* überprüft werden, ab welcher Clusteranzahl es zu einem signifikanten *Knick*, also zu einer starken Abnahme der Varianz durch die fortlaufende Fusionierung, kommt. Die Stufen der Fusionierung der Fahrzeuge wird auch durch das *Dendrogramm* dargestellt.

Die Clusterlösung kann entweder exakt vorgegeben werden, auf bestimmte Bereiche begrenzt werden oder auch in der Form offen gelassen werden, daß sich der Anwender am Schluß mit der Entscheidung über die Clusterzahl am Ergebnis orientiert.

Für die spätere Interpretation der Cluster ist die folgende, aus Platzgründen nur ausschnittweise abgebildete Zuordnungsübersicht mit den Fahrzeugtypen und der Nummer der ihm zugewiesenen Cluster sehr hilfreich.

Cluster-Zugehörigkeit

Fall	5 Cluster
1:Alfa 156 2,5 V6	1
2:Alfa Spider 3,0 V6	2
3:Audi A4 1,8	3
4:Audi S8 Allrad	1
5:Bentley Arnage	1
6:BMW 750i	1
7:BMW Z3 Coupé	2
8:Chrysler Voyager	4
9:Chrysler 300 M	1
10:Citroen Saxo 1,1i X	3

Abbildung 13.8: Zuordnungsübersicht

Aus Gründen der Übersichtlichkeit werden die Clusterzugehörigkeiten des Beispiels in der folgenden Form verkürzt dargestellt.

Cluster	Clusterzugehörigkeit
Cluster 1	Alfa 156 2,5 V6, Audi S8 Allrad, Bentley Arnage, BMW 750i, Chrysler 300 M, Jaguar XJ 8 3,2, Mercedes S 300
Cluster 2	Alfa Spider 3,0, BMW Z3 Coupé, Ferrari F 355, Maserati Quattroporte, Porsche 911 Carrera, Volvo C 70 T5
Cluster 3	Audi A4 1,8, Citroen Saxo 1,1 iX, Citroen Xantia 1,9 T, Fiat Punto 60 SX, Fiat Coupé 1,8, Ford Ka 1,3, Honda Civic 1,4i, Honda Shuttle, Mazda 323 F 1,5, Mazda MX 5, Smart, Mercedes C 220, Opel Corsa 1.0, Opel Vectra CDX, Peugeot 206, Peugeot 406 SV 2,0, Renault Twingo, VW Polo SDI, VW Beetle
Cluster 4	Chrysler Voyager, Ford Galaxy, Mitsubishi Pajero, Nissan Patrol, Renault Espace
Cluster 5	Jeep Grand Cherokee, Puch G 500, Toyota Landcruiser

Der Algorithmus und das Distanzmaß werden in der Dialogbox *Methode* festgelegt.

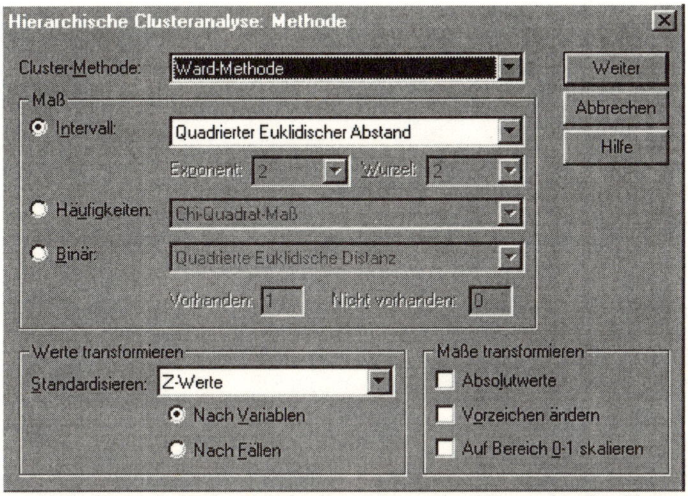

Abbildung 13.9: Unterdialogbox Methode zur Prozedur Hierarchische Clusteranalyse

Die *Cluster-Methode* bezieht sich hier auf den Algorithmus, während der Block *Maß* Distanzmaße für verschieden skalierte Merkmale bereitstellt. Soll vor der Fusionierung eine Transformation der Werte durchgeführt werden, so kann das auch an dieser Stelle nach verschiedenen Möglichkeiten erfolgen.

Als nächstes können die Graphiken zur Unterstützung der Lösung ausgewählt werden. Im vorliegenden Fall wird nur das Dendrogramm ausgewählt.

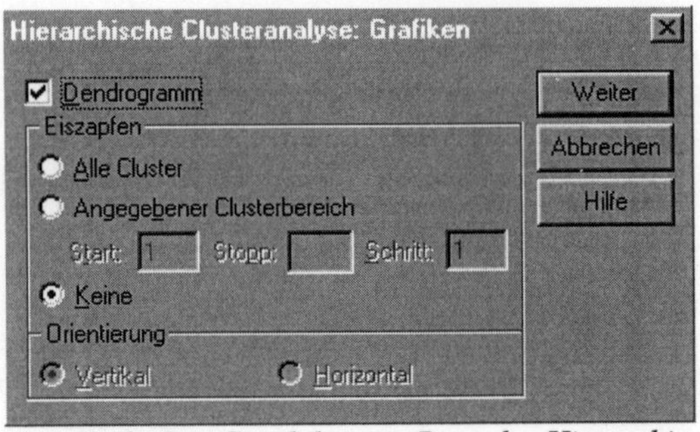

Abbildung 13.10: Unterdialogbox Graphiken zur Prozedur Hierarchische Clusteranalyse

Das Dendrogramm zeigt die fortlaufende Fusionierung der Fahrzeuge zu Clustern. Verfolgt man nun die Äste von rechts nach links, erkennt man, ab welcher Stufe welche KFZ-Typen zusammengefaßt wurden.

```
* * * * * * H I E R A R C H I C A L   C L U S T E R   A N A L Y S I S * * * * * *

Dendrogram using Ward Method

                                   Rescaled Distance Cluster Combine

        C A S E             0         5        10        15        20        25
Label                 Num   +---------+---------+---------+---------+---------+
Audi A4 1,8              3   -+
Peugeot 406 SV 2,0      32   -+
Opel Vectra CDX         30   -+
Fiat Coupé 1,8 16V      14   -+
VW Beetle               40   -+-+
Citroen Xantia 1,9 T    11   -+ I
Mercedes C 220 T        25   -+ I
Honda Shuttle 2,3i      18   -+ +-+
Citroen Saxo 1,1i X     10   -+ I I
Fiat Punto 60 SX        13   -+ I I
Renault Twingo          35   -+ I I
Opel Corsa 1.0          29   -+-+ I
Peugeot 206             31   -+   +-----------------------------+
VW Polo SDI             39   -+   I                             I
Honda Civic 1,4i        17   -+   I                             I
Mazda 323 F 1,5         22   -+   I                             I
Ford Ka 1,3             15   -+   I                             +-------------+
Smart                   24   -+---+                             I             I
Mazda MX 5              23   -+                                 I             I
Jeep Grand Cherokee     20   -+                                 I             I
Puch G 500              34   -+-----+                           I             I
Toyota Landcruiser      37   -+     +---------------------------+             I
Mitsubishi Pajero       27   -+-+   I                                         I
Nissan Patrol 2,8       28   -+ +---+                                         I
Ford Galaxy 2,3 GLX     16   -+ I                                             I
Renault Espace V6       36   -+-+                                             I
Chrysler Voyager         8   -+                                               I
Alfa Spider 3,0 V6       2   -+                                               I
BMW Z3 Coupé             7   -+-+                                             I
Volvo C 70 T5           38   -+ +---+                                         I
Maserati Quattroport    21   -+ I   I                                         I
Porsche 911 Carrera     33   -+-+   I                                         I
Ferrari F 355           12   -+     +-----------------------------------------+
Chrysler 300 M           9   -+     I
Jaguar XJ 8 3,2         19   -+     I
Mercedes S 300          26   -+-+   I
Alfa 156 2,5 V6          1   -+ +---+
Bentley Arnage           5   -+ I
BMW 750i                 6   -+-+
Audi S8 Allrad           4   -+
```

Abbildung 13.11: Dendrogramm der Prozedur Hierarchische Clusteranalyse

Die Speicherung der Clusterzugehörigkeit ermöglicht später die graphische Darstellung in Form eines *XY*-Streudiagrammes.

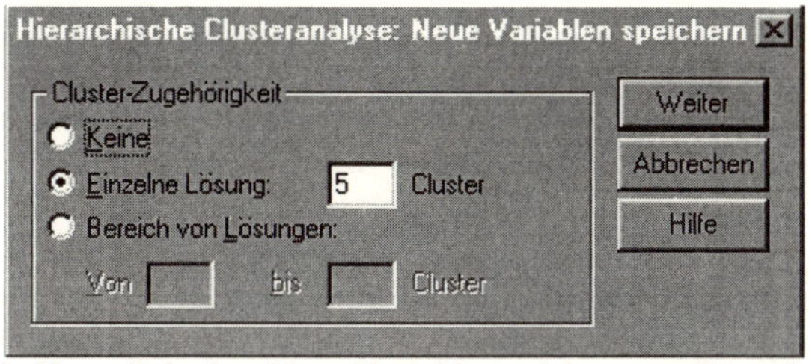

Abbildung 13.12: Unterdialogbox Neue Variable speichern zur Prozedur Hierarchische Clusteranalyse

In der Tabelle der Zuordnungsübersicht werden die Clusterzugehörigkeiten der Fahrzeuge aufgelistet. Dies kann mit Hilfe der abgespeicherten Clusterzugehörigkeit und einem *XY*-Streudiagramm für jeweils zwei Merkmale auch graphisch erfolgen.

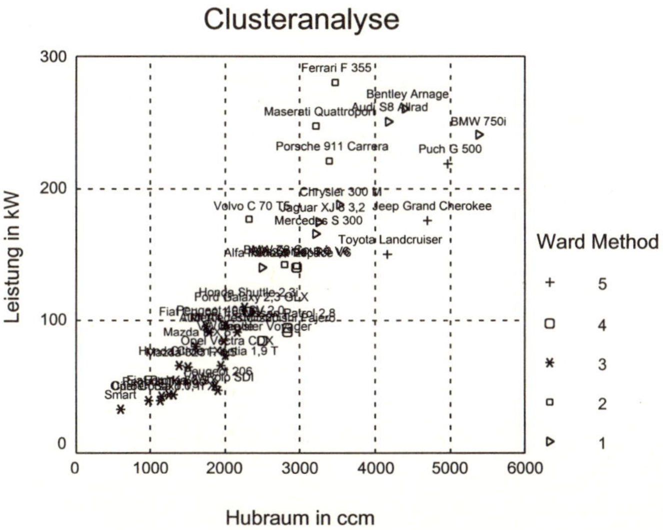

Abbildung 13.13: Streudiagramm zur Prozedur Hierarchische Clusteranalyse

Man sieht in der Clusterlösung die Lage der Objekte an den beiden Merkmalen Leistung und Hubraum. Durch die Darstellung der Fahrzeugtypen kann man erkennen, welche Fahrzeuge den Clustern zugeordnet sind. Auf diese Weise lassen sich Marktsegmente bilden, die ein *zielgruppenadäquates* Marketing ermöglichen.

13.5 Clusterzentrenanalyse

Mit der SPSS-Prozedur *Clusterzentrenanalyse* kann auch ein partitionierendes Verfahren der Clusteranalyse verwendet werden. Man unterscheidet bei diesen Gruppierungsverfahren zwischen iterativen Verfahren, die eine einmal getroffene Zuordnung eines Objektes zu einem Cluster auch revidieren können, und zwischen nicht-iterativ partitionierenden Verfahren. Bei dieser Art werden die Objekte nur in einem Durchgang den zuvor definierten Clustern zugeordnet.

Die Definition der Cluster muß hier auf jeden Fall vor der Analyse erfolgen. SPSS sucht sich dann aufgrund dieser Definitionen automatisch sinnvolle Clusterzentren dieser Cluster heraus, denen dann die Objekte zugeordnet werden.

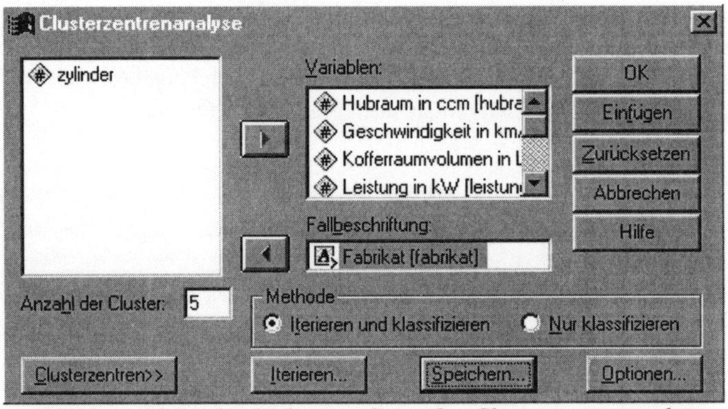

Abbildung 13.14: Dialogbox zur Prozedur Clusterzentrenanalyse

Das hier verwendete Verfahren ist ein weit verbreitetes partiell iteratives Verfahren, daß die Objekte den jeweiligen Gruppencentroiden nach ihrer geringsten Distanz zum Gruppencentroid zuordnet. Als Distanzmaß wird grundsätzlich die euklidische Distanz unterstellt.

$$d_{ik} = \sqrt{\sum_{j=1}^{p} \left(x_{ij} - x_{kj} \right)^2} \quad .$$

Das hier gezeigte Verfahren kann durch die folgenden Schritte systematisiert werden:

① Vorgabe einer Anfangspartition.

② Berechnung der Gruppencentroide.

③ Umgruppierung der Elemente nach der euklidischen Distanz in das Cluster mit dem nächst gelegenen Gruppencentroid.

④ Iteration der Verfahrensschritte 2 bis 4 bis eine weitere Verbesserung des Ergebnisses nicht mehr möglich ist.

Die Anzahl der Iterationen ist bei SPSS laut Vorgabe auf 10 begrenzt, jedoch kann dieser Wert erweitert oder verringert werden.

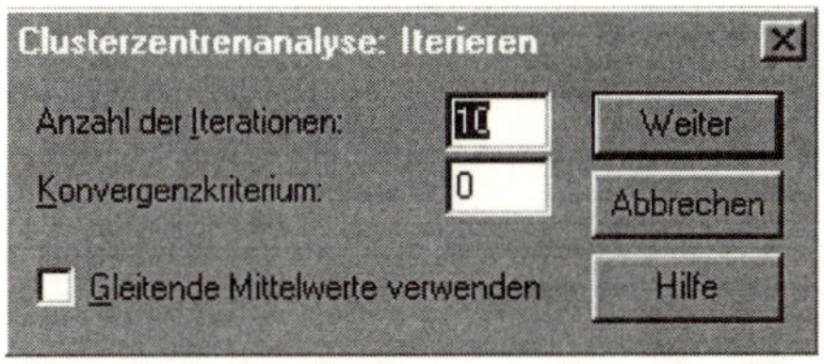

Abbildung 13.15: Unterdialogbox Iterieren zur Prozedur Clusterzentrenanalyse

Unter der Dialogschaltfläche *Speichern...* besteht die Möglichkeit, die Clusterzugehörigkeit je Merkmalsträger (Fall) in Form einer Ziffer, oder die Distanzmatrix der Clusterzentren zu speichen.

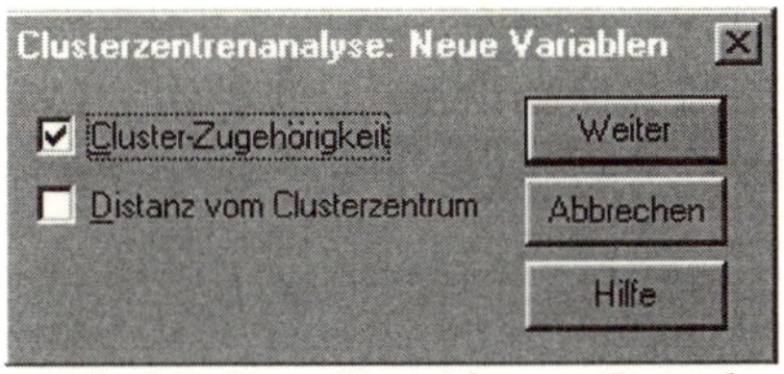

Abbildung 13.16: Unterdialogbox Neue Variablen zur Prozedur Clusterzentrenanalyse

Für die Ausgabe der Ergebnisse bestehen unter dem Menü *Optionen* unter dem Punkt *Statistik* die Möglichkeit, die von SPSS geschätzten Clusterzentren, die *ANOVA*-Tabelle für den Test auf signifikante Unterschiede der Clusterzentren und eine Tabelle mit der Cluster-Information für jeden Fall, ausgeben zu lassen. Da der Menüpunkt *Cluster-Informationen für jeden Fall* aufgrund der großen Datei eine über mehrere Seiten reichende Tabelle produzieren würde, wird dieser Punkt hier explizit abgeschaltet.

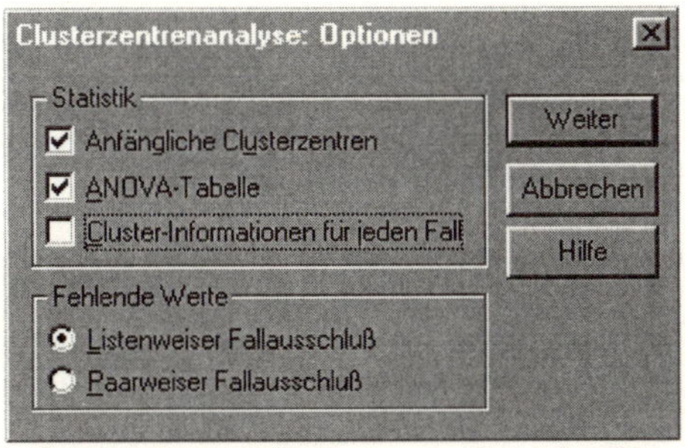

Abbildung 13.17: Unterdialogbox Optionen zur Prozedur Clusterzentrenanalyse

Die Menüpunkte *Fehlende Werte* steht für die Behandlung der Datensätze, falls eine Beobachtung einen fehlenden Wert enthält

Eine Standardisierung der Daten im Rahmen dieser Prozedur ist nicht vorgesehen. Sollte diese jedoch gewünscht werden, so besteht die Möglichkeit, mit Hilfe der Pozedur *Zusammenfassen* und *Deskriptive Statistik* eine Standardisierung von Variablen zuvor durchzuführen.[22]

[22] Vgl. dazu das Kapitel 3.7.

Zunächst erscheint als Ergbenis eine Tabelle mit den anfänglichen Clusterzentren. Das sind diejenigen Gruppencentroide, die SPSS nach einer Durchsicht durch die Daten als sinnvolle Startwerte für eine weitere Zuordnung der anderen Beobachtungen auswählt. Alle weiteren Beobachtungen werden aufgrund ihrer Lage zu diesen Gruppenmittelwerten einem dieser Gruppenmittelwerte zugeordnet. Auf diese Weise enstehen im weiteren Ablauf Cluster.

Anfängliche Clusterzentren

	Cluster				
	1	2	3	4	5
Hubraum in ccm	2.499	3.387	599	2.826	4.966
Geschwindigkeit in km/h	175	280	135	155	190
Kofferraumvolumen in Liter	4.140	130	260	2.287	2.250
Leistung in kW	85	221	33	95	218
Zuladung in kg	625	400	260	730	620

Abbildung 13.18: Anfängliche Clusterzentren der Prozedur Clusterzentrenanalyse

Das Iterationsprotokoll meldet nach 7 Iterationen eine Konvergenz des Algorithmuses. Das beduetet, daß von den anfänglich zehn vorgegebenen Iterationen nur sieben benötigt wurden, um eine Lösung zu produzieren. Weitere Umgruppierungen der einzelnen Objekte würde zu keiner nennenswerten Verbesserung mehr führen.

Iterationsprotokoll[a]

	Änderung in Clusterzentren				
Iteration	1	2	3	4	5
1	,000	334,067	944,265	579,677	525,951
2	572,810	98,272	64,445	66,723	,000
3	,000	86,303	50,797	,000	,000
4	,000	,000	,000	,000	,000

a. Erzielte Konvergenz aufgrund keiner oder geringer Distanzänderung. Die maximale Distanz, um die ein Zentrum verändert wurde, ist ,000. Die aktuelle Iteration ist 4. Die minimale Distanz zwischen anfänglichen Zentren ist 1884,692.

Abbildung 13.19: Iterationsübersicht der Prozedur Clusterzentrenanalyse

Die jetzt entstandenen Cluster haben natürlich einen neuen Gruppencentroid, der in der nächsten Tabelle für jeder Cluster und jede Variable ausgegeben wird.

Clusterzentren der endgültigen Lösung

	Cluster				
	1	2	3	4	5
Hubraum in ccm	2.723	3.350	1.557	2.385	4.803
Geschwindigkeit in km/h	189	246	177	175	204
Kofferraumvolumen in Liter	3.620	368	638	1.850	1.753
Leistung in kW	113	201	69	94	196
Zuladung in kg	708	425	432	633	579

Abbildung 13.20: Endgültige Clusterzentren der Prozedur Clusterzentrenanalyse

Um die Clusterbildung zu überprüfen, ist in der Prozedur *Clusterzentrenanalyse* eine Varianzanalyse (*ANOVA*) integriert, die die Cluster als abhängige Variable, und die einzelnen Variablen als unabhängige (metrische) Variable betrachtet. Ziel ist, zu untersuchen, ob sich die gefundenen Cluster signifikant voneinander unterscheiden.

ANOVA

	Cluster		Fehler			
	Mittel der Quadrate	df	Mittel der Quadrate	df	F	Sig.
Hubraum in ccm	11082383	4	224774,601	35	49,304	,000
Geschwindigkeit in km/h	9074,432	4	673,058	35	13,482	,000
Kofferraumvolumen in Liter	6737121,9	4	182010,740	35	37,015	,000
Leistung in kW	35562,784	4	1572,645	35	22,613	,000
Zuladung in kg	88265,679	4	11637,733	35	7,584	,000

Die F-Tests sollten nur für beschreibende Zwecke verwendet werden, da die Cluster so gewählt wurden, daß die Differenzen zwischen Fällen in unterschiedlichen Clustern maximiert werden. Dabei werden die beobachteten Signifikanzniveaus nicht korrigiert und können daher nicht als Tests für die Hypothese der Gleichheit der Clustermittelwerte interpretiert werden.

Abbildung 13.21: Varianzanalyse der Prozedur Clusterzentrenanalyse

Für die Interpretation dieser Tabelle gilt die gleiche Philosophie, wie für alle bisher behandelten Testverfahren in SPSS. Ist der Wert in der Spalte *Sig.* jeweils Null oder nur unwesentlich von Null verschieden, ist das ein Zeichen für signifikante Unterschiede. Genau dies ist hier auch wünschenswert, denn es sollte das Ziel der Clusteranalyse sein, möglichst eindeutig voneinander abgegrenzte Cluster zu bilden.

Zum Schluß wird noch eine kleine Tabelle gezeigt, die die Häufigkeiten der Fälle in jedem der vier Cluster zeigt. Man erkennt, daß 6 Werte als fehlend ausgewiesen werden. Diese Fälle konnten nicht zugeordnet werden, da dort für eine der Variablen keine Beobachtung vorlag.

Anzahl der Fälle in jedem Cluster

Cluster	1	2,000
	2	11,000
	3	17,000
	4	6,000
	5	4,000
Gültig		40,000
Fehlend		,000

Abbildung 13.22: Größe der Cluster der Prozedur Clusterzentrenanalyse

Die Clusterlösung für jeden einzelnen Fall zeigt die folgende Tabelle in zusammengefaßter Form. Die Unterschiede zu der hierarchischen Clusteranalyse ergeben sich einerseites durch den verwendeten Algorithmus und dadurch, daß hier auf eine Standardisierung der Daten verzichtet wurde.

Cluster	Clusterzugehörigkeit
Cluster 1	Renault Espace V6, Chrysler Voyager
Cluster 2	Alfa 156 2,5 V6, Alfa Spider 3,0 V6, Audi S8 Allrad, Bentley Arnage, BMW Z3 Coupé, Chrysler 300 M, Ferrari F 355, Jaguar XJ 8 3,2, Maserati Quattroporte, Porsche 911 Carrera, Mercedes S 300
Cluster 3	Audi A4 1,8, Citroen Saxo 1,1i X, Fiat Punto 60 SX, Fiat Coupé 1,8 16V, Ford Ka 1,3, Honda Civic 1,4i, Mazda 323 F 1,5, Mazda MX 5, Smart, Opel Corsa 1.0, Opel Vectra CDX, Peugeot 206, Peugeot 406 SV 2,0, Renault Twingo, Volvo C 70 T5, VW Polo SDI, VW Beetle
Cluster 4	Citroen Xantia 1,9 T, Ford Galaxy 2,3 GLX, Honda Shuttle 2,3i, Mercedes C 220 T, Mitsubishi Pajero, Nissan Patrol 2,8
Cluster 5	BMW 750i, Jeep Grand Cherokee, Puch G 500, Toyota Landcruiser

Das Ergebnis der Auswertung wird hier wieder mit Hilfe der abgespeicherten Clusterzugehörigkeiten in Form eines Streudiagrammes dargestellt. Die Clusterzugehörigkeit wird hier in der Dialogbox zum Streudiagramm unter dem Menüpunkt *Markierung festlegen durch:* eingegeben.

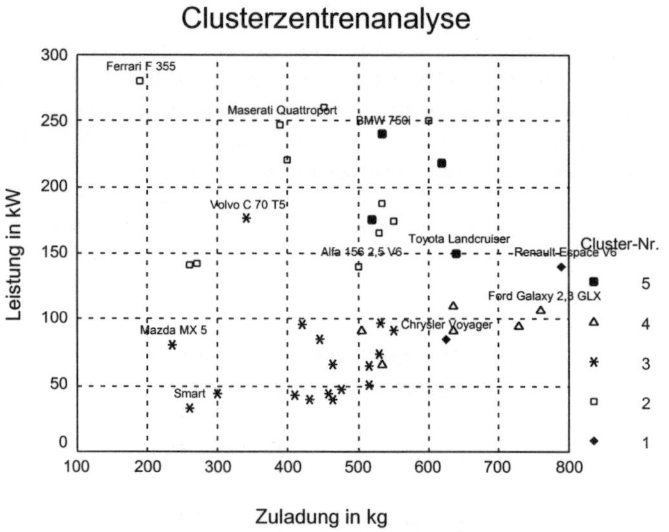

Abbildung 13.23: Streudiagramm zur Prozedur Clusterzentrenanalyse

14. Diskriminanzanalyse

14.1 Einführung in die Diskriminanzanalyse

Ziel der Diskriminanzanalyse ist, zu untersuchen, ob und in wie weit sich zwei oder mehrere Merkmale anhand einer diskreten Variablen (Gruppe) voneinander unterscheiden. Ein klassisches Beispiel für eine derartige Anwendung stellt die Kreditwürdigkeitsprüfung bei Bankinstituten dar (*Scoring*). Dort wird ebenfalls mit Hilfe bestimmter Merkmale wie Alter, Einkommen, Kredithöhe, Laufzeit u.ä. versucht, den Kreditnehmer in der Art zu klassifizieren, daß eine Aussage im Hinblick auf „guter Kreditnehmer; hohe Wahrscheinlichkeit der Rückzahlung" und „schlechter Kreditnehmer, geringe Wahrscheinlichkeit auf Rückzahlung" möglich ist. Die folgenden Ausführungen beschränken sich auf den einfachsten linearen Fall der Unterscheidung von zwei Gruppen.

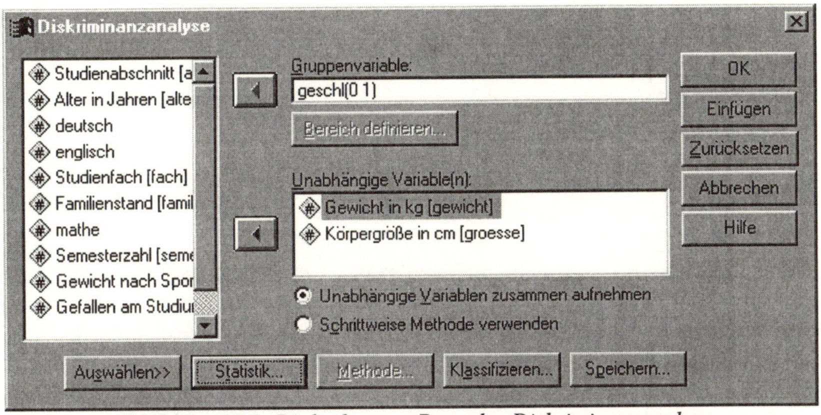

Abbildung 14.1: Dialogbox zur Prozedur Diskriminanzanalyse

Gegeben seien die metrischen Merkmale Körpergröße und Gewicht der beiden Geschlechter (Gruppen) männlich und weiblich. Beide Geschlechter dürften sich in bezug auf die simultan betrachteten Merkmale deutlich voneinander unterscheiden. Fraglich ist, ob sich eine lineare Gruppentrennung in Form einer *Trenngerade* vornehmen läßt?

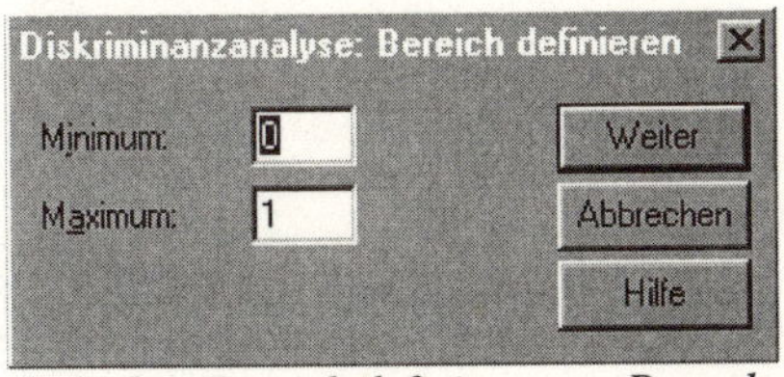

Abbildung 14.2: Unterdialogbox Bereich definieren zur Prozedur Diskriminanzanalyse

Betrachtet man das *XY*-Streudiagramm mit den beiden metrischen Merkmalen „Körpergröße in cm" und „Gewicht in kg", so stellt man fest, daß sich diese Gruppen tatsächlich sehr deutlich von einander unterscheiden. Da es jedoch einige kritische Fälle gibt, kann im voraus keine exakte Trenngerade festgelegt werden.

Sinnvoll wäre, eine mathematische Trennfunktion zu berechnen, mit deren Hilfe sich auch neu hinzugefügte Fälle in eine der beiden Gruppen zuordnen lassen können.

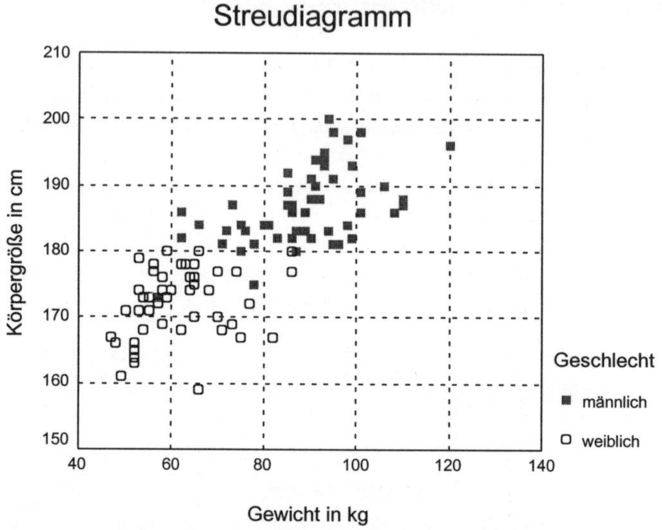

Abbildung 14.3: Streudiagramm

Das Streudiagramm zeigt auch Fälle, die eine exakte Gruppentrennung unmöglich machen. Entscheidend für das Ziel der Diskriminanzanalyse ist, eine möglichst hohe Vorhersagewahrscheinlichkeit zu ermitteln, mit der ein neues Objekt einer der Gruppen zugeordnet werden kann.

14.2 Berechnung der Diskriminanzfunktion

Die Dialogbox *Statistik* zur Prozedur Diskriminanzanalyse ermöglicht das Auswählen der verschiedenen Statistiken.

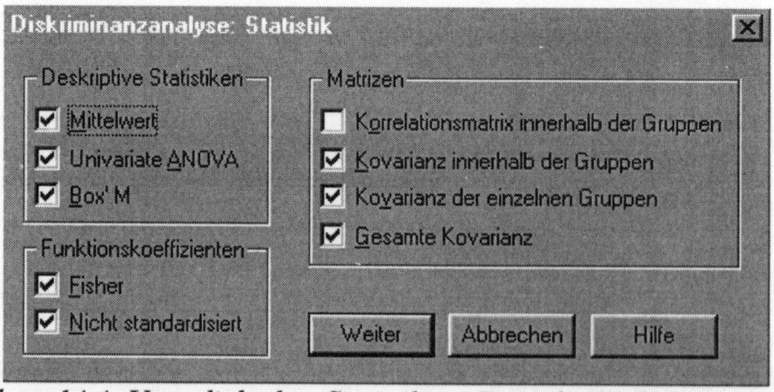

Abbildung 14.4: Unterdialogbox Statistik zur Prozedur Diskriminanzanalyse

Mit *Mittelwert* werden die Mittelwerte und Standardabweichungen für die beiden Gruppen weiblich und männlich getrennt und über beide Gruppen zusammen für die Variablen Gewicht und Körpergröße berechnet.

Gruppenstatistik

Geschlecht		Mittelwert	Standardabweichung	Gültige Werte (listenweise) Ungewichtet	Gültige Werte (listenweise) Gewichtet
weiblich	Gewicht in kg	61,72	9,77	46	46,000
	Körpergröße in cm	172,07	5,32	46	46,000
männlich	Gewicht in kg	88,52	12,67	54	54,000
	Körpergröße in cm	186,87	5,82	54	54,000
Gesamt	Gewicht in kg	76,19	17,60	100	100,000
	Körpergröße in cm	180,06	9,27	100	100,000

Abbildung 14.5: Gruppenstatistik der Prozedur Diskriminanzanalyse

Als nächstes wird die Varianz-Kovarianz-Matrix für die einzelnen Gruppen und über alle Gruppen berechnet.

Kovarianz-Matrizen[a]

Geschlecht		Gewicht in kg	Körpergröße in cm
weiblich	Gewicht in kg	95,541	14,730
	Körpergröße in cm	14,730	28,285
männlich	Gewicht in kg	160,556	39,068
	Körpergröße in cm	39,068	33,926
Gesamt	Gewicht in kg	309,610	127,170
	Körpergröße in cm	127,170	86,017

a. Die Kovarianzmatrix für alle Fälle hat einen Freiheitsgrad von 99.

Abbildung 14.6: Kovarianz-Matrix der Prozedur Diskriminanzanalyse

Daraus ergibt sich mittels Matrizenrechnung die *Innengruppenstreuungsmatrix*, hier als *gemeinsame Matrizen innerhalb der Gruppen* bezeichnet.[23]

Gemeinsam Matrizen innerhalb der Gruppen[a]

		Gewicht in kg	Körpergröße in cm
Kovarianz	Gewicht in kg	130,702	27,893
	Körpergröße in cm	27,893	31,336

a. Die Kovarianzmatrix hat einen Freiheitsgrad von 98.

Abbildung 14.7: Innengruppenstreuungmatrix der Prozedur Diskriminanzanalyse

[23] Die Überschrift der Tabelle enthält von SPSS falsch vergebene Beschriftungen.

14.3 Überprüfung der Ergebnisse

Der *Gleichheitstest der Gruppenmittelwerte* überprüft, ob sich die Mittelwerte in den Gruppen signifikant voneinander unterscheiden. Die folgende Tabelle zeigt die Ergebnisse mehrerer Verfahren:

Gleichheitstest der Gruppenmittelwerte

	Wilks-Lambda	F	df1	df2	Signifikanz
Gewicht in kg	,418	136,513	1	98	,000
Körpergröße in cm	,361	173,755	1	98	,000

Abbildung 14.8: Test auf Gleichheit der Gruppen der Prozedur Diskriminanzanalyse

Die Größe *Wilks-Lambda* ergibt sich aus der vorausgegangenen Varianzanalyse für jedes Merkmal (Gewicht nach Geschlecht und Größe nach Geschlecht).

Das Zwischenergebnis dieser Varianzanalyse kann auch über die bereits gezeigte SPSS-Prozedur *einfaktorielle ANOVA* ermittelt werden:

ANOVA

		Quadratsumme	df	Mittel der Quadrate	F	Signifikanz
Gewicht in kg	Zwischen den Gruppen	17842,582	1	17842,582	136,513	,000
	Innerhalb der Gruppen	12808,808	98	130,702		
	Gesamt	30651,390	99			
Körpergröße in cm	Zwischen den Gruppen	5444,743	1	5444,743	173,755	,000
	Innerhalb der Gruppen	3070,897	98	31,336		
	Gesamt	8515,640	99			

Abbildung 14.9: Varianzanalyse

Die obige Abbildung zeigt zwei Varianztabellen untereinander, die nach dem folgenden Schema aufgebaut sind:

Streuungsursache	Quadratsumme	Freiheitsgrade	mittlere Quadratsumme	Prüfgröße F
Zwischen den Gruppen	SSQ	$r-1$	$MSQ = \frac{SSQ}{r-1}$	$F_0 = \frac{MSQ}{MSE}$
Innerhalb der Gruppen	SSE	$n-r$	$MSE = \frac{SSE}{n-r}$	
Gesamt	SST	$n-1$		

Abbildung 14.10: Varianztabelle mit F-Test

14.3.1 BOX-*M*-Test

Aus der Varianztabelle lassen sich auch die entsprechenden Größen für den BOX-*M*-Test auf Gruppenunterschiede herauslesen.

Die Größe WILKS' *Lambda* ergibt sich aus dem Eigenwert λ als:

$$\gamma = \frac{SSQ}{SSE} = \frac{\text{erklärte Streuung}}{\text{nichterklärte Streuung}} \; .$$

Daraus kann das WILKS' *Lambda* (hier mit Λ bezeichnet) bestimmt werden:

$$\Lambda = \frac{1}{1+\gamma} \; .$$

Die Signifikanzen beziehen sich auf den *F*-Test aus der Varianzanalyse (*ANOVA*), der in dieser Prozedur nicht explizit gezeigt wird.

(1) Hypothesen (zweiseitig)

H_0: Die Mittelwerte sind gleich: $\mu_1 = \mu_2 = \ldots = \mu_r$.
H_1: Nicht alle Mittelwerte sind gleich.

(2) Bestimmung der Prüfgröße

Siehe die Größen aus der oben abgebildeten Tabelle zur Varianzanalyse.

(3) Kritischer Bereich aus der Tabelle der *F*-Verteilung

$K = [\, F^{\alpha}_{r-1,n-r} \, , \infty\rangle$.

(4) Entscheidung

H_0 ablehnen, falls $F_0 \in K$.

Die Gruppenmittelwerte unterscheiden sich jeweils signifikant (*Signifikanz*), da die Werte nicht von Null verschieden sind. Dies ist auch sinnvoll, den andernfalls wäre eine Unterscheidung kaum möglich.

Der BOX-*M*-Test überprüft eine wesentliche Voraussetzung der Diskriminanzanalyse. Diese fordert eine gleiche Kovarianz in der Grundgesamtheit.[24]

---

[24] Die Überschrift „Textergebnis" stellt einen Fehler in der deutschsprachigen Übersetzung des Programms dar.

Textergebnisse

Box-M		4,146
F	Näherungswert	1,351
	df1	3
	df2	1,1E+07
	Signifikanz	,256

Testet die Null-Hypothese der Kovarianz-Matrizen gleicher Grundgesamtheit.

Abbildung 14.11: Box-M-Test der Prozedur Diskriminanzanalyse

Das Ergebnis weist hier auf signifikante Unterschiede in den Kovarianzen hin und bestätigt nachträglich die Verwendung der Diskriminanzanalyse. Die Gruppenzuordnung erfolgt mit Hilfe der linearen Diskriminanzfunktion nach FISCHER.

Klassifizierungsfunktionskoeffizienten

	Geschlecht	
	weiblich	männlich
Gewicht in kg	-,864	-,735
Körpergröße in cm	6,260	6,618
(Konstant)	-512,589	-586,493

Lineare Diskriminanzfunktionen nach Fisher

Abbildung 14.12: Klassifizierungskoeffizienten der Prozedur Diskriminanzanalyse

Die unstandardisierten Diskriminanzkoeffizienten ergeben die Diskriminanzfunktion.

Kanonische Diskriminanzfunktionskoeffizienten

	Funktion
	1
Gewicht in kg	,044
Körpergröße in cm	,121
(Konstant)	-25,105

Nicht-standardisierte Koeffizienten

Abbildung 14.13: Kanonische Diskriminanzkoeffizienten der Prozedur Diskriminanzanalyse

Mit Hilfe dieser Diskriminanzkoeffizienten kann eine Berechnung der Diskriminanzwerte erfolgen. Die Diskriminanzfunktion lautet hier:

$$D = -25{,}105 + 0{,}044 x_1 + 1{,}21 x_2 \ .$$

Überprüfung der Diskriminanzfunktion mit dem sogenannten *Kanonischen Korrelationskoeffizienten* ε:

Eigenwerte

Funktion	Eigenwert	% der Varianz	Kumulierte %	Kanonische Korrelation
1	2,217[a]	100,0	100,0	,830

a. Die ersten 1 kanonischen Diskriminanzfunktionen werden in dieser Analyse verwendet.

Abbildung 14.14: Eigenwerte der Prozedur Diskriminanzanalyse

Der *Kanonische Korrelationskoeffiziente* ε ergibt sich aus dem Quotienten der Quadratsumme zwischen den Gruppen und der gesamten Quadratsumme. Er kann aber auch mit Hilfe des oben angegebenen Eigenwertes γ (*Eigenwert*) dargestellt werden:

$$\varepsilon = \sqrt{\frac{Eigenwert}{1 + Eigenwert}} = \sqrt{\frac{\gamma_m}{1+\gamma_m}} \ .$$

14.3.2 WILKS Test auf Gruppenunterschiede

Die Größe WILKS *Lambda* Λ ist eine Prüfgröße für den **Test auf Mittelwertunterschiede mehrerer Gruppen**. Sie beruht auf dem Eigenwert γ_m der Diskriminanzfunktion und ist auf den Bereich zwischen Null und Eins normiert. Je kleiner der Wert ist, desto homogener sind die Gruppen untereinander und desto heterogener sind die einzelnen Gruppen zu den anderen Gruppen.

$$\Lambda = \prod_{m=1}^{s} \frac{1}{1+\gamma_m} \ .$$

Der Chi-Quadrat-Test verwendet die Prüfgröße WILKS *Lambda* Λ.

(1) Hypothesen (zweiseitig)

H_0: Die Gruppen sind gleich.
H_1: Die Gruppen sind nicht gleich.

(2) Bestimmung der Prüfgröße

$$\chi_0^2 = \left(n - 1 - \frac{p+r}{2}\right) \ln \Lambda \ ,$$

mit $p(r-1)$ Freiheitsgraden.

(3) Kritischer Bereich aus der Tabelle der Chi-Quadrat-Verteilung

Kritischer Bereich $K = [\,\chi^{\alpha}_{p(r-1)}, \infty\rangle$.

(4) Entscheidung

H_0 ablehnen, falls $\chi_0^2 \in K$.

Der Chi-Quadrat-Test auf signifikante Gruppenunterschiede bestätigt die durch die Diskriminanzfunktion vorgenommene Gruppierung.

Wilks' Lambda

Test der Funktion(en)	Wilks-Lambda	Chi-Quadrat	df	Signifikanz
1	,311	113,349	2	,000

Abbildung 14.15: Wilks'Lambda der Prozedur Diskriminanzanalyse

Wilks' Lambda ist der Quotient aus der Quadratsumme innerhalb der Gruppen und der gesamten Quadratsumme. Diese Größe ist näherungsweise Chi-Quadrat-verteilt. Damit läßt sich überprüfen, ob zwischen den Gruppenmittelwerten signifikante Unterschiede bestehen. Das ist im vorliegenden Beispiel der Fall, wie der Wert *,0000* in der Spalte *Signifikanz* zeigt.

Die folgende Tabelle zeigt die mit den Gruppenmittelwerten (*Gruppencentroiden*) gewichteten kritischen Diskriminanzwerte $\bar{d}_1$ und $\bar{d}_2$.

unktionen bei den Gruppen-Zentroiden

	Funktion
Geschlecht	1
weiblich	-1,597
männlich	1,361

Nicht-standardisierte kanonische Diskriminanzfunktionen, die bezüglich des Gruppen-Mittelwertes bewertet werden

Abbildung 14.16: Diskriminanzfunktion der Prozedur Diskriminanzanalyse

Daraus kann der kritische Diskriminanzwert d_c bestimmt werden:

$$d_c = \frac{1}{2}\left(\bar{d}_1 + \bar{d}_2\right), \text{ mit}$$

$$d_c = -0{,}118 .$$

14.4 Die Gruppenzuordnung

Die Art der Klassifikation wird in der nächsten Dialogbox festgelegt.

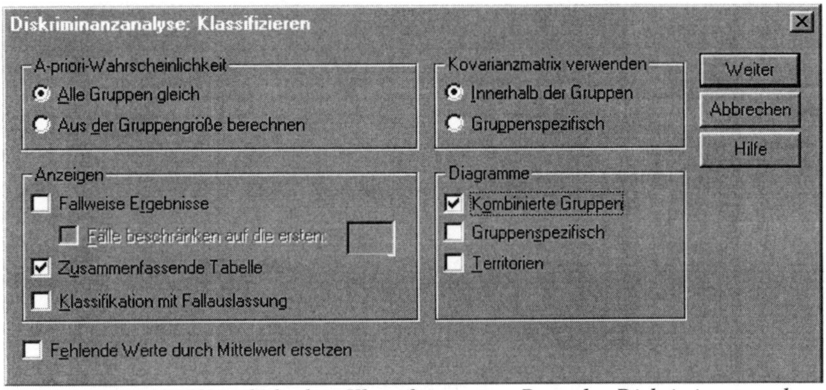

Abbildung 14.17: Unterdialogbox Klassifizieren zur Prozedur Diskriminanzanalyse

Vorgegeben werden die beiden Gruppen, unterschieden durch die Geschlechter weiblich (0) und männlich (1).

A-priori-Wahrscheinlichkeiten der Gruppen

		In der Analyse verwendete Fälle	
Geschlecht	A-priori	Ungewichtet	Gewichtet
weiblich	,500	46	46,000
männlich	,500	54	54,000
Gesamt	1,000	100	100,000

Abbildung 14.18: A-priori-Wahrscheinlichkeit der Gruppen der Prozedur Diskriminanzanalyse

Das Ergebnis der Klassifizierung erfolgt als *zusammenfassende Tabelle*:

Klassifizierungsergebnisse[a]

			Vorhergesagte Gruppenzugehörigkeit		
		Geschlecht	weiblich	männlich	Gesamt
Original	Anzahl	weiblich	44	2	46
		männlich	3	51	54
	%	weiblich	95,7	4,3	100,0
		männlich	5,6	94,4	100,0

a. 95,0% der ursprünglich gruppierten Fälle wurden korrekt klassifiziert.

Abbildung 14.19: Klassifizierungsergebis der Prozedur Diskriminanzanalyse

Hier erkennt man, daß insgesamt 7 von 100 Personen nicht richtig zugeordnet wurden (3 männliche und 4 weibliche Studenten). Dies bedeutet aber im Umkehrschluß, daß 93% der Personen aufgrund ihres Gewichts und ihrer Körpergröße eindeutig einem Geschlecht zugeordnet werden konnten.

Es lassen sich wieder Ergebnisse der Auswertung (*Vorhergesagte Gruppenzugehörigkeit, Wert der Diskriminanzfunktion und Wahrscheinlichkeit der Gruppenzugehörigkeit*) abspeichern.

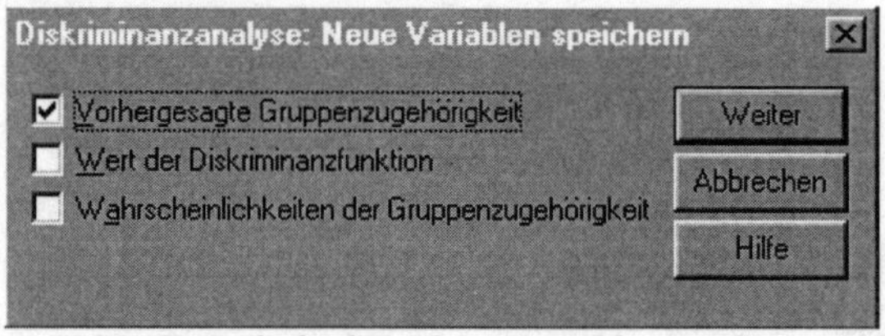

Abbildung 14.20: Unterdialogbox Neue Variable speichern zur Prozedur Diskriminanzanalyse

Mit Hilfe der durch die Diskriminanzfunktion vorhergesagten Gruppenzugehörigkeit kann nachträglich wieder ein *XY*-Streudiagramm erstellt werden, an dem auch die Gruppentrennung deutlich wird.

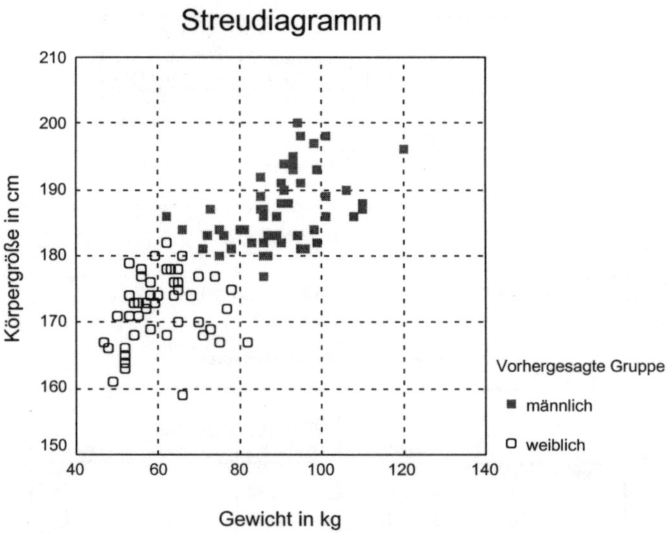

Abbildung 14.21: Streudiagramm zur Diskriminanzanalyse

Die obige Abbildung zeigt die prognostizierte Gruppenzugehörigkeit. Mit Hilfe der unstandardisierten Diskriminanzfunktion $D = -25{,}105 + 0{,}044x_1 + 1{,}21x_2$ kann die Lage der *Trenngeraden* bestimmt werden. Diese ergibt sich, wenn in die obige Gleichung der kritische Diskriminanzwert d_c eingesetzt wird.

Aufgaben

Anmerkung zu den Aufgaben

Übertragen Sie die Daten jeweils in ein eigenes SPSS-Arbeitsblatt. Vergeben Sie zulässige Variablennamen, und versuchen Sie, die Bedeutung der Merkmale und deren Ausprägungen durch Labeles zu kennzeichnen. Bei den Aufgaben, bei denen tabellierte Daten vorgegeben sind, müssen die Daten in SPSS vor den Auswertungen mit den Häufigkeiten gewichtet werden.[24]

1) In einer Buschenschenke wird an 30 Tagen täglich die Anzahl der verkauften Brettljausen erfaßt.

31	33	24	25	33	31	35	32	35	24
25	29	27	33	32	35	24	38	32	33
35	24	27	28	35	31	28	29	29	32

a) Geben Sie die Daten in SPSS ein und vergeben Sie sinnvolle Variablenlabel. Achten Sie auf eine ganzzahlige Darstellung der Werte.
b) Stellen Sie mit Hilfe der Prozedur *Häufigkeiten* die absoluten, die relativen, die prozentuellen und die kumulierten relativen Häufigkeiten in einer Tabelle dar.
c) Berechnen Sie Modalwert, Median, arithmetisches Mittel, Varianz, Standardabweichung, Spannweite, Minimum, Maximum, Summe, Schiefe, Wölbung, das 0.1-Quantil und das 0.9-Quantil.
d) Zeichnen Sie ein Balkendiagramm der beobachteten Häufigkeiten.
e) Versuchen Sie, die empirische Verteilungsfunktion in Form eines *Treppendiagrammes* darzustellen.

2) Eine Statistikprüfung, an der 30 Studenten teilnahmen, ergab die folgenden Noten:

2	4	4	4	3	1	5	2	2	5
5	3	4	2	3	1	1	4	4	5
3	4	2	2	1	4	2	5	5	3
3	3	2	2	2	4	5	5	5	2

a) Übertragen Sie die Daten in den Daten-Editor von SPSS. Achten Sie darauf, daß die Werte im Arbeitsblatt ganzzahlig erscheinen.
b) Berechnen Sie mit einem geeigneten Mittelwert die Durchschnittsnote und stellen Sie die Verteilung der Noten in Form einer Tabelle und als Graphik dar.

---

[24] Vgl. dazu Kapitel 2.8.

3) An 50 verschiedenen Frischfleischtheken einer großen Supermarktkette werden Stichproben von Aufschnitt zu je „*25 Deka*“ bestellt, und anschließend auf das tatsächliche Gewicht überprüft. Es ergab sich dabei die folgenden Messungen in *g*:

248	260	271	262	259	277	289	269	268	270
269	271	293	270	262	268	255	260	264	262
271	279	255	274	272	266	266	262	255	265
270	275	259	249	272	272	253	270	273	273
267	252	264	258	285	269	252	279	275	301

a) Übertragen Sie die Daten in ein SPSS-Arbeitsblatt.

b) Ordnen Sie dieses Datenmaterial und teilen Sie es in die folgenden Klassen ein: unter 250, über 250 bis 260, über 260 bis 270, über 270 bis 280, über 280 bis 290, über 290 bis 300 und über 300.

c) Geben Sie die absoluten und die relativen Häufigkeiten in einer Tabelle an.

d) Stellen die Häufigkeitsverteilungen graphisch dar.

e) Berechnen Sie Mittelwerte, Quantile, Streuungsmaße, Schiefe und Wölbung für die klassifizierten Daten.

f) Stellen Sie die Ausgangsdaten mit Hilfe der *explorativen Datenanalyse* als *Stengel-Blattdiagramm* und als *Boxplot* dar.

g) Überprüfen Sie die Ausgangsdaten mit Hilfe der *explorativen Datenanalyse*, ob die Messungen der Stichprobe näherungsweise normalverteilt sind.

h) Überprüfen Sie die Ausgangsdaten mit Hilfe eines *t*-Tests für eine Stichprobe, ob die Meßreihe tatsächlich 250 Gramm wiegt?

4) Das Füllgewicht von $n = 100$ maschinell abgepackten Paketen mit Mehl wurde auf stichprobenbasis kontrolliert. Die Meßwerte (in *g*) ergaben die folgende Häufigkeitsverteilung:

Füllgewicht	Anzahl der Pakete
über 980 bis 990	8
über 990 bis 995	17
über 995 bis 1.000	32
über 1.000 bis 1.005	23
über 1.005 bis 1.010	14
über 1.010 bis 1.020	6

a) Übertragen Sie die Daten in SPSS und gewichten Sie anschließend die Variable Füllgewicht mit der Anzahl der Pakete.

b) Werten Sie die Stichprobe mit der Prozedur *Häufigkeiten* aus. Stellen Sie die Verteilung als Tabelle dar.

c) Berechnen Sie geeignete statistische Maße für den Mittelwert, die Streuung, die Schiefe und die Wölbung.

d) Stellen Sie diese Häufigkeitsverteilung als *Histogramm* dar und überprüfen Sie darin graphisch auf Normalverteilung.

5) Kurz vor Beginn eines Fußballspiels wurden das Gewicht in *kg* der 22 Stammspieler gemessen. Es ergab sich die folgende Strichliste:

Mannschaft 1	75	85	98	67	88	83	76	78	98	82	80
Mannschaft 2	76	86	78	78	89	84	77	78	99	85	82

a) Berechnen Sie deskriptive statistische Kennzahlen für jede Mannschaft mit Hilfe der *explorativen Datenanalyse.*
b) Stellen Sie die gemeinsame Häufigkeitsverteilung in einem *Histogramm* dar.
c) Stellen Sie die gemeinsame Häufigkeitsverteilung in Form eines *Stengel-Blatt-Diagramms* dar.
d) Überprüfen Sie graphisch und mit Hilfe eines Testverfahrens, ob die gemeinsame Verteilung aus einer normalverteilten Grundgesamtheit stammt.
e) Stellen Sie die Häufigkeitsverteilungen der einzelnen Mannschaften in Form eines *Boxplots* nebeneinander dar.

6) Gegeben sei die folgende Häufigkeit für das Auftreten der Ereignisse „Wappen“ und „Zahl“ nach einem 1.000-maligem Münzwerfen:

Wappen 490, Zahl 510 .

a) Definieren Sie zunächst die beiden numerischen Variablen „Münze“ und „Anzahl“.
b) Vergeben Sie geeignete Wertelabels für die Variable „Münze“.
c) Gewichten Sie die Ausprägungen mit der Häufigkeit.
d) Überprüfen Sie die Behauptung: „Wappen und Zahl erscheinen gleichhäufig“ mit einem *Binomialtest* (*Nichtparametrische Tests* ...).

7) Gegeben sei die folgende Häufigkeit für das Auftreten der Augenzahlen bei einem Würfelexperiment:

Augenzahl	1	2	3	4	5	6
Häufigkeit	172	165	148	176	161	178

a) Geben Sie die obige Verteilung in SPSS ein und gewichten Sie die Werte mit der Häufigkeit.
b) Überprüfen Sie die Behauptung: „Der Würfel ist fair“ mit Hilfe eines *Chi-Quadrat-Tests*.
c) Stellen Sie die Häufigkeitsverteilung der Augenzahlen graphisch dar.

8) In den drei Weinanbaugebieten *A*, *B* und *C* wird die Qualität von *Schilcher* auf Stichprobenbasis überprüft. Dazu werden je eine Stichprobe entnommen und die Reben in drei Qualitätsklassen eingeordnet. Die drei Stichproben weisen folgende qualitative Zusammensetzung (Zahlenangaben in Stück) auf:

Qualität	Anbaugebiet		
	A	*B*	*C*
gut	28	14	12
mittel	13	25	13
schlecht	10	15	29

a) Geben Sie die Daten in drei Variablen ein, wobei die erste Variable die Qualität (1, 2, 3), die zweite Variable das Anbaugebiet (1, 2, 3) und die dritte Variable die Häufigkeit enthält. Gewichten Sie dann die Variablen mit der Häufigkeit.

b) Überprüfen Sie mit Hilfe einer *Kreuztabelle*, der *Quadratischen Kontingenz* und geeigneten *Assoziationsmaßen*, ob es einen signifikanten Zusammenhang zwischen dem Anbaugebiet und der Qualität gibt.

c) Stellen Sie den Zusammenhang als *gestaffeltes Balkendiagramm* dar.

d) Stellen Sie den Zusammenhang als *Sonnenblumenplot* dar.

9) Die folgende Tabelle zeigt die Verspätungszeiten (in Minuten pro Tag) einer bestimmten Straßenbahnlinie in einer Woche.

Tag	Montag	Dienstag	Mittwoch	Donnerstag	Freitag	Samstag	Sonntag
Zeit	46	42	43	38	53	32	16

a) Tragen Sie die Werte in SPSS ein und vergeben Sie für die Tage Wertelabels.

b) Gewichten Sie die Tage mit den Verspätungszeiten.

c) Ein erfahrener Schaffner behauptet nun, daß die Verspätungen „... *eh' jeden Tag gleich*" seien. Überprüfen Sie diese Aussage mit dem *Chi-Quadrat-Test*.

d) Stellen Sie die Verspätungszeit pro Tag graphisch dar.

10) In den zwei etwa gleich großen Verkaufsgebieten Steiermark-Ost und Steiermark-West werden Versicherungen verkauft. Für einen bestimmten Zeitraum ergeben sich die folgenden Verkaufszahlen je Außendienstmitarbeiter:

Ost	235	248	265	257	276	245	239	216	263	271	260	235		
West	256	228	225	234	236	260	252	256	271	279	221	250	246	289

a) Geben Sie die Daten in SPSS so ein, daß die **eine** Variable die kodierten Verkaufsgebiete und die andere Variable die Verkaufszahlen enthält. Übertragen Sie für die Gebietsnamen in Form von Wertelabels.

b) Testen Sie mit Hilfe des *t*-Tests, ob die Verkaufszahlen in beiden Gebieten gleich sind. Welche Voraussetzung müßte dazu gegeben sein?

c) Testen Sie auch mit Hilfe des nicht-parametrischen *MW-U*-Tests.

11) Überprüfen Sie, ob sich die Gewichte der beiden Mannschaften aus der Aufgabe 5) signifikant voneinander unterscheiden...
  a) mit Hilfe des *t*-Tests für unabhängige Stichproben
  b) mit Hilfe des nicht-parametrischen *MW-U*-Tests.

12) In einem klinischen Versuch wird ein neues Beruhigungsmittel auf seine Wirkung hin untersucht. Es werden bei 12 hochnervösen männlichen Patienten die Pulsfrequenz vor- und nach der Behandlung mit dem neuen Medikament gemessen:

	Patient											
Messung	1	2	3	4	5	6	7	8	9	10	11	12
vorher	105	101	104	102	102	108	99	110	113	102	101	103
nachher	70	69	68	65	62	61	58	60	60	61	62	73

  a) Übertragen Sie die Daten in SPSS. Achten Sie darauf, daß Sie die Meßwerte in **zwei** Variablen eintragen. Der Patient entspricht hier der Datensatznummer.
  b) Testen Sie parametrisch, ob der Einfluß des neuen Medikaments einen signifikanten Einfluß auf die Pulsfrequenz hat (gepaarter *t*-Test).
  c) Testen Sie diese Hypothese auch nicht-parametrisch (*WILCOXON-Vorzeichenrangtest*).

13) Eine Molkerei hat drei Sorten von Fruchtjoghurt je nach der Art der chemischen Behandlung in fünf Versuchen auf ihre Haltbarkeit überprüft. Das Ergebnis der Messung (Haltbarkeitsdauer in Tagen) ist in der folgenden Tabelle aufgeführt.

	Versuch				
Joghurt	1	2	3	4	5
A	4	2	7	3	4
B	8	5	3	8	6
C	10	9	5	7	9

  a) Bei der Datenübertragung genügt es, wenn in einer Variablen jeweils fünf Mal die Joghurtsorte untereinander eintragen wird. Die Häufigkeit wird in eine zweite Variable eingetragen. Anschließend muß die Prozedur Gewichten verwendet werden.
  b) Testen Sie mit der einfachen Varianzanalyse (*ANOVA*), ob die Joghurts die gleiche mittlere Haltbarkeit besitzen.
  c) Testen Sie ohne Normalverteilungsannahme mit Hilfe eines nicht-parametrischen Testverfahrens, ob die Joghurts die gleiche mittlere Haltbarkeit besitzen (*KW-H*-Test).
  d) Stellen Sie die Daten aus der Tabelle in Form eines *Fehlerbalkendiagramms* graphisch dar.
  e) Stellen Sie die Daten aus der Tabelle auch in Form eines *Boxplots* graphisch dar.

14) Für n = 15 ausgewählte Personenkraftwagen seien die folgenden Daten gegeben: Hubraumgröße (*ccm*), Leistung (*kW*), Treibstoffverbrauch (*l*/100 km), Treibstoffart (*B* = Benzin, *D* = Diesel) und Preis in *ÖS*.

i	PKW	Hubraum	Leistung	Verbrauch	Preis
1	Alfa 156 2,5 V6	2.492	140	11,1, B	416.000
2	Audi A4 1,9 TDI	1.896	81	6,2, D	379.740
3	BMW Z3 Coupé	2.793	142	10,8, B	530.000
4	Chrysler Voyager	2.499	85	9,4, D	399.900
5	Citroen Evasion	2.088	80	9,0, D	395.250
6	Ford Focus	1.596	74	8,0, B	228.500
7	Jaguar XJ 8 3,2	3.248	174	14,7, B	853.500
8	Lancia k Sation 2,4	2.387	100	7,9, B	519.500
9	Mazda MX 5	1.598	81	8,0, B	290.000
10	Mercedes S 300	3.199	165	12,0, B	979.411
11	Opel Corsa 1.0	973	40	6,9, B	154.400
12	Peugeot 406 SV 2,0	1.998	97	12,2, B	343.400
13	Porsche 911 Carrera	3.387	221	11,8, B	1390000
14	Renault Megan Scenic	2.598	66	9,0, B	259.900
15	VW Golf 4 1,4	1.390	55	7,8, B	199.850

a) Achten Sie bei der Dateneingabe darauf, daß Sie das PKW-Fabrikat als String-Variable und die Kraftstoffart in **zwei** numerischen Variablen eingeben.

b) Berechnen Sie zunächst deskriptive statistische Kennzahlen für jede dafür geeignete Variable.

c) Analysieren Sie den Zusammenhang zwischen den einzelnen Merkmalen mit Hilfe von verschiedenen *Korrelationskoeffizienten*.

d) Stellen Sie Verbrauch und Hubraum in einem *Streudiagramm* dar. Tragen Sie in dem Streudiagramm den PKW-Typ als Fallbeschriftung und zusätzlich die lineare Regressionsgerade ein.

e) Stellen Sie Verbrauch, Hubraum und Kilowatt in einem *3D-Streudiagramm* dar. Tragen Sie in dem Streudiagramm den PKW-Typ als Fallbeschriftung ein.

f) Berechnen Sie die Preise in Euro (1 *Euro* ≈ *ATS* 13,76).

g) Stellen Sie die Variablen Preis (in Euro) und Leistung in einem Streudiagramm dar. Tragen Sie wieder den PKW-Typ als Fallbeschriftung ein.

h) Berechnen Sie aus den *kW*-Zahlen die früher übliche Einheit PS ($PS = kW \cdot 1{,}3625$).

i) Stellen Sie Verbrauch, Hubraum und *PS* als *Streudiagramm-Matrix* dar.

j) Versuchen Sie, die unterschiedlichen Verbrauchswerte nach Kraftstoffart graphisch darzustellen (*Boxplot*, *Fehlerbalken*).

k) Testen Sie die Hypothese „die Verbrauchswerte unterscheiden sich nicht nach Kraftstoffart“ mit Hilfe eines *t*-Tests und mit Hilfe des *MW-U*-Tests.

15) Für 12 verschiedene Filialen eines Buch- und Schreibwarendiscounters werden für jedes Geschäft die durchschnittliche tägliche Passantenfrequenz (in 1.000 Personen) mit dem entsprechenden Monatsumsatz (in 1.000 ÖS) und der Verkaufsfläche (in m^2) verglichen.

Filiale i	1	2	3	4	5	6	7	8	9	10	11	12
Frequenz	8	10	11	14	15	17	19	20	13	22	9	24
Umsatz	110	150	144	180	210	220	250	265	163	280	130	300
Verkaufsfläche	120	180	175	220	250	280	330	400	190	350	160	500

a) Berechnen Sie *Korrelationskoeffizienten* für den Zusammenhang zwischen den Variablen. Überprüfen Sie auch, ob der Zusammenhang signifikant ist.

b) Bestimmen Sie eine lineare (multiple) *Regressionsgleichung* zwischen dem Umsatz als abhängiger Variable und der Passantenfrequenz und der Verkaufsfläche als unabhängige Variablen. Welche Aussagen können Sie aufgrund der Signifikanz der Regressionskoeffizienten über die Bedeutung der unabhängigen Variablen für den Umsatz treffen?

c) Zeichnen Sie *Streuungsdiagramme* zwischen dem Umsatz und der Verkaufsfläche und zwischen dem Umsatz und der Passantenfrequenz.

d) Zeichen Sie ein 3D-Streudiagramm und eine *Streudiagramm-Matrix* zwischen allen drei Variablen.

16) In der folgenden Tabelle ist für die Jahre 1984 bis 1997 der gesamte KFZ-Bestand in Österreich (in Millionen Fahrzeuge) dargestellt.

Jahr	1984	1985	1986	1987	1988	1989	1990	1991	1992	1993	1994	1995	1996	1997
KFZ	3,73	3,80	3,87	3,95	4,06	4,19	4,24	4,34	4,50	4,64	4,77	4,91	5,04	5,16

a) Versuchen Sie, mit Hilfe der Prozedur Kurvenanpassung eine möglichst gute Anpassung eines Trends an den KFZ-Bestand durchzuführen. Vergleichen Sie ihre Trendmodelle anhand der dort aufgeführten Gütekriterien.

b) Stellen Sie ihr Ergebnisse graphisch dar.

c) Versuchen Sie, mit Hilfe Ihres Trendmodells den KFZ-Bestand für die Jahre 1998, 1999 und 2000 zu prognostizieren.

Lösungen zu den Aufgaben

Lösung zu Aufgabe 1)

JAUSEN

		Häufigkeit	Prozent	Gültige Prozente	Kumulierte Prozente
Gültig	24	4	13,3	13,3	13,3
	25	2	6,7	6,7	20,0
	27	2	6,7	6,7	26,7
	28	2	6,7	6,7	33,3
	29	3	10,0	10,0	43,3
	31	3	10,0	10,0	53,3
	32	4	13,3	13,3	66,7
	33	4	13,3	13,3	80,0
	35	5	16,7	16,7	96,7
	38	1	3,3	3,3	100,0
	Gesamt	30	100,0	100,0	

Statistiken

JAUSEN

N	Gültig	30
	Fehlend	0
Mittelwert		30,30
Median		31,00
Modus		35
Standardabweichung		4,00
Varianz		16,01
Schiefe		-,188
Standardfehler der Schiefe		,427
Kurtosis		-,957
Standardfehler der Kurtosis		,833
Spannweite		14
Minimum		24
Maximum		38
Summe		909
Perzentile	10	24,00
	90	35,00

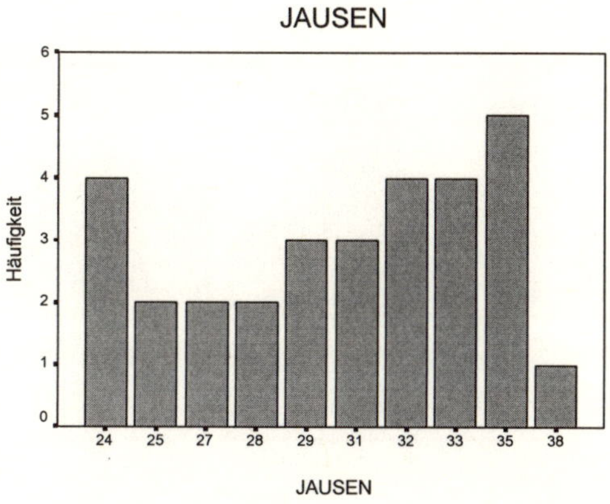

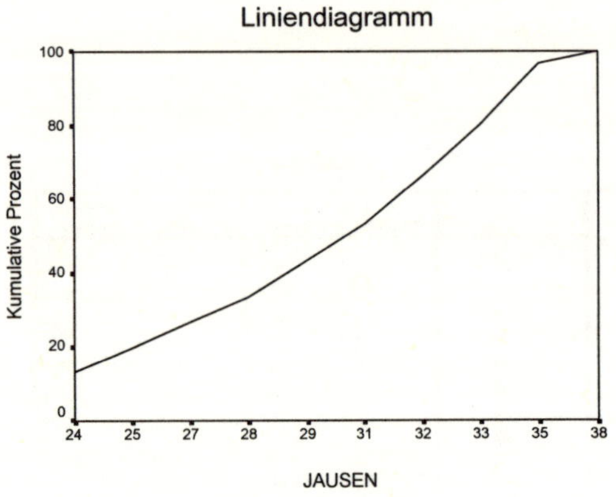

Lösung zu Aufgabe 2)

Statistiken

NOTE

N	Gültig	40
	Fehlend	0
Median		3,00
Modus		2

NOTE

		Häufigkeit	Prozent	Gültige Prozente	Kumulierte Prozente
Gültig	1	4	10,0	10,0	10,0
	2	11	27,5	27,5	37,5
	3	7	17,5	17,5	55,0
	4	9	22,5	22,5	77,5
	5	9	22,5	22,5	100,0
	Gesamt	40	100,0	100,0	

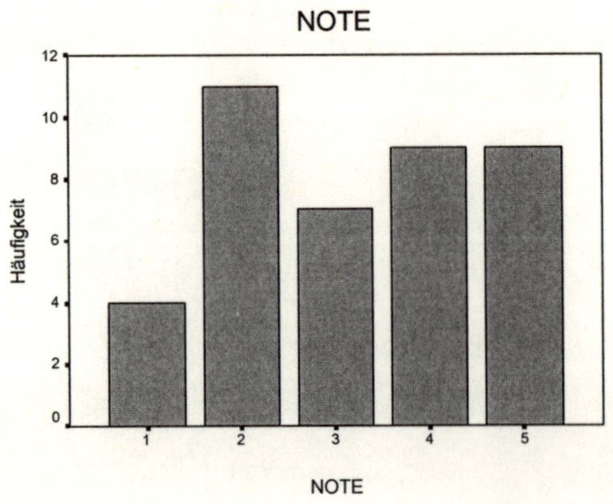

Lösung zu Aufgabe 3)

FLEISCH1

		Häufigkeit	Prozent	Gültige Prozente	Kumulierte Prozente
Gültig	245	2	4,0	4,0	4,0
	255	11	22,0	22,0	26,0
	265	19	38,0	38,0	64,0
	275	14	28,0	28,0	92,0
	285	2	4,0	4,0	96,0
	295	1	2,0	2,0	98,0
	305	1	2,0	2,0	100,0
	Gesamt	50	100,0	100,0	

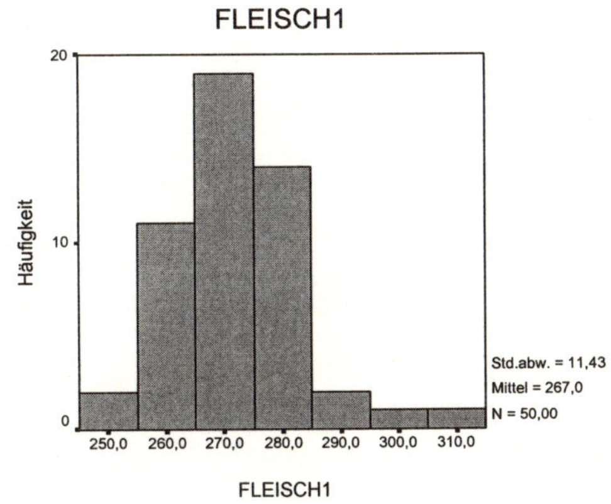

Statistiken

FLEISCH1

N	Gültig	50
	Fehlend	0
Mittelwert		267,00
Median		266,52[a]
Standardabweichung		11,43
Varianz		130,61
Schiefe		,786
Standardfehler der Schiefe		,337
Kurtosis		1,762
Standardfehler der Kurtosis		,662
Spannweite		60
Perzentile	25	258,33[b]
	50	266,52
	75	274,09

a. Aus gruppierten Daten berechnet

b. Perzentile werden aus gruppierten Daten berechnet.

```
FLEISCH Stem-and-Leaf Plot

 Frequency    Stem &  Leaf

     2,00       24 .  89
     3,00       25 .  223
     6,00       25 .  555899
     8,00       26 .  00222244
     9,00       26 .  566788999
    13,00       27 .  0000111222334
     5,00       27 .  55799
      ,00       28 .
     2,00       28 .  59
     2,00 Extremes    (>=293)

 Stem width:        10
 Each leaf:        1 case(s)
```

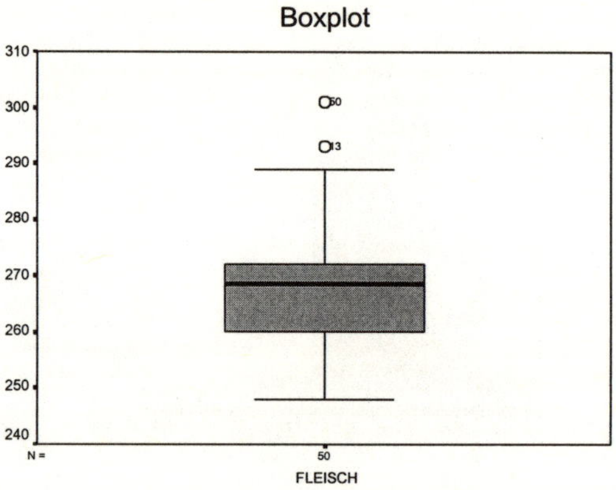

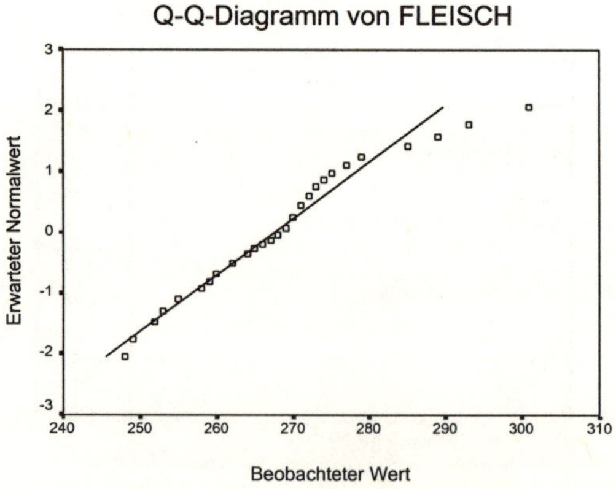

Tests auf Normalverteilung

	Kolmogorov-Smirnov[a]			Shapiro-Wilk		
	Statistik	df	Signifikanz	Statistik	df	Signifikanz
FLEISCH	,107	50	,200*	,957	50	,132

*. Dies ist eine untere Grenze der echten Signifikanz.

a. Signifikanzkorrektur nach Lilliefors

Die Abweichungen von der Normalverteilung sind nicht signifikant.

Test bei einer Sichprobe

	Testwert = 250					
					95% Konfidenzintervall der Differenz	
	T	df	Sig. (2-seitig)	Mittlere Differenz	Untere	Obere
FLEISCH	11,614	49	,000	17,60	14,55	20,65

Die Unterschiede zu 250g sind signifikant.

Lösung zu Aufgabe 4)

Statistiken

GEWICHT

N	Gültig	100
	Fehlend	0
Mittelwert		999,250
Median		999,136[a]
Standardabweichung		7,234
Varianz		52,336
Schiefe		,096
Standardfehler der Schiefe		,241
Kurtosis		,050
Standardfehler der Kurtosis		,478

a. Aus gruppierten Daten berechnet

GEWICHT

		Häufigkeit	Prozent	Gültige Prozente	Kumulierte Prozente
Gültig	985,0	8	8,0	8,0	8,0
	992,5	17	17,0	17,0	25,0
	997,5	32	32,0	32,0	57,0
	1002,5	23	23,0	23,0	80,0
	1007,5	14	14,0	14,0	94,0
	1015,0	6	6,0	6,0	100,0
	Gesamt	100	100,0	100,0	

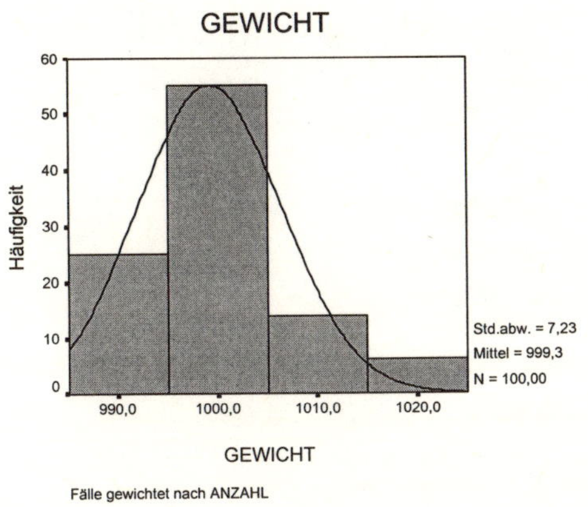

Lösung zu Aufgabe 5)

Univariate Statistiken

	MANNSCH			Statistik	Standardfehler
GEWICHT	1	Mittelwert		82,73	2,83
		95% Konfidenzintervall des Mittelwerts	Untergrenze	76,42	
			Obergrenze	89,04	
		5% getrimmtes Mittel		82,75	
		Median		82,00	
		Varianz		88,218	
		Standardabweichung		9,39	
		Minimum		67	
		Maximum		98	
		Spannweite		31	
		Interquartilbereich		12,00	
		Schiefe		,369	,661
		Kurtosis		,002	1,279
	2	Mittelwert		82,91	2,06
		95% Konfidenzintervall des Mittelwerts	Untergrenze	78,32	
			Obergrenze	87,50	
		5% getrimmtes Mittel		82,40	
		Median		82,00	
		Varianz		46,691	
		Standardabweichung		6,83	
		Minimum		76	
		Maximum		99	
		Spannweite		23	
		Interquartilbereich		8,00	
		Schiefe		1,356	,661
		Kurtosis		2,037	1,279

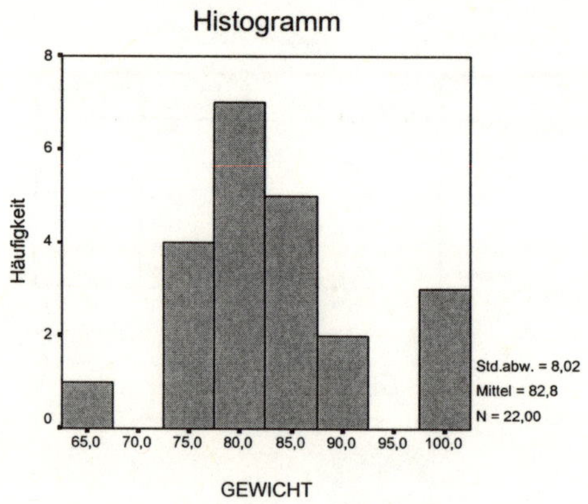


```
GEWICHT Stem-and-Leaf Plot

 Frequency    Stem &  Leaf

     1,00        6 .  7
      ,00        7 .
     8,00        7 .  56678888
     5,00        8 .  02234
     5,00        8 .  55689
     3,00 Extremes    (>=98)

 Stem width:        10
 Each leaf:       1 case(s)
```

Tests auf Normalverteilung

	Kolmogorov-Smirnov[a]			Shapiro-Wilk		
	Statistik	df	Signifikanz	Statistik	df	Signifikanz
GEWICHT	,135	22	,200*	,927	22	,113

*. Dies ist eine untere Grenze der echten Signifikanz.

a. Signifikanzkorrektur nach Lilliefors

Die Abweichungen von der Normalverteilung sind nicht signifikant.

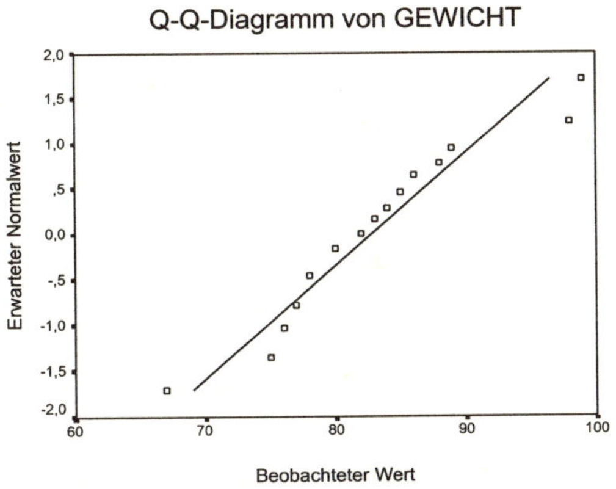

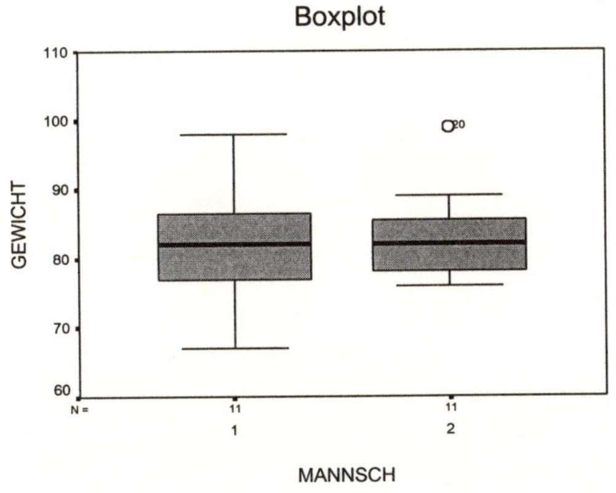

Lösung zu Aufgabe 6)

Test auf Binomialverteilung

		Kategorie	N	Beobachteter Anteil	Testanteil	Asymptotische Signifikanz (2-seitig)
MÜNZE	Gruppe 1	Wappe	490	,49	,50	,548[a]
	Gruppe 2	Zahl	510	,51		
	Gesamt		1000	1,00		

a. Basiert auf der Z-Approximation.

Die Abweichungen vom Testanteil 0,5 sind nicht signifikant.

Lösung zu Aufgabe 7)

WÜRFEL

	Beobachtetes N	Erwartete Anzahl	Residuum
1	172	166,7	5,3
2	165	166,7	-1,7
3	148	166,7	-18,7
4	176	166,7	9,3
5	161	166,7	-5,7
6	178	166,7	11,3
Gesamt	1000		

Statistik für Test

	WÜRFEL
Chi-Quadrat[a]	3,764
df	5
Asymptotische Signifikanz	,584

a. Bei 0 Zellen (,0%) werden weniger als 5 Häufigkeiten erwartet. Die kleinste erwartete Zellenhäufigkeit ist 166,7.

Die Abweichungen von der Gleichverteilung sind nicht signifikant.

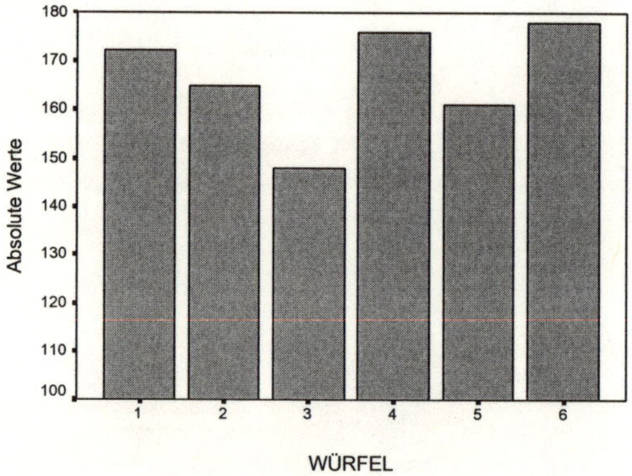

Fälle gewichtet nach ANZAHL

Lösung zu Aufgabe 8)

Qualität * Anbaugebiet Kreuztabelle

			Anbaugebiet			
			A	B	C	Gesamt
Qualität	gut	Anzahl	28	14	12	54
		Erwartete Anzahl	17,3	18,3	18,3	54,0
	mittel	Anzahl	13	25	13	51
		Erwartete Anzahl	16,4	17,3	17,3	51,0
	schlecht	Anzahl	10	15	29	54
		Erwartete Anzahl	17,3	18,3	18,3	54,0
Gesamt		Anzahl	51	54	54	159
		Erwartete Anzahl	51,0	54,0	54,0	159,0

Chi-Quadrat-Tests

	Wert	df	Asymptotische Signifikanz (2-seitig)
Chi-Quadrat nach Pearson	24,874[a]	4	,000
Likelihood-Quotient	23,630	4	,000
Zusammenhang linear-mit-linear	17,077	1	,000
Anzahl der gültigen Fälle	159		

a. 0 Zellen (,0%) haben eine erwartete Häufigkeit kleiner 5. Die minimale erwartete Häufigkeit ist 16,36.

Symmetrische Maße

		Wert	Näherungsweise Signifikanz
Nominal- bzgl. Nominalmaß	Phi	,396	,000
	Cramer-V	,280	,000
	Kontingenzkoeffizient	,368	,000
Anzahl der gültigen Fälle		159	

a. Die Null-Hyphothese wird nicht angenommen.

b. Unter Annahme der Null-Hyphothese wird der asymptotische Standardfehler verwendet.

Mittelstarker signifikanter Zusammenhang.

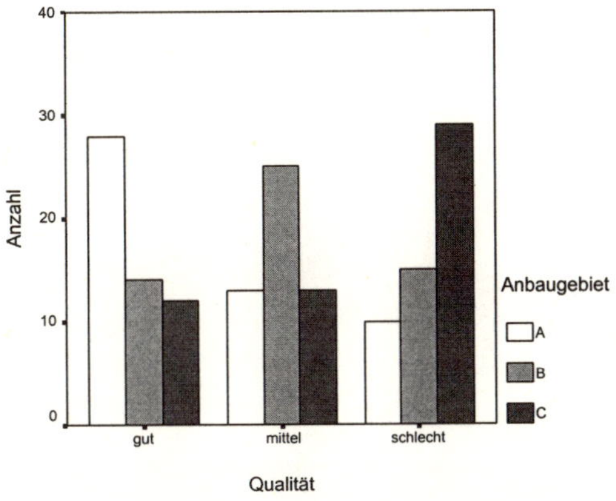

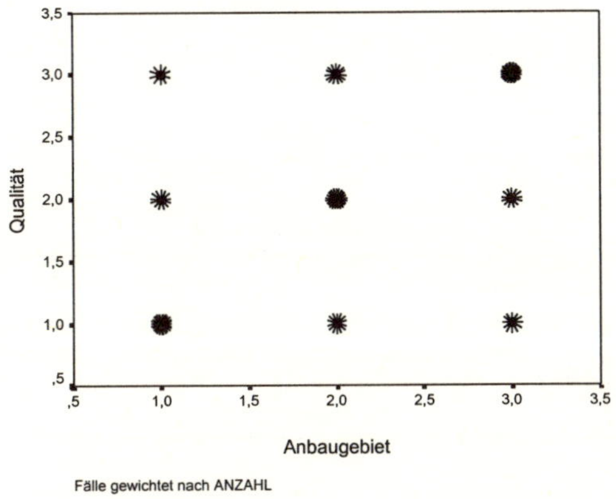

Lösung zu Aufgabe 9)

Wochentag

	Beobachtetes N	Erwartete Anzahl	Residuum
Montag	46	38,6	7,4
Dienstag	42	38,6	3,4
Mittwoch	43	38,6	4,4
Donnerstag	38	38,6	-,6
Freitag	53	38,6	14,4
Samstag	32	38,6	-6,6
Sonntag	16	38,6	-22,6
Gesamt	270		

Statistik für Test

	Wochentag
Chi-Quadrat[a]	21,978
df	6
Asymptotische Signifikanz	,001

a. Bei 0 Zellen (,0%) werden weniger als 5 Häufigkeiten erwartet. Die kleinste erwartete Zellenhäufigkeit ist 38,6.

Die Unterschiede sind signifikant.

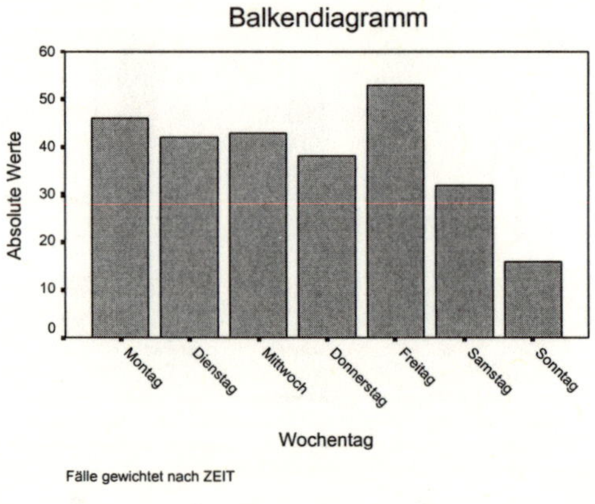

Lösung zu Aufgabe 10)

Test bei unabhängigen Stichproben

		Levene-Test der Varianzgleichheit		T-Test für die Mittelwertgleichheit						
									95% Konfidenzintervall der Differenz	
		F	Signifikanz	T	df	Sig. (2-seitig)	Mittlere Differenz	Standardfehler der Differenz	Untere	Obere
VERKÄUFE	Varianzen sind gleich	1,482	,235	,889	24	,383	14,90	16,77	-19,71	49,52
	Varianzen sind nicht gleich			,949	15,957	,357	14,90	15,71	-18,41	48,22

Die Gebiete sind nicht unterschiedlich, Streuung gleich (1. Zeile), Normalverteilung muß gegeben sein.

Statistik für Test[b]

	VERKÄUFE
Mann-Whitney-U	72,000
Wilcoxon-W	177,000
Z	-,618
Asymptotische Signifikanz (2-seitig)	,537
Exakte Signifikanz [2*(1-seitig Sig.)]	,560[a]

a. Nicht für Bindungen korrigiert.

b. Gruppenvariable: GEBIET

Die Gebiete sind nicht unterschiedlich.

Lösung zu Aufgabe 11)

Test bei unabhängigen Stichproben

		Levene-Test der Varianzgleichheit		T-Test für die Mittelwertgleichheit						
									95% Konfidenzintervall der Differenz	
		F	Signifikanz	T	df	Sig. (2-seitig)	Mittlere Differenz	Standardfehler der Differenz	Untere	Obere
GEWICHT	Varianzen sind gleich	,687	,417	-,052	20	,959	-,18	3,50	-7,49	7,12
	Varianzen sind nicht gleich			-,052	18,269	,959	-,18	3,50	-7,53	7,17

Die Streuung ist gleich (1. Zeile).

Statistik für Test[b]

	GEWICHT
Mann-Whitney-U	57,000
Wilcoxon-W	123,000
Z	-,231
Asymptotische Signifikanz (2-seitig)	,818
Exakte Signifikanz [2*(1-seitig Sig.)]	,847[a]

a. Nicht für Bindungen korrigiert.

b. Gruppenvariable: MANNSCH

Die Gewichte der Mannschaften ist nicht unterschiedlich.

Lösung zu Aufgabe 12)

Test bei gepaarten Stichproben

		Gepaarte Differenzen							
					95% Konfidenzintervall der Differenz				
		Mittelwert	Standardabweichung	Standardfehler des Mittelwertes	Untere	Obere	T	df	Sig. (2-seitig)
Paaren	NACHHER - VORHER	-40,08	6,97	2,01	-44,51	-35,65	-19,912	11	,000

Die Unterschiede sind signifikant.

Statistik für Test[b]

	VORHER - NACHHER
Z	-3,061[a]
Asymptotische Signifikanz (2-seitig)	,002

a. Basiert auf negativen Rängen.

b. Wilcoxon-Test

Die Unterschiede sind signifikant.

Lösung zu Aufgabe 13)

ANOVA

Anzahl

	Quadratsumme	df	Mittel der Quadrate	F	Signifikanz
Zwischen den Gruppen	40,000	2	20,000	5,000	,026
Innerhalb der Gruppen	48,000	12	4,000		
Gesamt	88,000	14			

Die Unterschiede zwischen den Joghurtsorten sind signifikant.

Statistik für Test[a,b]

	Anzahl
Chi-Quadrat	6,550
df	2
Asymptotische Signifikanz	,038

a. Kruskal-Wallis-Test

b. Gruppenvariable: JOGHURT

Die Unterschiede zwischen den Joghurtsorten sind signifikant.

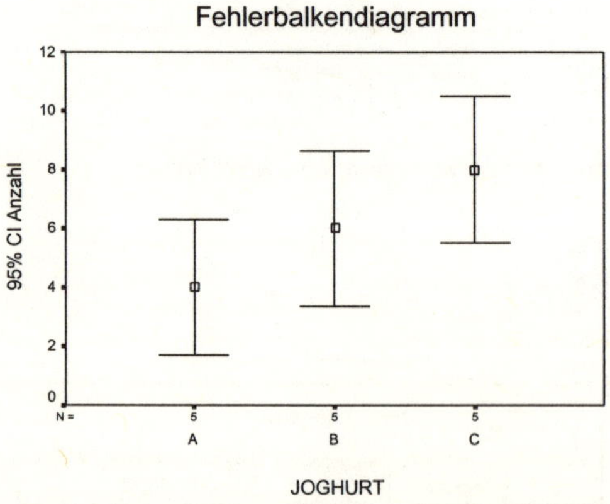

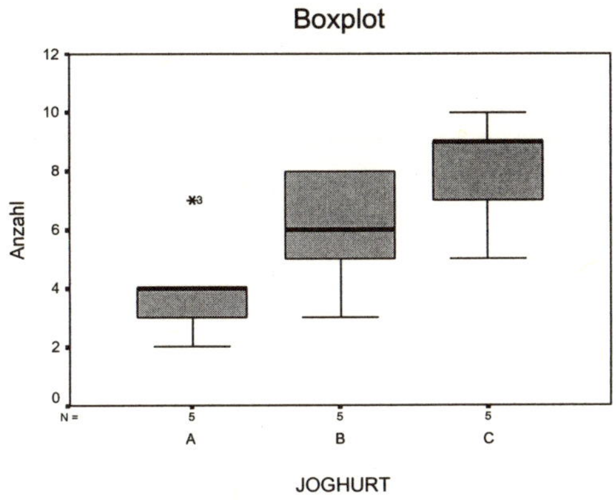

Lösung zu Aufgabe 14)

Statistiken

		Hubraum in ccm	Leistung in kW	Preis in ÖS	Verbrauch in Liter/100 km
N	Gültig	15	15	15	15
	Fehlend	0	0	0	0
Mittelwert		2.276,13	106,76	489.290,07	9,653
Median		2.387,00	85,00	395.250,00	9,000
Modus		973[a]	81	154.400[a]	8,0[a]
Standardabweichung		715,77	50,59	337.901,20	2,359
Varianz		512.330,70	2559,38	1,142E+11	5,563
Schiefe		-,079	,935	1,690	,559
Standardfehler der Schiefe		,580	,580	,580	,580
Kurtosis		-,763	,217	2,661	-,272
Standardfehler der Kurtosis		1,121	1,121	1,121	1,121
Minimum		973	40	154.400	6,2
Maximum		3.387	221	1.390.000	14,7

a. Mehrere Modi vorhanden. Der kleinste Wert wird angezeigt.

Korrelationen

		Hubraum in ccm	Leistung in kW	Preis in ÖS	Verbrauch in Liter/100 km
Hubraum in ccm	Korrelation nach Pearson				
	Signifikanz (2-seitig)				
	N				
Leistung in kW	Korrelation nach Pearson	,873**			
	Signifikanz (2-seitig)	,000			
	N	15			
Preis in ÖS	Korrelation nach Pearson	,835**	,935**		
	Signifikanz (2-seitig)	,000	,000		
	N	15	15		
Verbrauch in Liter/100 km	Korrelation nach Pearson	,766**	,786**	,652**	
	Signifikanz (2-seitig)	,001	,001	,009	
	N	15	15	15	

**. Die Korrelation ist auf dem Niveau von 0,01 (2-seitig) signifikant.

Korrelationen

			Hubraum in ccm	Leistung in kW	Preis in ÖS	Verbrauch in Liter/100 km
Kendall-Tau-b	Hubraum in ccm	Korrelationskoeffizient	1,000	,727**	,771**	,587**
		Sig. (2-seitig)	,	,000	,000	,002
		N	15	15	15	15
	Leistung in kW	Korrelationskoeffizient	,727**	1,000	,842**	,580**
		Sig. (2-seitig)	,000	,	,000	,003
		N	15	15	15	15
	Preis in ÖS	Korrelationskoeffizient	,771**	,842**	1,000	,529**
		Sig. (2-seitig)	,000	,000	,	,006
		N	15	15	15	15
	Verbrauch in Liter/100 km	Korrelationskoeffizient	,587**	,580**	,529**	1,000
		Sig. (2-seitig)	,002	,003	,006	,
		N	15	15	15	15
Spearman-Rho	Hubraum in ccm	Korrelationskoeffizient	1,000	,824**	,879**	,753**
		Sig. (2-seitig)	,	,000	,000	,001
		N	15	15	15	15
	Leistung in kW	Korrelationskoeffizient	,824**	1,000	,951**	,753**
		Sig. (2-seitig)	,000	,	,000	,001
		N	15	15	15	15
	Preis in ÖS	Korrelationskoeffizient	,879**	,951**	1,000	,662**
		Sig. (2-seitig)	,000	,000	,	,007
		N	15	15	15	15
	Verbrauch in Liter/100 km	Korrelationskoeffizient	,753**	,753**	,662**	1,000
		Sig. (2-seitig)	,001	,001	,007	,
		N	15	15	15	15

**. Korrelation ist auf dem Niveau von 0,01 signifikant (2-seitig).

Signifikante Korrelationskoeffizienten ins durch Sterne gekennzeichnet.

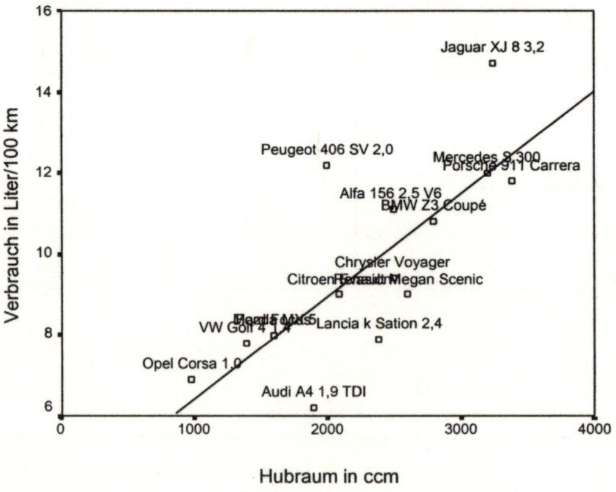

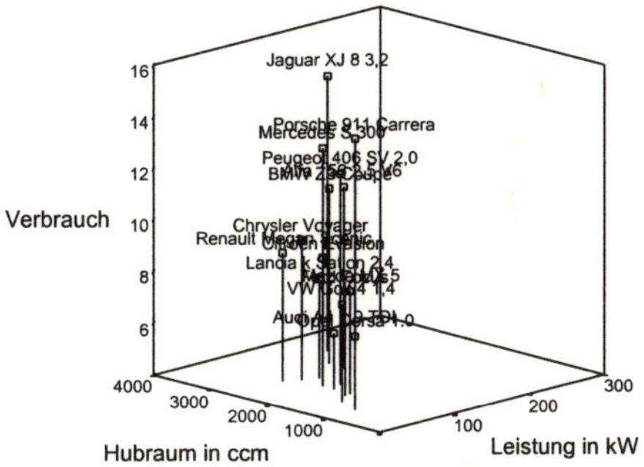

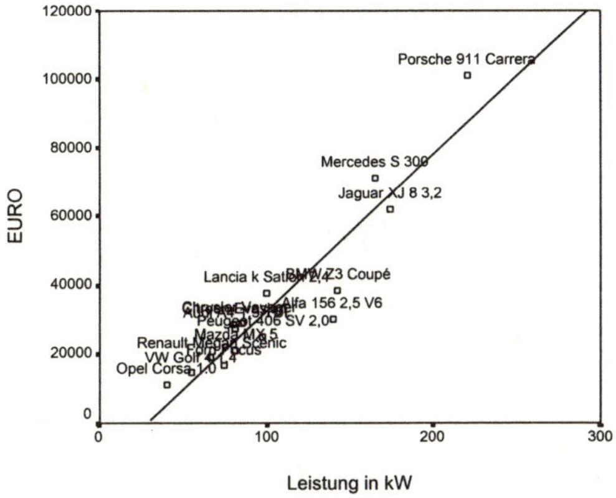

i	PKW	Euro	PS
1	Alfa 156 2,5 V6	30.233	191
2	Audi A4 1,9 TDI	27.597	110
3	BMW Z3 Coupé	38.517	193
4	Chrysler Voyager	29.063	116
5	Citroen Evasion	28.725	109
6	Ford Focus	16.606	101
7	Jaguar XJ 8 3,2	62.028	237
8	Lancia k Sation 2,4	37.754	136
9	Mazda MX 5	21.076	110
10	Mercedes S 300	71.178	225
11	Opel Corsa 1.0	11.221	55
12	Peugeot 406 SV 2,0	24.956	133
13	Porsche 911 Carrera	101.017	301
14	Renault Megan Scenic	18.888	90
15	VW Golf 4 1,4	14.524	75

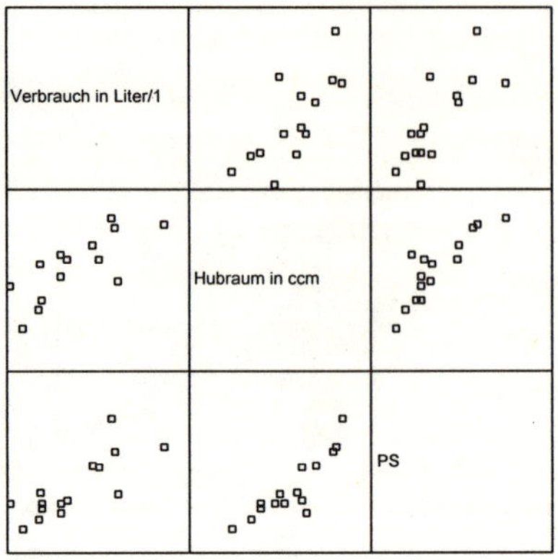
Verbrauch in Liter/1
Hubraum in ccm
PS

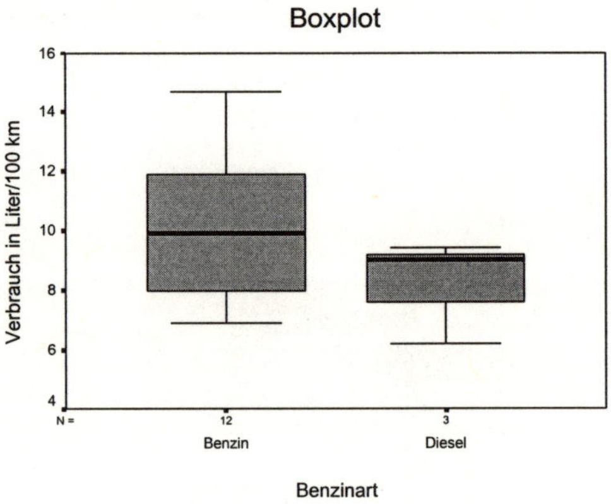
Boxplot
16
14
12
10
8
6
4
Verbrauch in Liter/100 km
N =
12
3
Benzin
Diesel
Benzinart

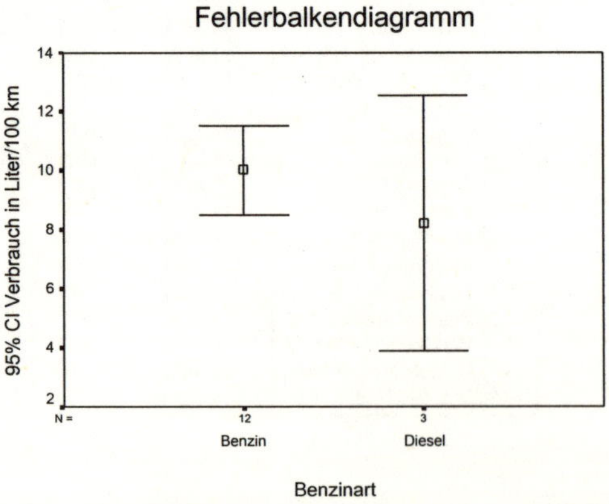
Fehlerbalkendiagramm
14
12
10
8
6
4
2
95% CI Verbrauch in Liter/100 km
N =
12
3
Benzin
Diesel
Benzinart

Test bei unabhängigen Stichproben

		Levene-Test der Varianzgleichheit		T-Test für die Mittelwertgleichheit						
									95% Konfidenzintervall der Differenz	
		F	Signifikanz	T	df	Sig. (2-seitig)	Mittlere Differenz	Standardfehler der Differenz	Untere	Obere
Verbrauch in Liter/100 km	Varianzen sind gleich	1,400	,258	1,213	13	,247	1,817	1,497	-1,418	5,052
	Varianzen sind nicht gleich			1,485	4,192	,209	1,817	1,224	-1,520	5,153

Die Unterschiede zwischen den Verbrauchswerten sind nicht signifikant.

Statistik für Test[b]

	Verbrauch in Liter/100 km
Mann-Whitney-U	11,500
Wilcoxon-W	17,500
Z	-,940
Asymptotische Signifikanz (2-seitig)	,347
Exakte Signifikanz [2*(1-seitig Sig.)]	,365[a]

a. Nicht für Bindungen korrigiert.

b. Gruppenvariable: Benzinart

Die Unterschiede zwischen den Verbrauchswerten sind nicht signifikant.

Lösung zu Aufgabe 15)

Korrelationen

		FLÄCHE	FREQUENZ	UMSATZ
FLÄCHE	Korrelation nach Pearson			
	Signifikanz (2-seitig)			
	N			
FREQUENZ	Korrelation nach Pearson	,963**		
	Signifikanz (2-seitig)	,000		
	N	12		
UMSATZ	Korrelation nach Pearson	,965**	,993**	
	Signifikanz (2-seitig)	,000	,000	
	N	12	12	

**. Die Korrelation ist auf dem Niveau von 0,01 (2-seitig) signifikant.

Korrelationen

			FLÄCHE	FREQUENZ	UMSATZ
Kendall-Tau-b	FLÄCHE	Korrelationskoeffizient	1,000	,939**	,970**
		Sig. (2-seitig)	,	,000	,000
		N	12	12	12
	FREQUENZ	Korrelationskoeffizient	,939**	1,000	,970**
		Sig. (2-seitig)	,000	,	,000
		N	12	12	12
	UMSATZ	Korrelationskoeffizient	,970**	,970**	1,000
		Sig. (2-seitig)	,000	,000	,
		N	12	12	12
Spearman-Rho	FLÄCHE	Korrelationskoeffizient	1,000	,986**	,993**
		Sig. (2-seitig)	,	,000	,000
		N	12	12	12
	FREQUENZ	Korrelationskoeffizient	,986**	1,000	,993**
		Sig. (2-seitig)	,000	,	,000
		N	12	12	12
	UMSATZ	Korrelationskoeffizient	,993**	,993**	1,000
		Sig. (2-seitig)	,000	,000	,
		N	12	12	12

**. Korrelation ist auf dem Niveau von 0,01 signifikant (2-seitig).

Modellzusammenfassung

Modell	R	R-Quadrat	Korrigiertes R-Quadrat	Standardfehler des Schätzers
1	,994[a]	,987	,984	7,96

a. Einflußvariablen : (Konstante), FREQUENZ, FLÄCHE

98,7% der Streuung werden durch das Regressionsmodell erklärt.

ANOVA[b]

Modell		Quadratsumme	df	Mittel der Quadrate	F	Signifikanz
1	Regression	43459,944	2	21729,972	343,272	,000[a]
	Residuen	569,723	9	63,303		
	Gesamt	44029,667	11			

a. Einflußvariablen : (Konstante), FREQUENZ, FLÄCHE

b. Abhängige Variable: UMSATZ

Koeffizienten[a]

Modell		Nicht standardisierte Koeffizienten		Standardisierte Koeffizienten	T	Signifikanz
		B	Standardfehler	Beta		
1	(Konstante)	22,893	8,258		2,772	,022
	FLÄCHE	6,955E-02	,078	,124	,887	,398
	FREQUENZ	10,483	1,679	,873	6,242	,000

a. Abhängige Variable: UMSATZ

Frequenz hat größere Bedeutung, Fläche nicht sigifikant.

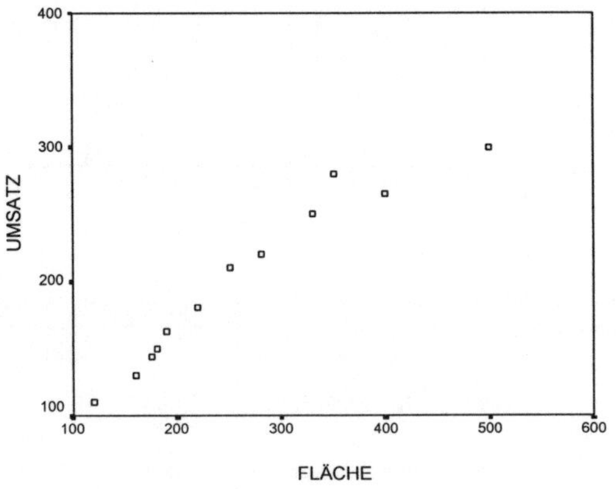

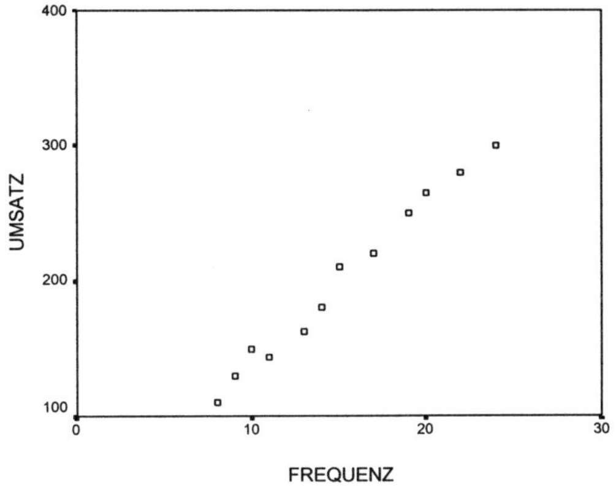
400
300
200
100
UMSATZ
0
10
20
30
FREQUENZ

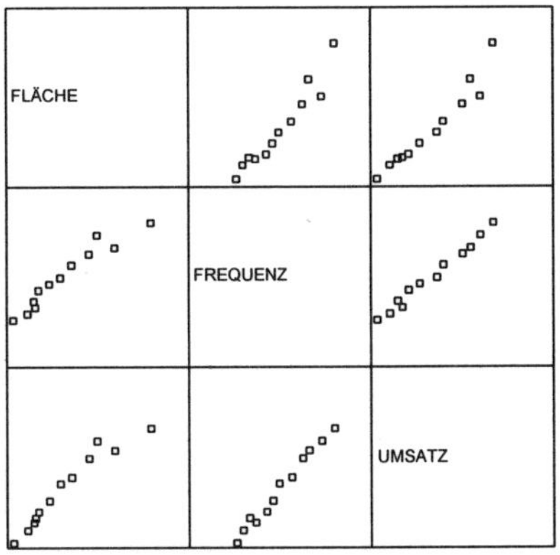
FLÄCHE
FREQUENZ
UMSATZ

Lösung zu Aufgabe 16)

```
MODEL:  MOD_2.
_

Dependent variable.. KFZ                Method.. LINEAR

Listwise Deletion of Missing Data

Multiple R           ,99414
R Square             ,98832
Adjusted R Square    ,98735
Standard Error       ,05332

            Analysis of Variance:

               DF   Sum of Squares      Mean Square

Regression      1        2,8874589        2,8874589
Residuals      12         ,0341125         ,0028427

F =     1015,74141       Signif F =  ,0000

-------------------- Variables in the Equation --------------------

Variable                  B        SE B       Beta          T  Sig T

Time                ,112659     ,003535    ,994145     31,871  ,0000
(Constant)         3,526484     ,030098               117,165  ,0000
_

Dependent variable.. KFZ                Method.. QUADRATI

Listwise Deletion of Missing Data

Multiple R           ,99914
R Square             ,99827
Adjusted R Square    ,99796
Standard Error       ,02142

            Analysis of Variance:

               DF   Sum of Squares      Mean Square

Regression      2        2,9165248        1,4582624
Residuals      11         ,0050466         ,0004588

F =     3178,55736       Signif F =  ,0000

-------------------- Variables in the Equation --------------------

Variable                  B        SE B       Beta          T  Sig T

Time                ,065269     ,006121    ,575958     10,663  ,0000
Time**2             ,003159     ,000397    ,429917      7,960  ,0000
(Constant)         3,652857     ,019957               183,036  ,0000

The following new variables are being created:

  Name          Label

  FIT_1         Fit for KFZ from CURVEFIT, MOD_2 LINEAR
  FIT_2         Fit for KFZ from CURVEFIT, MOD_2 QUADRATIC

3 new cases have been added.
```

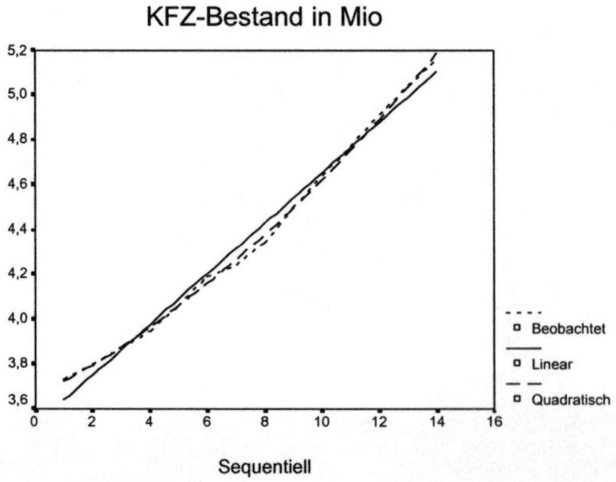

Literaturverzeichnis

BACKHAUS, K., ERICHSON, B., PLINKE, W., SCHUCHARD-FICHER, C., WEIBER, R.: Multivariate Analysemethoden (5. Auflage), Berlin u. a. O., 1989.

BLEYMÜLLER, J.: Multivariate Analyse für Wirtschaftswissenschaftler, Manuskript, Münster 1989.

BLEYMÜLLER, J., GEHLERT, G., GÜLICHER, H.: Statistik für Wirtschaftswissenschaftler (10. Auflage), München 1995.

BLEYMÜLLER, J., GEHLERT, G.: Statistische Formeln, Tabellen und Programme, (6. Auflage), München 1992.

BAMBERG, G., BAUER, F.: Statistik (7. Auflage), München 1993.

BÜHL, A., ZÖFEL, P.: SPSS für WINDOWS Version 8.0, Bonn u. a. O., 1998.

HAMMANN, O., ERICHSON, B.: Marktforschung (2. Auflage), Stuttgart, New York 1990.

HARTUNG, J.: Statistik (10. Auflage), München, Wien 1995.

HARTUNG, J., ELPELT, B.: Multivariate Statistik (3. Auflage), München, Wien 1989.

KÄHLER, W.-M., SPSS für Windows, Düsseldorf 1998.

Ohne Verfasser: Statistik 1, Institut für Statistik, Ökonometrie und Operations Research (Hrsg.), Manuskript, Graz o. J.

Ohne Verfasser: Statistik 2, Institut für Statistik, Ökonometrie und Operations Research (Hrsg.), Manuskript, Graz o. J.

Ohne Verfasser: Statistik 3, Institut für Statistik, Ökonometrie und Operations Research (Hrsg.), Manuskript, Graz o. J.

SPSS INC.: SPSS Base 8.0 für Windows Benutzerhandbuch, SPSS Gmbh Software (Hrsg.), München 1998.

SPSS INC.: SPSS Base 8.0 Applications Guide, SPSS Inc (Hrsg.), Chicago 1998.

STEINHAUSEN, D., LANGER, K.: Clusteranalyse, Einführung und Methoden der automatischen Klassifikation, Berlin, New York 1977.

STEINHAUSEN, D., ZÖRKENDÖRFER, S.: Statistische Datenanalyse mit dem Programmsystem $SPSS^x$ und $SPSS/PC^+$, München, Wien 1987.

TOUTENBURG, H., FIEGER, A., KASTNER, C.: Deskriptive Statistik für Betriebs- und Volkswirte; Eine Einführung mit SPSS für WINDOWS, München u. a. O., 1995.

VOß, W.: Praktische Statistik mit SPSS, München 1997.

Stichwortverzeichnis